日本のありふれた心理療法

ローカルな日常臨床のための心理学と医療人類学

東畑開人

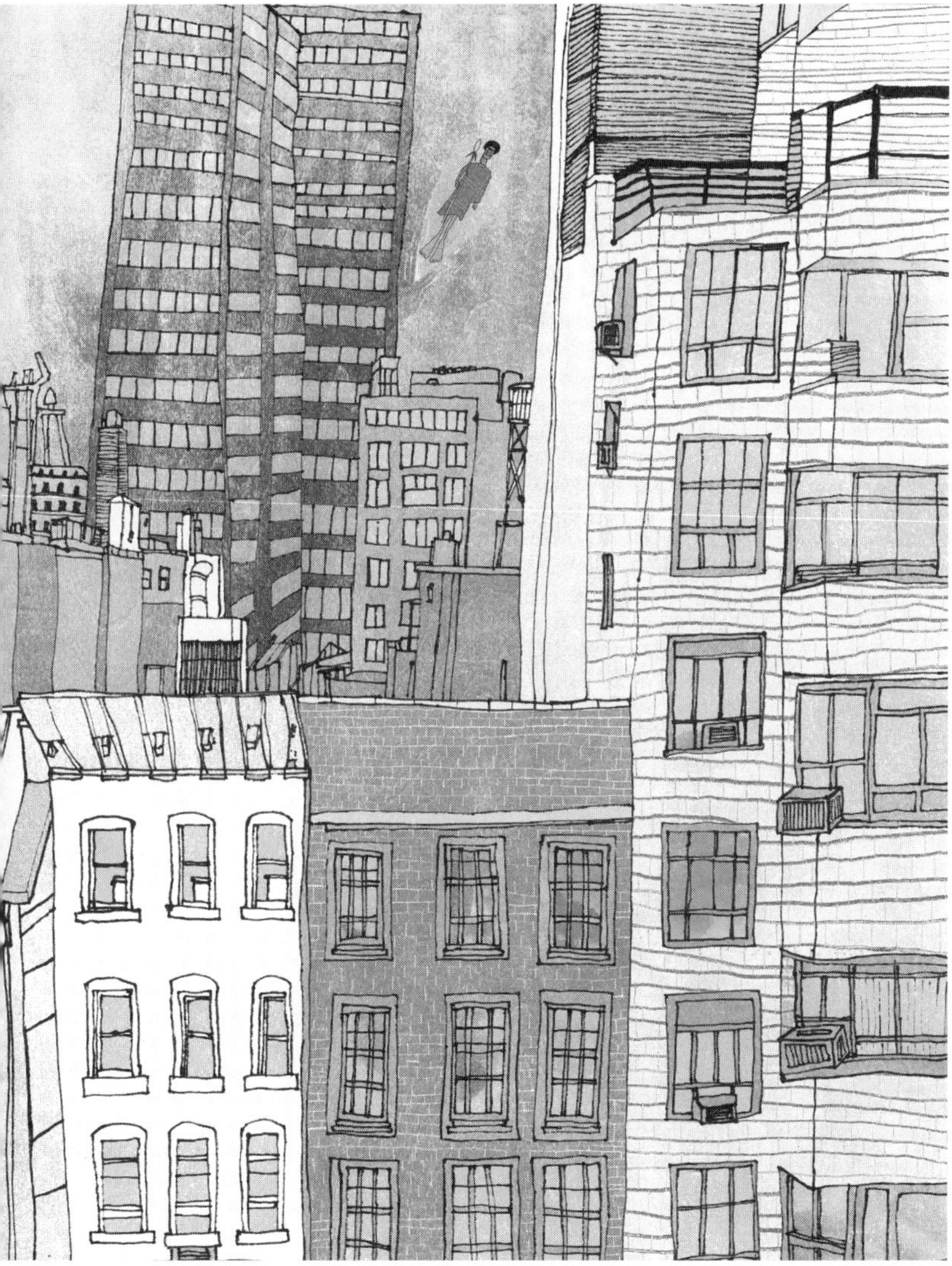

誠信書房

日本のありふれた心理療法
——ローカルな日常臨床のための心理学と医療人類学　目次

序章　ポストモダンのローカルな心理療法論

1　「日本のありふれた心理療法」とは何か──妥協と折衷

「日本のありふれた心理療法」とは何か。それは具体的にいかなるもののことを指し、いかなるメカニズムで出来上がり、いかなる臨床的価値を有しているのか。そう問うことで、私たちの日常臨床を語り、説明し、共有するための新しい言葉を作り出す。それが本書の目的だ。

最初に説明しておくと、「日本のありふれた心理療法」とは、この国の津々浦々で、「普通」の心理臨床家が「普通」のクライエントと日々営んでいる「普通」の心理療法のことを指している。これは端的な説明であるのだが、「普通」の定義が曖昧であるから、その内実はほとんど不鮮明なままかもしれない。

そこで、より詳細に現象を把握するために、「日本のありふれた心理療法」が、「日本」と「ありふれた」という二つの強調点によって、問題を設定していることについて、少し説明を行いたい。

「日本」という強調点は、欧米発のグローバルに普及しようとしている心理療法と対照したときの「日本の心理療法」という問題設定を意味している。

それは精神分析を輸入した古澤平作、土居健郎や北山修、ロジャーズのカウンセリングを輸入した友田不二男、ユング派心理療法を輸入した河合隼雄などの先達たちが取り組んできた古い課題である。

「日本の心理療法」という発想の基礎には、欧米の心理療法を日本社会にそのまま導入することができないという認識があった。先達はそういう事態に直面したことで、日本の文化的文脈に合わせて、欧米の心理療法のある部分を無視し、ある部分を付け加え、妥協を重ねていくことで、文化に適した理論や技法の改変を行ってきた。そのようにして、日本的な心理療法モデルを構築する努力が積み重ねられてきたのである。

本書はこの「心理療法の日本化」という伝統的な問いとその蓄積を継承しようとするものであるが、一方で本書は先達たちが示してきた「日本の心理療法」の最新バージョンをアップデートしようとするわけではない。ここには更に入り組んだ、本書の問いの設定がある。

本書の問いは「ありふれた」というもう一つの強調点からもたらされる。「ありふれた」心理療法とは、それぞれの学派が訓練の中で提示している心理療法のモデル・規範に対する、現場レベルでの妥協を意味している。

つまり、クリニックや病院、学校、児童養護施設、企業、あるいは開業の心理オフィスなど、様々な場で心理臨床家は仕事をしているわけだが、そこで私たちは現実の制約によって様々な妥協をしながら心理療法を行わざるをえない。

私たちは教科書などで模範とされている心理療法の手続きを実践しようと思うのだけど、諸事情によりそこから逸脱してしまい、妥協を重ねていく。それは様々な資源の限界に直面することに由来している。それぞれの現場の構造や同僚の理解の限界があり、クライエントの社会的・経済的、あるいは内的資質の限界があり、心理臨床家の側の資質や訓練の限界がある。

そのような資源の限界の中でも、多くの場合、私たちは臨床を続けていかないといけない。他のより適切かもしれない心理療法を選択肢として呈示できる資源が、そもそも欠落していることが多いからだ。だから、あれこれと手持ちのものでやりくりして（それを私は「ブリコラージュ」と呼んでいる）、私たちはクライエントと共に心理療法を続けていく。すると、そこで心理療法は「ありふれたもの」に変形していく。そういう実践が現場では積み重ねられている。

例えば、以下のようなことに思い当たるところはないだろうか。

・きちんとした週一回の治療構造を作りたいのだけど、気づけばオンデマンドで心理療法は行われるようになる。
・心理療法開始当初こそ、クライエントは毎週やってくるが、次第に、投薬に合わせて、面接は二週に一回になり、月に一回になっていく。
・学校現場であれば休暇のたびに治療は中断し、行事があれば面接は休みになる。
・終結についてじっくり話し合いたかったけど、その意味が共有されないので、キャンセルが続いているうちに、なんとなく心理療法は終わっている。つまり、中断と終結が曖昧となる。
・年度が変わって、クライエントが転勤・卒業していくことで、心理療法は途上で終わる。それは心理臨床家の転勤の場合も同様である。
・クライエントは自分のことを話してくださいと言われても、何を話していいかわからない。多くの場合、症状が治まると話すことがなくなってしまう。それでいて、廊下で会うと立ち話は止まらない。
・突然クライエントの親が面接室にやってきたら、悩むけれども話し合う。
・行動分析をしようと思っていたけど、気づけばクライエントの物語を聞いている。
・行動化は転移解釈で対応しようと思っていたけれども、あまりの行動化に心配になり、クライエントの親に連絡を入れる。
・ブリーフに問題解決をするつもりが、気づけば3年を超える面接で話を聴いている。
・ときに終結で感謝される。自分はまだクライエントには課題が残っていたように思うけど、それでも感謝されるのは嬉しい。

思いつくままに書いてみたので、あくまで凡例である。

ただ、構造は同じだ。それはクライエントや心理臨床家、所属機関の事情によって、私たちが妥協を強いられ、心理療法が雑多で混淆したものへと変形していくプロセスである。

それは混ぜ物なので、もしかしたら不格好なものと感じられるかもしれない。だから、あまりケースカンファレンスなどには出したくないし、論文にしようなんて思えない。自分がしていたことにいまいち自信が持てないし、偉い先生から「どうして〇〇しなかったのか」「どうして〇〇したのか」とせっつかれてしまう気がする。

だから、私たちはなんとなく罪悪感を抱く。自分の心理療法を振り返って、もう少し上手くやれたのではないか、もっと頑張らないといけない、もう一度訓練を受けようかと思ったりもする。そのとき、私たちはカノンとなった心理療法の古典・教科書を紐解き、指導者に教えられたことを思い返す。そのようにして、私たちは再度研鑽に励む。

だけど一方で、そのような不格好なケースに最善の努力を払ったことを、私たちは実感として知っている。それがクライエントの困難な一時期を支え、切り抜ける一助となったこともおぼろげに認識している。だからこそ、私たちはそういうケースについて、職場の片隅で、あるいは同業者集団との親睦会で、ひそやかに語り続ける。

そういうケースを、毎日こなしながら、私たちの職業人生は進んでいくし、クライエントもまたそれを利用して自分なりの人生を歩んでいく。

「日本のありふれた心理療法」は、「日本の心理療法」がさらに現場レベルで妥協され、折衷されていくところに生まれるということだ。その象徴とも言えるのが、いわゆる「認知行動療法をトッピングした精神分析もどきのユンギアンフレイヴァー溢れるロジェリアン」と揶揄されるような心理療法だ。

本邦では、心理臨床家の多くが自分を折衷派と規定していることはよく知られている。それは戦後、ロジャーズ派によってカウンセリングが広く導入されたこと、それに続くユング派心理療法の大衆的な人気の獲得、そして1995年以降の認知行動療法と対象関係論のプレゼンスの高まり、家族療法やナラティブ・アプローチなどの登場による心理療法の多様化という歴史的経緯から仕上がったキメラのような心理療法である。

このとき、そのような折衷は中途半端で安易な良いとこどりとして、批判される傾向にある。純粋に一つの学派で訓練を受けた心理臨床家から見ると、それは心理臨床家の訓練が行き届いていない証拠に見える。そして、それはある部分で正鵠を射ている。本来の心理療法のトレーニングは長い時間がかかるものであるのにもかかわらず、多くの心理臨床家はたかだか修士課程の2年間を修了しただけで現場に出ざるを得ないという日本の訓練制度の事情があるからだ。

しかし、それは安易になされたものではなく、実際には葛藤しながらなされた、悩ましいものだと思う。折衷的心理療法は、様々な資源が乏しい中で、それでもその日の面接に臨もうとするときに、苦肉の策を取り続けてきた結果生まれるものである。それは苦しい妥協の産物なのだ。だからこそ多くの心理臨床家は「統合しています」と胸を張って言うのではなく、どこかうら恥ずかしそうに「折衷です」と小さな声で言うのであろう。

そして、そういう心理療法が、日本の津々浦々で行われている。「日本のありふれた心理療法」は声を潜めるサイレント・マジョリティのようなものだと思う。

本書の主題は、この二重の妥協による変形のプロセスにある。欧米の心理療法モデルに対する文化次元での妥協、訓練過程で呈示された心理療法の規範に対する現場レベルでの妥協。そのようにして妥協されることで、混淆し変形し、語り難いものとなった心理療法こそが、「日本のありふれた心理療法」である。

ここで問題となっているのは「ローカル」(local) ということだ。それはロケーション (location) と語幹を共有しているように、特定の文化や場所に規定されたものを意味している。「日本」と「ありふれた」は共通して、ある種の規範が各現場のローカル性によって変形してしまうという事態を意味しているのである。

だから、本書の探求は、心理療法におけるローカル性に向けられる。そこで生じる妥協と変形がいかなるメカニズムによるものかを明らかにしたいのである。

2 ローカルなものを考える意義

しかし、そもそも、そのようなローカルなものについて考える必要があるのだろうか、そういう疑問は当然ありうる。

「日本のありふれた心理療法」が広く実践されているのは、日本が「遅れている」証であり、心理療法の後進国である所以ではないか。だから、そういうローカルなものについて考えるよりも、グローバル標準の心理療法にキャッチアップすることに力を注ぐべきだ。そういう批判はありうるし、実際にここ20年特に声高に叫ばれてきた。

グローバルな価値を語る人の声は大きい。それはグローバリゼーションが地球を覆っていく中で、確かにリアリティがある。そこでは、ローカルなものは脱価値化され、日本社会が成熟していく中で、消え去っていく過渡的なものだと捉えられがちである。だからこそ、「日本のありふれた心理療法」は、声を潜めてバックヤードで語られるしかなかったのであろう。

しかし、と私は思う。「日本のありふれた心理療法」は60年という十分な時間をかけて積み重ねられてきたものであるのだから、それはこの文化のある種の必然性から生じたものと捉えるべきではないだろうか。そこに私たちの日常臨床のリアリティがあり、そこでなされる妥協は、クライエントが生きている現実に心理臨床家が真摯に向き合った結果ではないだろうか。

心理療法は本質的にローカルなものである。これが本書の出発点にある認識だ。私たちは最終的に生身の身体を持って、ローカルな生活世界を生きていかざるをえず、心理療法とはそのような生活世界に深く関与するものであるからだ。心理療法のモデルはグローバルな理論的空間の中で語ることが可能だとしても、その実践はどうしてもローカルな現場で行われざるをえないのである。

だから、心理療法のローカル性の探究は、現代の心理療法と臨床心理学に対して二つの貢献をなすものだと、私は考えている。

(1) 臨床的価値

言うまでもなく、「日本のありふれた心理療法」とは、私たちの日常臨床でなされているものであるのだから、そのメカニズムと価値を理解し正当に評価することは、臨床実践における現実的な指針と対応をもたらす。

心理療法のよくある失敗として、心理臨床家が教科書的な心理療法モデルを過剰にクライエントに押し付けてしまうということがある。ローカルな現実を無視することで、心理臨床家は教条的になったり、硬直した対応を取らざるをえなくなったりするのである。実はこれは、心理療法が本質的に規範的なものであることから、避けえないことでもある。

しかし、現場の心理療法では、それぞれの個別的な制約を考慮しながら、その規範を運用していくことが必要とされる。それは認知行動療法であろうと、精神分析的心理療法であろうと、同じである。ここに心理療法がマニュアル化できず、アートであり続けている理由がある。

したがって、「日本のありふれた心理療法」を構成するローカルな原理を明らかにすることは、規範となる心理療法の現場レベルでの柔軟な運用を可能にする。それぞれの現場で、それぞれの心理療法が要請されるから、心理臨床家は規範と現実の間で葛藤しながら、心理療法の運用を行っていく。この従来語られにくかった側面に、理論的な光を当てようとするのが本書の意図である。本書の試みの臨床的価値はここにあり、それは徹底的に日常臨床に向けられている。

(2) 説明責任的価値

実はこのことは、臨床場面を超えて、心理療法を外側に向けて発信し、説明していくうえでも非常に重要だと私は考えている。

心理療法もまた社会に埋め込まれた営みであるのだから、私たちは自分のしていることを、職場やコミュニティに向けて語らなくてはならないし、広く社会に向けて説明していく必要がある。そのようにして、心理療法は社会の中で場所を獲得する努力を続けてきた。それは「説明責任」と呼ばれる私たちの仕事の重要な一部だ。

それは、「公認心理師」という国家資格が成立した昨今、喫緊の課題になっている。以前に私はある学術団体が主催した公認心理師関係のシンポジウムに参加した。そこでは日本の心理臨床がいかにグローバル標準からすると遅れているのかが力説され、これまでの心理臨床家の訓練と活動が旧態依然としているから、抜本的な改革を行うことが必要だと大きな声で語られていた。

しかし、新たな国家資格が、これまでこの国で積み重ねられてきた心理臨床の実績が評価されて、成立したものであることを思い起こすならば（それが建前でないと信じたいが）、そこで「公認」されたのは「日本のありふれた心理療法」に他ならない。

少数の特別なマスターセラピストによるスペシャルな心理療法が評価されて国家資格が出来上がったわけではなく（それは個人の名のもとで行われればいい）、津々浦々の名もなき心理臨床家が重ねてきたありふれた実践が、心理療法の必要性を認知させてきたのである。

そう考えるときに、「日本のありふれた心理療法」の実態と価値を明らかにすることは、今後心理療法が以前よりもずっと広く社会に浸透していこうとするときに、大きな意義をもつ。なぜなら、それはローカルな生活世界で生きている「普通」の人たちに役立つ心理的援助を志向するものだからである。この国に適切な形で、心理療法が普及していくためにも、非現実的なグローバリゼーションではなく、目の前のローカルな現実から心理療法を説明していくことが不可欠であろう。

「みんな」が昨日行った心理療法。そして明日もまた行うであろう心理療法。そういうものがいかにして成り立っているのか、そしてどのように人々の役に立っているのかを明らかにすることが、社会の中で行われている心理療法を説明することになるということだ。

では、それはいかにして可能なのだろうか。

3　文化を見る方法

「日本のありふれた心理療法」を理解するために、本書は文化がいかに心理療法を変形するのかを見る。しかし、本書は従来の「日本の心理療法」論とは一線を画す。

つまり、土居健郎・河合隼雄・北山修などに代表されるように、日本人の心性についての心理学理論を構築し、それに基づいて「日本の心理療法」のモデルを提示するという戦略を、本書は取らない。

理由は二つある。ひとつは、既に述べたように、卓越した臨床家たちによって構築された「日本の心理療法」モデルもまた、現場レベルでさらなる妥協を強いられることにある。日本人向けにしつらえられたはずの心理療法ですら、すべての臨床現場で実践可能なわけではないのだ。

もうひとつは、「日本の」という国単位の文化を語る方法が、今や失効しようとしていることだ。経済格差が教育格差をもたらし、文化資本や社会資本を左右する現在、「日本文化」はもはやひとくくりには語れないほどに、分断され、差異化されている。同様に、対比される「欧米」もまた均質性を失っている。ロンドンの地下鉄では、インド系女性がFacebookで「いいね」と押している横で、アフリカ系男性がビジネス紙を読んでいて、その前にはアングロサクソンの女性が立ちつくしている。そういう地下鉄の運営方針を決めているのはムスリムの市長だ。

「欧米」と対比される「日本」を明確な典型として文化論を語ることは、いまや相当に難しい。むしろ明確な軸はグローバルとローカルにある。地球を画一化しようとする文化と、それに抗して多様性を保持しようとする文化という軸だ。だけど、日本のマクドナルドでテリヤキバーガーが売られているように、グローバルとローカルはシンプルな対立軸ではなく、相互に影響を及ぼし合う複雑な力動をもっている。

今、文化を語ろうとするならば、各文化の典型ではなく、文化間の相互作用、つまり抵抗・交渉・混淆を眼差すしかない。だからこそ、本書は「日本のありふれた心理療法」について何らかのモデルを提示することを目指さない。そうではなく、モデルとされる心理療法が、それぞれの臨床現場のローカル性によって、変形していく局面に注目する。本書の焦点は妥協し、混淆するプロセスにこそある。

以上を踏まえるならば、「日本のありふれた心理療法」という問題設定に対して、従来の臨床心理学の理論的枠組みには限界があると私は考えている。それは心理療法という営みの成り立ちそのものに内在する困難である。

心理療法とは、心理学理論――心のメカニズムを語る理論――と技法、治療設定、訓練が、パッケージになっている文化的営みである。それらは渾然一体となって、それぞれの治療観・人間観・世界観を体現している。だから、異なる技法や治療設定を導入し、折衷することには、異なる人間観同士を混ぜ合わせなくてはならないという難しさがある。折衷派がしばしば揶揄されるのは、そのようなキメラ性を指摘されてのことであろう。

しかし、本書は不純なものにこそ関心を注ぐ。心理療法は純粋性を目指すにしても、個々の実践は不純なものとして運用されるしかない、と私は考えるからである。そして今やローカルな文化は様々な文化が混淆した不純なものとしてしかありえない。したがって、そういう不純さを扱える理論的枠組みが必要とされる。

このとき、人類学が提出する視座は、アクチュアルだ。人類学は文化が伝播し、混淆して、新しい文化を創り出していく様相を記述してきた。中国の禅宗の輸入が日本で茶道を生み出したように、文化は境界領域で、力強くアクティブに花開く。文化が混淆する領域こそが、人類学のメインフィールドなのであり、人類学はそのような文化間の葛藤や抵抗、交渉について考えることを続けてきた。特にポストモダン人類学はまさにそういった不純な事態を真剣に眼差してきた（春日、2011）。なにより、歴史を眺めてみるならば、実は心理療法という治療文化もまた、そういった文化の猥雑性の中から立ち上がってきたものなのである（Ellenberger, 1970/1980）。ここに本書が人類学的な視点を取る根拠がある。

なかでも本書の理論的枠組みになるのは、医療人類学と呼ばれる学問領域の知見である。それは世界各地の治療的営みを文化現象として捉えて、近代医学を相対化しながら、「治療とは何か」を問い続けてきた。本書では特に医療人類学の泰斗であるアーサー・クラインマンの構築したヘルス・ケア・システム論に着目したい。それは、心理療法が特定の文化の中で営まれる治療文化であることを見る視座である。

その内実については後述するが、端的に言うならば、クラインマンのヘルス・ケア・システム理論は、ひとつの地域の中に複数のセクターの治療システムが機能していることを示し、それらが互いに影響を与えあう中で、病者個々人が自分なりのヘルス・ケアを組み立てていくことを明らかにしたものである。この理論は、治療が文化に規定されること、そして各治療が相互作用することを見据えている点で、心理療法のローカル性を分析するのに適している。

以上より明らかであるように、本書は人類学的視点を取ることで、心理療法を文化的現象と捉えて理解することを試みる。だから、そもそも心理療法がいかなる文化的現象であるのかを初めに明らかにしたうえで、心理療法という文化が、個々のケースを取り巻く文化と接触し、影響を受けて変形するプロセスを解明するという手続きを取ることになる。

問題は原理的なレベルに置かれている。個別の現場（たとえばスクール・カウンセリング）における最適化した心理療法を語るのではなく、現場の都合で各心理療法の規範モデルが変形していくことに注目し、そのメカニズムを明らかにする。そうすることで、例えば学校現場で、病院で、福祉施設で、会社でなされている私たちの「ありふれた心理療法」を語りうるものとすることが目指されるのである。

まとめよう。本書は文化現象である心理療法が、クライエントと心理臨床家を取り巻く文化の中でローカライズされていくプロセスを、人類学的な視座から解明することを試みようとするものである。

4　本書の構成

本書は私がこの6年ほどで書いてきた論文によって構成されている。それは大学院を卒業してから、精神科クリニックの常勤の心理士として働いていた期間に、考えてきたことをアウトプットしたものである。

その時期の私は、治療の設定から、治療のプロセス、そして終結に至るまで、様々な妥協を迫られながら、それでもクライエントの援助を行おうと心理療法を行ってきた。そのような経験を、そのときどきの研究関心と結び付けながら、論文として書いてきた。

そのようにして書かれた論文のうちの6本の論文をほぼ年代順に配置して、本書は成り立っている。それぞれの論文にはそれぞれの関心があったわけだが、それは大きくは「日本のありふれた心理療法」という大きな問題を扱ったものであるので、まず第I部でその理論的枠組みを示すことにした。

書き下ろしとなった序章では、心理療法の医療人類学的分析がなされている。言わば総論であり、本書の理論モデルはここで示される。具体的には、クラインマンのヘルス・ケア・システム理論の概略を説明し、そこから敷衍して治療文化としての心理療法をいかなるものとして理解できるのかを示した。そのうえで、日本の心理療法の歴史を辿ることで、心理療法という治療文化がローカルな文化によっていかなる変形を遂げるのかを示した。

これらの議論は理論モデルを示すために、やや抽象的になされている。そこで第2章では具体的な事例を示した。それは私が訓練初期に受けたスーパーヴィジョンを描いた論文だが、心理療法が心理学的に思考する治療文化であること、そしてそれがいかにして可能になるかを論じたものである。二つ合わせて、本書の心理療法論を理解してもらえたらと思う。また、それでも本書の議論にくたびれてしまったら、『野の医者は笑う』という前著を参照してもらうのもいいかもしれない。そこでは序章で示した理論の具体例がわかりやすく記されている。

第II部の三つの論文では臨床的な問題が扱われる。精神病やパーソナリティ障害のクライエントとの心理療法を提示して、「日本のありふれた心理療法」でなされる治癒のあり方や治療的介入について検討する。このとき一つの柱となるのが、北山修が示した「覆いをつくること」という治療論である。「深層をワークスルー」することに価値を置く立場からすると、それはともすれば「浅い」「表層的」と非難されかねないような心理療法である。

しかし、「こころの表面」に注目してみるならば、そのような「覆いをつくること」「表面を取り繕うこと」が、こころの健康にとって不可欠な要素であることがわかる。物を買えば過剰な包装がなされ、さらに紙袋にまで入れてもらえる日本文化は、表層ということに大きな価値を置いてきた。中身が見えてしまうと苦痛なほどに恥ずかしくなってしまうのが、私たちの文化なのだ。そういう文化における「ありふれた心理療法」で、「表面を取り繕うこと」がいかなる臨床的課題となり、いかなる治療的価値を孕むものであるのかを、私の事例をもとに論じた。半端に見えるかもしれない心理療法なのだが、それが日常を生きていくことをいかに支えるかを示したつもりだ。第Ⅱ部の論文は、多くの臨床現場で実際になされているような事例ではないかと思う。

そして第Ⅲ部の二つの論文では、より文化的な問題を問うべく、医療人類学的な観点から心理療法について検討を行った。ここでは沖縄のケースが取り上げられているが、焦点は沖縄のことではなく、ローカルな文化が心理療法を変形させていくありようにある。クライエントを取り巻く様々な治療文化がどのように心理療法という治療文化に影響を与えるのか、そしてクライエントがどのように心理療法を自分の治癒に役立てるのか、そのとき妥協すること、混淆すること、交渉することがいかに行われるのか、それが第Ⅲ部で扱われるテーマである。

第Ⅳ部では、本書の方法となった事例研究について再検討を行った。事例研究をどう捉えるかは、心理療法から導かれる知がいかなるものであるのかの認識を示すものであるから、本書で示した知がいかなる種類のものであるのかを、最後に論じたということだ。ついでに、事例研究の書き方についてのマニュアルを補章として示した。これらは、幾分リラックスした文体で書いてあるので、読みやすいと思う。

以上を通じて、心理療法という文化全体を人類学的に理解し、「日本のありふれた心理療法」のありようと治療的価値を描き出すことを試みた。

いずれにせよ、どの章もそれぞれで独立して読めるようになっているので、読者は好きな章から読んでもらえたらと思う。

5　ポストモダンの心理療法論——ステイ・ローカル

最後に本書の位置づけを示す。端的に言ってしまえば、本書は現代のポストモダン状況における心理療法を考える中で書かれたものだ。つまり、唯一の「正しさ」を支える権威が失効し、価値が多元化する世界で、「心理療法とは何か」を考えようとしたということだ。

ポストモダンは、こころの健康や病理、そして治癒ということを不確実にする。何が健康で、何が病理であるのかが文脈に依存することを暴露し、治癒は一つではなく複数あることを教えるからだ。だから、心理療法にはたくさんの学派がある。

前著『野の医者は笑う』で示したように、心理療法は基本的に強い価値観に支えられている。精神分析には精神分析の、認知行動療法には認知行動療法の、家族療法には家族療法の価値観がある。そこにはあるべき健康な人間像があり、それは「いかに生きるか」（皆藤、1998）に対する回答を含んでいる。それぞれの心理療法は、それぞれに違った価値を抱き、違った治癒を目指しているということだ。そこでは、シンプルな形で「心理療法とは何か」を語ることができない。だからポストモダン状況の心理療法は、不安であり、寄る辺ない。確かなものが相対的なものになってしまうからだ。

それでも私たちは毎日様々な生き方をしているクライエントたちに会い続ける。そして、「何が健康なのか」「何が援助になるのか」を問い直し続ける。それがポストモダン状況における心理臨床家の根源的な悩ましさであり、同時に職業的使命でもあるように思う。そういう生の多様性に開かれていることが、アクチュアルな臨床のためには必要だからだ。

だから、私たちはローカルに考える。文脈を読み、個々別々の状況・環境・文化に目配りしながら、「生きる」ことを考え続けるのである。そこに「日本のありふれた心理療法」は存在している。

もしかしたら、それは次の時代の心理療法に対してゲリラ戦を行うようなものなのかもしれない。なぜなら、心理療法はこれからグローバル・スタンダードであることにますます大きな価値を置いていくことになると考えられるからである。そのとき、心理療法はますます専門的になり、高度化し、均質化した訓練を整備していくことになるだろう。「心理療法のあるべき規範」は強まっていくように思う。

それ自体はもちろん悪いことではない。私たちの仕事にはしっかりとした訓練が必要だし、規範をないがしろにするときに、危険なことが起こりやすい。

しかし、だからこそ、ローカルな妥協による「ありふれた心理療法」を語り、評価する枠組みを私たちは同時に整備しておく必要がある。心理療法はおそらく最後までローカルなものを捨て去ることができないからだ。心理療法のために「生きる」ことがあるのではなく、「生きる」ことのために心理療法があり、「生きる」ことは生身のからだとローカルな場所なくしてはありえない。

心理療法はどこにいくのだろうか。サイコロジストの国家資格化がなされた今、おそらく私たちは岐路に立たされている。その未来に多様な生き方を許容し、ローカルに考える枠組みが残されているだろうか。

ステイ・ローカル。ゲリラのようにローカルであり続けることが目標だ。そういう時代に、クライエントの生きている場所——曖昧で複雑で不純な場所で、心理療法を営み続けるために、本書は書かれた。

付記　本書で取り上げた事例については、全て最終回に執筆許可を得た上で、プライバシーに配慮した記述を行った。

第Ⅰ部　心理学する治療文化

われわれは事物を別の面から見るばかりでなく、別の目でもって見る。だから、それらの事物が同じように見えるわけがない。

パスカル『パンセ』

第Ⅰ部では、心理療法に対する本書の基本的な認識を示そうと思う。

端的に言えば、心理療法とは心理学によって支えられる治療文化である。私はそう理解している。私たちはクライエントを心理学的に理解し、それに基づき心理学的に介入する。そして、その結果を心理学的に評価し、理解を深めていく。その積み重なりが、心理療法をかたちづくっていく。そう、心理療法とは「心理学する」治療文化なのだ。

そのように捉える道筋について、第1章では医療人類学の視座から論じる。具体的には、まずクラインマンのヘルス・ケア・システム理論を紹介し、その観点から「心理療法とは何か」について人類学的な説明を行う。その上で、日本の心理療法の歴史を概観して、文化と心理療法の力動を検討する。第2章では、心理療法が心理学する治療文化であることを例証するために、私がトレーニングの初期に受けたスーパーヴィジョンを振り返る。「心理学すること」がいかにして心理療法を成立させるのか、そのメカニズムを具体的に見てみたい。

以上を通じて、「日本のありふれた心理療法」を見るための、基本的な枠組みを提示しよう。

第1章　日本のありふれた心理療法のための理論

日本のありふれた心理療法を理解するための理論を示す。

序章で示したように、本書では心理療法を文化的現象として捉える。それは、初詣やクリスマスあるいは茶道のお稽古と同じように、心理療法を人間の文化的営みとして理解しようとする視点である。

そのような視点を取るメリットは、心理療法がローカルな文化の中で変容する局面を扱うことが可能になることにある。文化の網の目の中で成立する営みとしての心理療法、そういう視点から日本のありふれた心理療法を見てみたいのである。

そのための理論的枠組みとして、本書では医療人類学者クラインマンのヘルス・ケア・システム理論を取り上げる（Kleinman, 1980/1992; 1988/2012）。ヘルス・ケア・システム理論とは、一つのローカルな地域に複数の異なる原理の治療が存在していることを前提とし、それらが相互に影響を及ぼし合う中で、病者が自らの治療を構成していくことを記述した理論である。

この理論は本来、現代医学がローカルな文化の影響を受けて存在するような相対的なものであることを示そうとしたものであるが、この視点は日本のありふれた心理療法を見る上でも有効である。心理療法が当たり前に前提としていることが、あくまで文化の中で構築されたものであることを見抜いて示そうとするからである。

そこで、本章ではまずクラインマンのヘルス・ケア・システム理論について簡潔に紹介し、次にヘルス・

ケア・システム理論から見たとき心理療法とはいかなる営みとして理解できるかを検討する。その上で、そのような心理療法の一般理論から見るときに、日本のありふれた心理療法がいかなるメカニズムによって成立するものであるのかを示すことにしよう。

治療一般の構造から、心理療法の構造、そして日本のありふれた心理療法へと歩を進めていくということだ。

第1節　ヘルス・ケア・システム理論の概要——医療人類学的視座

クラインマンによれば、ヘルス・ケア・システム理論とは「医療と文化がどのようにかかわりあっているのかを研究するための理論的な枠組み」（Kleinman, 1980/1992, p.i）とされている。

ここで「医療」という言葉は、いわゆる西欧近代に始まる現代医学に限定されていない。シャーマニズムや薬草治療、占い、カイロプラクティック、健康食品、そして心理療法などの様々な治療的営み、すなわち中井久夫（1990）の言葉を使えば「治療文化」を含んでいる。

多様な治療が世の中には存在しているわけだが、それらに対して同じ距離をとって「治療とは何か」とクラインマンは問う。すると、医師の行う現代的医療と霊能者が行うマジカルな治療の共通点が見えてきて、心理療法とマッサージが同じ構造で運用されていることが見えてくる。そのようにして、それぞれのローカルな世界で多様な治療が自由自在に組み合わされて、病者の癒やしが作りだされていくことを、ヘルス・ケア・システム理論は描き出す。

この現代医学と霊的治療、心理療法とマッサージに対して取られる同じ距離こそが、医療人類学の距離である（Kirmayer & Robbins, 1992; Kirmayer, 2007; Young, 1995/2001; Kitanaka, 2012; 鈴木・北中，2016）。常識的な価値観を一度置いておいて、遠いところから治療を見てみる。そうすることで、私たちの病むことや癒やされることが、いかに文化によって規定されているのかを浮き彫りにすることが出来る。

このとき、ヘルス・ケア・システム理論が用いる主要な道具が、「臨床リアリティ」「ヘルス・ケア・システム」「説明モデル」という三つのコンセプトである。

1　臨床リアリティ

私たちは目の前の現実を絶対的な動かし難いものと思うし、だからこそそれは「現実」と呼ばれる。しかし、動かし難いはずの現実が人間関係の中でその姿を大きく変えていくのも事実である（Berger & Luckman, 1966/2003）。

恋愛について相談するときに、旧友に相談するか、職場の同僚に相談するか、その相手によって、自分が悩んでいた内容が変わってしまうことはよくあるし、同じように頭痛という問題は医者に相談するか、霊能者に相談するかによって、まったく違ったように扱われ、挙句の果てに本人にとっても頭痛の体験のされ方が変わってしまう。私たちの現実は実は液体のように姿を変えやすいものなのである。

このような認識に立って、現実が人間関係や社会との相互作用の中でかたちづくられるものだとしたのが、社会構成主義である（Gergen, 1994/2004）。社会構成主義は、私たちの現実が動かし難い実体ではなく、言語や文化、あるいは社会的諸要素の相互作用の中で「リアリティ」として生み出される構成物であるとする。それぞれの現実とは作り上げられるものなのである。

このリアリティについての社会構成主義の考え方を、クラインマンは治療の現実に応用して「臨床リアリティ」と表現している。

私が力説したいのは、伝統的であれ、現代的であれ、臨床的な営みは、特定の社会的世界の中で生じるとともに、その社会的世界を作り出してもいるという事実である。病気についての信念、病者のとる行動、病者の期待する治療、家族や治療者の病者への対応の仕方、これらはすべて社会的リアリティの諸側面である。それはヘルス・ケア・システム自体と同じく、文化的な構築物にほかならない。すなわち、それぞれの社会で、更にその社会内部のそれぞれの社会構造の背景のもとで、まぎれもなく作りあげられたものなのである。社会的リアリティのうちのこうした健康にかかわる側面、とりわけ病気についての態度や規範、臨床場面での人間関係、治療活動を、私は臨床リアリティ（clinical reality）と呼びたい。

(Kleinman, 1980/1992; p.41)

難解に書かれてはいるが、「臨床リアリティ」という言葉でクラインマンが語ろうとしているのは、治療者やクライエントに見えている世界は、唯一無二の絶対のものではありえないということである。

これはケース・カンファレンスに出席してみると、よくわかる。精神分析家と行動療法家が、同じクライエントを、違った人のように見ていることにしばしば驚かされる。ある治療者はクライエントのことを強迫神経症だと言い、別の治療者はトラウマの問題を抱えていると言う。そして、「本質的な問題を扱えていない」と言ったり、「治療者はまさに重要なことをしている」と言ったりする。

彼らにはそう見えている。彼らは違った臨床リアリティを生きているから話が噛み合わないのだ。

図1-1で示されているのは、治療者とクライエントがそれぞれに実感している臨床場面でのリアリティが、彼らの生得的な生物学的条件や心理的特性と治療の場を成立させているローカルな世界の様々な文化的要素や慣習、ルールなどによって構成されているということである。

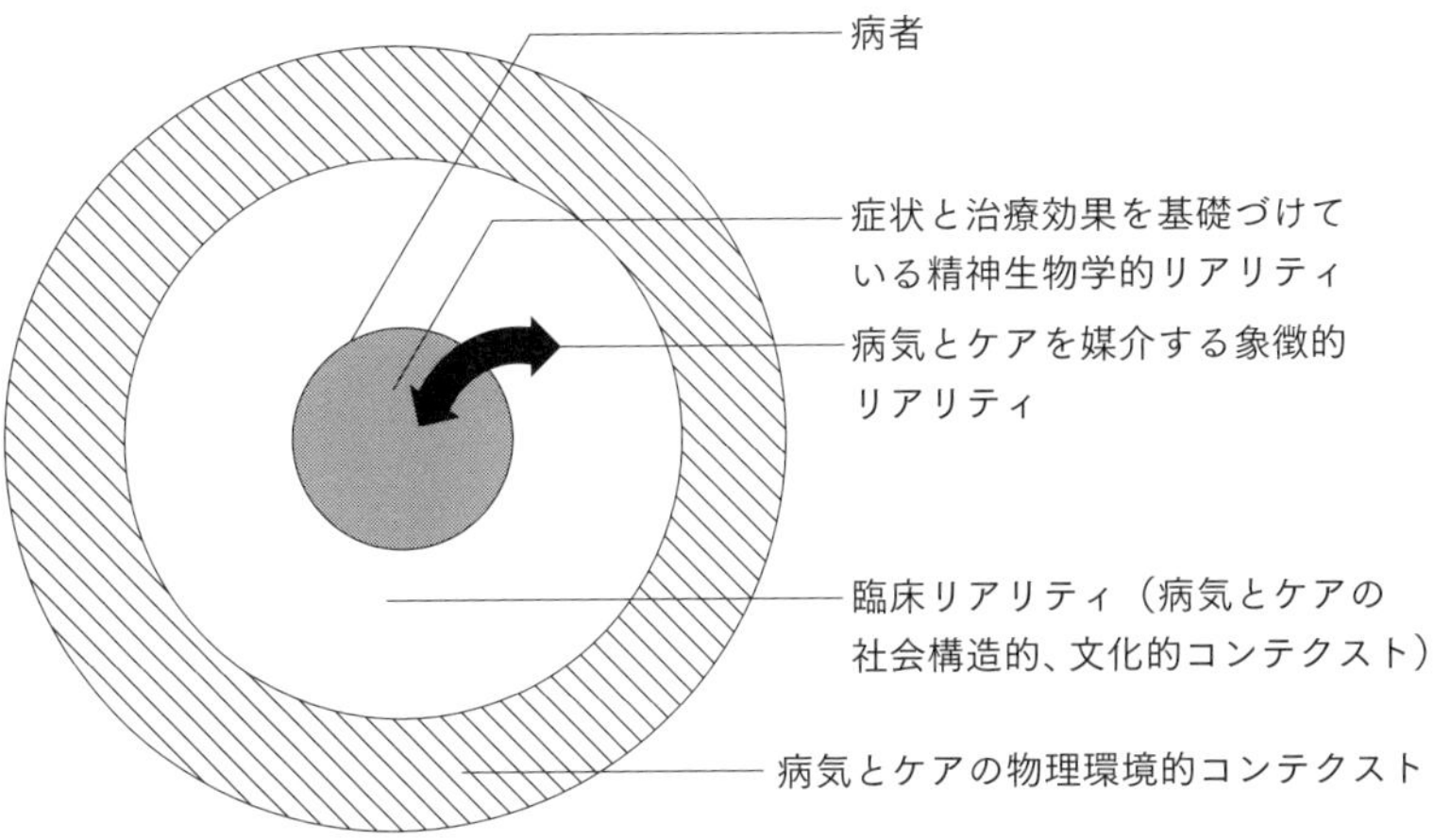

図 1-1　臨床リアリティ　〔Kleinman／大橋英寿他訳（1992）『臨床人類学』p. 29〕
「臨床リアリティ」とは、病気、ヘルス・ケア希求、治療者-患者関係、治療行為、治療媒体の評価に関する信念、期待、規範、行動、交互作用を指す。社会的リアリティは臨床実践を表現しているが、それ自体も臨床場面を通して構成される。

臨床リアリティとは、ローカルな世界の文化、クライエントの生きてきた歴史、治療者の受けてきた訓練や彼のパーソナリティ、そして面接が行われている臨床機関の性質など、様々な要因が相互作用して作り上げられていくものなのである。だから現実は複数であり、違った現実がありえた可能性が常に存在している。

しかし、治療者はしばしば自らの臨床リアリティを絶対的だと思い込みやすい。例えば、見立てが他の治療者と食い違ったときに、それはこれまでの経験から確かめられていることであるから、自らの見立てが誤っている可能性を考えるのが難しい。しかし、これまでの経験自体が、ある種の臨床リアリティの産物であるわけだから、そこでなされるのはトートロジーのような推論となる。

何よりも、治療者はクライエントとの間で、独自の臨床リアリティを築いていくことによって、治療を行っていく。「なぜ頭が痛いのかわからない」そのように戸惑うクライエントに対して、「それは脳の血管の問題ですよ」「祖先が悲しんでいるからですよ」と言って、頭痛に新たな臨床リアリティを付与することで、治療は行われていくのである。臨床リアリティが複数あることに思いを至らせることは、そのような治療のメカニズムを相対化することになるから、難しいのであろう。

これに対して、ヘルス・ケア・システム理論は、臨床リアリティがどのように構築されるのか、その相互作用を解明しようとするところに特徴がある。臨床リアリティは治療を実質的に駆動していくものであるから、その正体を明らかにすることによって様々な治療を相対化して理解しようとするのである。

2　ヘルス・ケア・システム

ローカルな世界には、多様な治療文化が溢れていて、それらが相互作用しながら、個々の事例の臨床リアリティを織り上げていく（波平、1984; 大貫、1985; Lock, 1980）。

このことは実は治療者よりも、クライエントの方がよく知っている。治療者は多くの場合、しつらえられた自分のオフィスで仕事をし、同業者集団と付き合うので、自分たちの治療文化の外側をイメージするのが苦手である。

これに対して、クライエントは家では家族のケアを受けて、ときには先祖代々の健康法が教えられ、電車の中では広告されている自己啓発本を読む。職場で同じ症状を抱えている同僚からいい治療者を教えてもらい、複数の治療者のもとに通う。家に帰れば、病気治しのための宗教の勤行をする。そして、二週に一回、カウンセリングにやってきて、日常のことを語ったりもする。

クライエントは多くの治療文化を利用しながら、自分自身の病いに対処し、健康を追求していくのである。だから、心理療法はまるで占いのように使われたり、あるいは内科クリニックと同じように利用されたりすることになる。個々の治療の臨床リアリティが、他の治療文化や、ローカルな文化全体の影響を受けるのである。

以上を踏まえた上で、クラインマンはローカルな地域全体を視野に入れて、様々な治療文化がどのような相互作用をもっているのかを明らかにするために、ヘルス・ケア・システムという考え方を提唱した。それは、病者が自らの心身の不調を意味づけ、自ら対処し、さらには治療者に援助を求めるときに、社会や文化が提供する象徴の体系のことを意味している。

この体系をクラインマンは図1-2のように示している。そこでは、ローカルな文化世界の治療的諸要素が、大きく民間セクター、専門職セクター、民俗セクター、の三つのパートに分類されている。以下に簡潔に説明しよう（以下、引用部分は指定外は全て Kleinman, 1980/1992）。

（1）民間セクター

ヘルス・ケア・システムの中核をなしているのは、「職業でなく、専門家が動くのでもない、素人の民間文化の場」である民間セクターである。例えば、親族、学校、職場、コミュニティなどが民間セクターに含まれるわけだが、その代表は家庭である。

クライエントの健康希求行動は、自己対処から始まり、次に近しい素人に援助を仰ぐことが続く。その後に、プロの治療者に助けを求めることになる。このことを、治療者たちは忘却しやすい。

ほとんどのクライエントがまずは家庭の中で不調を呈し、病者役割を取ることを始める。このとき、家庭の中での経験知に基づき、その重篤度合いが評価されて、治療戦略が決められることになる。「ただの風邪」だと判断されれば、「しばらく安静にしている」という戦略が取られるであろうし、美味しい食事が提供されたり、休息が許可されたりする。より重篤であると判断されれば専門機関へと連れて行かれる。あるいは、不調は「なんでもない」と判断されることもある。

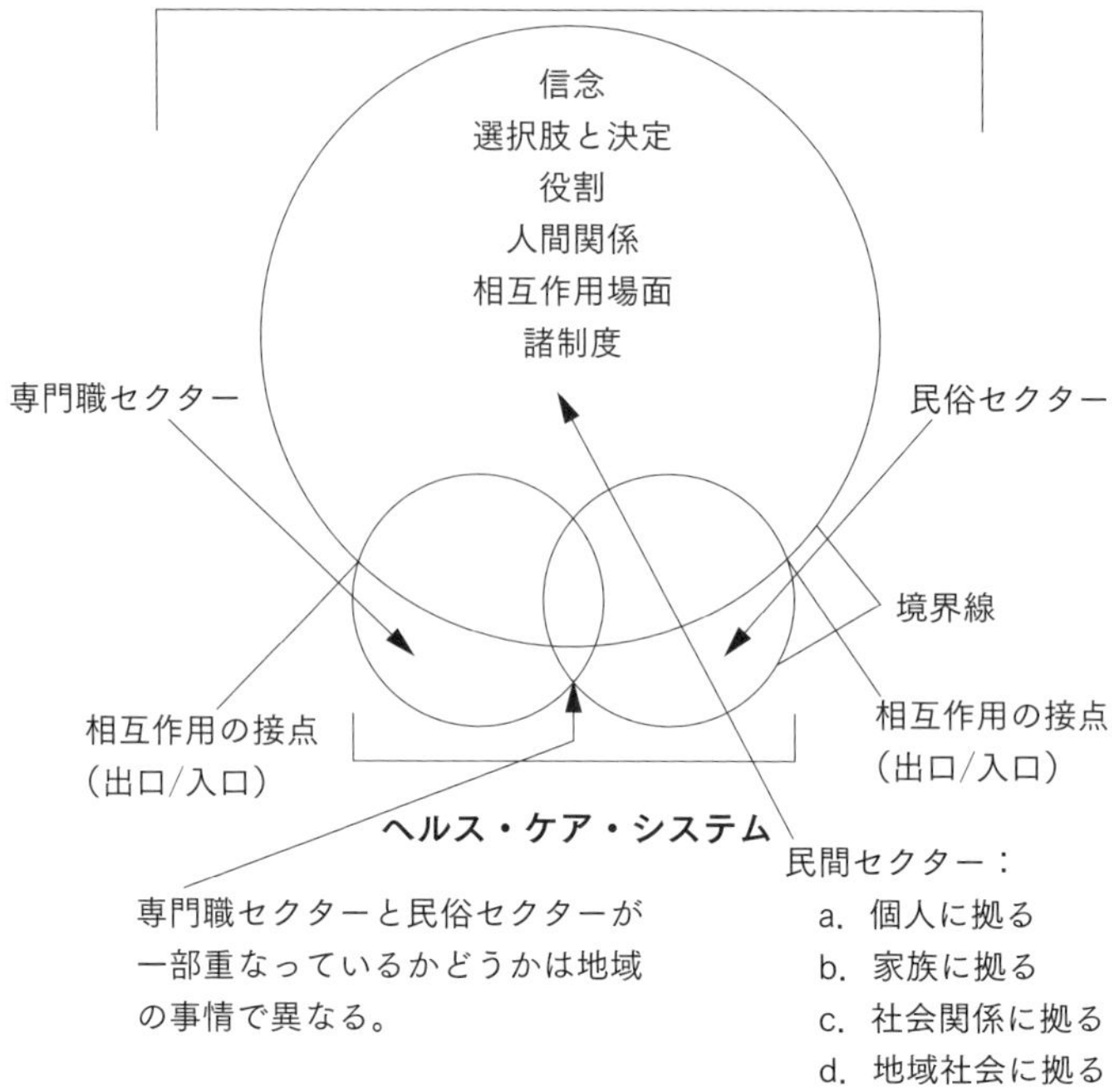

図 1-2　地域のヘルス・ケア・システム――その内部構造

〔Kleinman/大橋英寿他訳（1992）『臨床人類学』p. 30〕

つまり、民間セクターにあって、私たちは最初に病いの評価・アセスメントを行い、その対処行動を決定するのである。そして、民間セクターでは病いに対処しきれないと判断されたときに初めて、クライエントは外部の民俗セクターや専門職セクターへと送りだされ、治療を委ねることになる。

しかし、そのような外部での治療の利用戦略や評価が、基本的には民間セクターでなされるということは非常に重要である。クラインマンは以下のように述べている。

「素人のためにプロがヘルス・ケアをお膳立てする」というのが通例の見方である。だが典型的には、自分たちのヘルス・ケアを活性化させて、いつ、誰に助言を求めるか、それに従うかどうか、いつ別の治療法へ切り替えるか、ケアが効いているかどうか、その治療で満足するかどうかは、素人が決めるのである。この意味では、民間セクターは、ケアの第一の源であり、もっとも直接的な決定因なのである。（同、p.54）

専門職セクターや民俗セクターの治療をどのように利用するかを決定するのは、民間セクターなのである。このことを強調しておきたい。

確かにそうだ。調子が悪いので精神科に行くが、「どうも信頼ならなかった」と家庭で話し合われ、「じゃあ次は近所のユタのところに行ってみよう」という方針が示される。あるいは、心理療法でも、心理学的な見立てを伝えたところ、クライエントの方から「いや、運動不足が原因じゃないですか」と、家庭や学校で慣習となっている病因論で反論されることも少なくない。

民間セクターはローカルな文化が深く浸透している場所である。そこでは宗教・教育・労働など、治療以外の様々な文化が網の目のように張り巡らされて、それらによって個々人の生き方が決定されている。

そのようなローカルな文化の思考法やマナーが、個々の治療に侵入する。クライエントは民間セクターでの考え方にしたがって、心理療法を評価し、心理療法に抵抗し、そしてそのやり方に対して不満を訴える。このようにして、心理療法はときに換骨奪胎されることになる。

以上示してきたのは、民間セクターには民間セクターの臨床リアリティがあり、それがクライエントの臨床リアリティに深く影響を与え、そして専門職セクターや民俗セクターへと持ち込まれるということである。ここに「ありふれた」治療を創り出す動因があるわけだが、その前にひとまず専門職セクターと民俗セクターの内実の方に目を向けてみよう。

（2）専門職セクター

専門職セクターとは「組織された治療専門職」から構成されるヘルス・ケア・システムの一部分である。その代表としてオフィシャルな位置を確立している現代医学を挙げることができるが、クラインマンは地域によっては中医学やアーユルヴェーダなどの非西欧圏で育った医学体系もまた専門職セクターに含まれるとしている。つまり、現代日本ではアーユルヴェーダはスピリチュアル・セラピーと合流しているので、民俗セクターに位置すると言えるが、それは少なくとも前近代のインドでは専門職セクターに位置していた。したがって、専門職セクターと民俗セクターはともに治療を生業とする人たちが属するセクターであるのだが、それが地域の文化の中でオフィシャルに認められているか否かに差異があると言える。

さて、クライエントは治療者の持つ治療信念や治療価値に出会う中で、それぞれの臨床リアリティを作り上げる。専門職セクターの治療者たちは、独自の用語とロジックを用い、独自のコミュニケーションを打ち立てることで臨床的リアリティを構成するのである（東畑、2015）。

このとき、高度に制度化されている専門職セクターの治療者が、臨床リアリティに働きかける効果は絶大なものがある。例えば、現代医学の治療者が語る生物学的メカニズムには強い説得力がある（Latour, 1987/1999; Metzl, 2003; Healy, 1997/2004）。確かに私たちは医師に言われた診断名やメカニズムを「真実」のものとして受け取り、それに基づいて自らの病いを理解し、その後の治療戦略を医師の判断に委ねる傾向がある。

しかし、実はクライエントはこの専門職セクターの言説を無条件に受け入れるわけではない。先述したように、医師から提示された臨床リアリティに対して、評価を行うのが民間セクターであるからである。それはときに反発を受けて、破棄されることになるし、専門職セクターの治療者から語られた独自の用語を、病者なりに「翻訳」することで換骨奪胎し、意図されたのとは異なる臨床リアリティが作り上げられる。例えば、精神科医からうつ病の生理的メカニズムについて説明され、神経伝達物質に働きかける薬物を処方された患者が、いつからか「今日は脳が疲れている」「脳の調子がいい」と、「脳」を擬人化したものとして翻訳して、自らの不調を把握するようになることが挙げられる。

だからクラインマンは、専門職セクターは「土着化」される傾向にあると指摘している。西欧医学が非西欧圏で普及していく過程にあって、その土地のローカルな「知識体系やヘルス・ケアの諸制度」の網の目の中で、「本質的に西洋向きのものを、非西洋文化の特定の社会条件により適合的なものへと変質させる」のである。そして「土着化しすぎた場合よりも、土着化が不十分な場合に、臨床ケア上の問題は多い」としている。専門職セクターもまた、ヘルス・ケア・システム全体との相互作用を受けるものであるから、土着化されないときには、クライエントとの間で十分な臨床的コミュニケーションを確立することが出来ないのである。

この視点が重要なのは、専門職セクターは高度に制度化されていることから、自らが提示する臨床リアリティに対して無批判になる傾向にあるからである。クラインマンはこの点について、以下のように述べている。

> 専門職セクターはこのセクターの臨床リアリティこそが唯一の正当な臨床リアリティとして容認されてしかるべきであると主張してはばからない。医療の専門家たちはふつう、他の治療者の抱く臨床リアリティの見解に対しては鈍感である。また、患者たちの期待や信念についても鈍感である。(中略)医療の専門家から押し付けられた臨床リアリティに疑問をさしはさんだり、そのリアリティが〝唯一の〟リアリティでもなく〝真の〟リアリティでもなく、大きなヘルス・ケア・システムで作用する様々なリアリティの中のひとつにすぎないという事実を患者に気づかせるのはとても難しい。
>
> (同、p.62)

治療は一つではないという当たり前の事実が、専門職セクターの治療者には見えづらいのである。[*1] この点は心理療法の世界でも同様であり、「日本のありふれた心理療法」という臨床リアリティが脱価値化されてきたことと深く関わっていると言える。ヘルス・ケア・システム理論を視座に据えることが有益なのは、このような文化的視点を持つことで、専門職セクターでは正当に評価されづらい臨床リアリティに光を当てることができることにある。この点をあぶり出すのが、民俗セクターの治療である。

（3）民俗セクター

民俗セクターには雑多な治療文化が含まれる。占い師や宗教者、シャーマン、健康食品販売、マッサージ、呼吸法、体操などなど、「癒やし」と銘打った様々な治療者たちが民俗セクターでは活動している（佐藤、2000）。私が以前に取り上げた「野の医者」とは、まさに現代日本の民俗セクターで活動している治療者たちのことを指している（東畑、2015）。

クラインマンは民俗セクターの治療者を「非専門職的・非官僚的なスペシャリスト」と表現している。しかし、その境界線は曖昧である。ある場所では民俗セクターに含まれた治療は、時代や地域が変われば専門職セクターに含まれることになる。このときの専門職と非専門職との境界線、つまり専門職セクターと民俗セクターとの境界線は、台湾では以下のようになっている。

境界線からみて専門職の側にいる治療者たちは、一般に社会的地位が高く、収入も多く、組合をつくって利害に関する主張をし、なんらかの職業組織をつくっている。また、政府からも認可されており、自分たちのセクターに侵入してくる治療者の統制に気をつかう。この二つの例から分かるように、より基本的な違いは、職業組織として政府から承認を得ているものなのか、あるいは一種の〝専門〟職として幅広く社会から承認を得ているものなのか

という点にある。（同、p.70）

専門職セクターとは、時代や地域のドミナントな世界観と親和性を持ったものであり、民俗セクターとはそこからはじかれたオルタナティブな世界観を有するものだと言えるだろう。

重要なのは、そのように理解するときに、その境界線は恣意的で曖昧なものであるから、そこが政治的パワーゲームの舞台になるということである。

例えば、ホメオパシーは地域によっては専門職セクターに含まれていたが、現代医学の科学的言説によって追放されることになったし、カイロプラクティックはアメリカでは専門職の中に含まれているが、日本では民俗セクターに近いところにあったりする（Fuller, 1989/1992; 佐藤、2000）。あるいは古代でもアスクレピオス寺院による治療は、キリスト教によって駆逐されることになった（山形、2010）。治療文化同士がロビー活動や宣伝を通して、専門職セクターにおける地位を競うことは、古来より長く続けられてきた。

したがって、民俗セクターの治療もまた、専門職セクターと同様にある種の治療信念を伝達することで臨床リアリティを構築していく。ただし、このとき伝達される治療信念の世界観や人間観が、ローカルな文化のオフィシャルなものとは異なるところに特徴がある。それはオルタナティブなものなのだ。

例えば、私が調査を行った沖縄の「野の医者」の世界では、前世を見たり、守護天使を呼び出したり、手から金粉を出したりすることが行われていた。それは、科学的世界観から見ると承認しえないような実践であるのだが、オルタナティブな世界観の実践であると考えるならば理解できる。[*2] 現代社会では価値観は多様

＊1　このあたりについては、アメリカの精神医学教育において、力動系教育と生物学系教育が行われていることをフィールドワークしたルーマン（Luhrman, 2001）の研究が示唆深い。

＊2　とりわけニューソートやニューエイジの影響が強い（尾形、1996; Larson, 1987/1990）。

であるから、地域の構成員のすべてがオフィシャルな世界観で生きているわけではないし、オフィシャルな世界観を生きながらも、部分的にオルタナティブな世界観を取り入れているということは十分にありうることなのである。

以上を踏まえて、クラインマンは以下のように述べている。

ヘルス・ケア・システムの構成要素である上述の三セクターは、元来、相互に影響し合っている。三つのセクターの間を病者が行き来するからである。民間セクターは、ひとつの未分化な構図を形成しつつ、高度に分化している専門職セクター、民俗セクターと結びついている。複雑なヘルス・ケア・システムの間を縫いながら病気の軌道を追う病者にとって、セクター間の境界線は出入り口の役目を果たしている。（同、p.65）

クライエントは三つのセクターで様々な治療文化に出会い、それらの影響を受けて、自らの心身の不調を意味づけ、治療戦略を組み立て、臨床リアリティを築いていく。そこではヘルス・ケア・システムが重層的に機能している。様々なセクターの治療文化が重なり合うようにして、臨床リアリティが作り出されるのである。

それでは、以上の三つのセクターはいかなるメカニズムを通して臨床リアリティを構築するのであろうか。クライエントと治療者が具体的にいかなる相互作用をなすのか、その微細なコミュニケーションを明らかにするためにクラインマンが示したのが、「説明モデル」という考え方である。

3 説明モデル

説明モデルがヘルス・ケア・システムと臨床リアリティを繋ぐ。平易な言葉に置き換えるならば、文化と個々の治療の間を橋渡しするのが、説明モデルである。

クラインマンの理論の真骨頂は、様々な治療法が文化的産物であることを見抜いた上で、それらが具体的な臨床のコミュニケーションを通じて、クライエントに影響を及ぼしていくプロセスを明らかにした点にある。文化がいかにして治療を形作っていくのか、それを以下に示す。

(1) 説明モデルとは何か

説明モデルとは「臨床過程に関わる人すべてがそれぞれに抱いている病気エピソードとその治療についての考え」と定義される。それは病気エピソード、つまり心身の不調に伴う苦悩の体験を説明するものである。その説明には「①病因論、②症状のはじまりとその様態、③病態生理、④病気の経過(これには病気の重大さとともに病者役割のタイプ――急性、慢性、不治など――が含まれる)、⑤治療法」が含まれる。

つまり、説明モデルは、なぜ病気になり、その病気はいかなるメカニズムで成立しており、それはいかなる治療法で対処され、いかなる予後が想定されるのかについての一貫した理解を提供するものである。加えて、そもそも、誰が治療の対象として病んでいて(個人の場合もあり、家族全体に及ぶ時もある。時代の変革時には社会そのものが病んでいるとされることになる)、誰が治療者であるのか、症状のうちのどの部分に本体があるのかなどもそこに含まれる。

例を挙げる。立ちくらみが頻発している状態について、「貧血」という説明モデルを与えることは、問題を身体の生物学的メカニズムとして示すことであり、「ヒステリー」とすることは問題を心理学的メカニズムに還元することであり、「マブイ落とし」（沖縄の民俗カテゴリー）とすることは霊の問題として病態を把握することになる（大橋，1998; 塩月，2012）。そして、当然のことであるが、問題を貧血と理解するか、マブイ落としと理解するかによって、その後の治療プロセスは全く異なるものになるし、クライエントの生き方や世界の質感も全く異なるものになる。

それぞれの治療文化がそれぞれの説明モデルを備えており、それがクライエントの不調を定式化することで、臨床リアリティを構築するということである。民間セクター、専門職セクター、民俗セクターにはそれぞれの説明モデルが存在し、さらにそれらの中の個々具体的な治療文化にもそれぞれの説明モデルが存在している。このような複数の説明モデルの網の目の中で、それらが相互作用を行い、個々の治療の臨床リアリティを構築していく。

重要なことは、そこに固有の人間観や世界観が含まれていることである。問題を「貧血」と捉えることには、身体を血液が循環する機械として理解するハーヴェイ～デカルト以来の科学的世界観が生きているし、「マブイ落とし」と捉えるときには、あの世とこの世が繋がっていて、祖先の霊が生きている人に働きかけるという前近代的世界観が広がることになる。だから、「貧血」と「マブイ落とし」では、治療法だけではなく、治癒像も異なり、クライエントは異なる生き方を推奨されることになる。

説明モデルはそもそも家庭の中での「きっと疲れてるんだよ」という声かけの中にも既に現れているわけだが（不調は疲労のせいという説明を与えられ、それに即して休息や栄養補強などの対処が取られる）、より顕著に表われるのが治療機関での最初の出会いである。

医師は診察をして、診断を与える。心理療法家はアセスメント面接を行い、見立てや心理アセスメントを伝える。同様にシャーマンもまた、初回に託宣を下し、治療を提示する。それぞれの説明モデルに照らして、クライエントの不調や問題が定式化されるのである（Kleinman, 1988/2012）。

それらは病名などによってクライエントをカテゴライズし、病因論を示し、治療の道筋を示す。そして後述するように、クライエントもまた自分の説明モデルを持っていることから、治療者の説明モデルを肯定したり、拒絶したり、抵抗したり、交渉したりする。

治療が継続する中でも、治療者は観察を続けて、不断に説明モデルを修正しながら、クライエントに伝達していく。そのようにして、説明モデルはより包括的な説明力を備えていくことになる。心理療法の事例研究で示されるような、治療プロセスの中での理解の深まりはまさにそのような事態を示しているし、最初の診断を覆して新しい治療法が導入されることは医療にあっても少なくない。

治療者はクライエントの変化についても、説明モデルに照らして評価することになる。症状の消失は次の症状への遷移のサインかもしれないし、症状の悪化は治療がよく機能していることの証拠になるかもしれない。それは説明モデルを準拠枠にすることで決定される。

そして、治癒や治療終結の判断がなされる。あるいは、治療失敗の判断がなされる。治療者はクライエントの様々な情報を、説明モデルに基づいて解釈し、その評価を定めることになる。だから、説明モデルが異なれば、失敗した治療も成功した治療になりうるし、その逆もありうる。

重要なことは、このようなプロセスを通じて、クライエントの説明モデルが変化することである。東畑（2015）で示したように、そうすることでクライエントは自らの生き方を変えていく。「疲れているだけ」と思っていたクライエントが、「死んだ祖父の霊のせい」という説明を受け入れることで、世界観や人間観の変更が起こり、生のありようを変容させる。宗教的治療がパワフルなのは、それがただ症状を消失させることだけに関わるのではなく、世界観の変更を通じて、生き方を変えることに繋がるからである。

例えば、シャーマンの治療では、初回に問題の霊的原因が説明され、それを解決するための方法として除霊儀式を行うことが提案される。除霊儀式の結果、思ったような成果が出なければ、「あなたの7代前のオバアが問題だ」と更なる原因が探し求められ、更なる儀礼が提案される。このプロセスを通して、病者は霊的治療が目標とする親族組織に根差した生き方を取り入れ、新しい生き方をかたちづくっていく。説明モデルが治療を構成し、治癒を構成し、病者の新しい社会心理的態勢を作り上げていくのである。

以上示してきたように、説明モデルは文化の持つ信念や価値観を、病いを説明するというやり方で伝達していく媒体となるものである。このとき、説明モデルは複数存在するし、治療者とクライエントで別の説明モデルを抱いていることが一般的であることを鑑みるならば、臨床コミュニケーションは、異なる説明モデルが摩擦を起こし、交渉し、共有しうるものへと改変していくプロセスとして理解できる。

ここが、本書にとって最も重要な関心事である。

(2) 複数の説明モデル間の相互作用

図1-3は臨床場面における治療者と病者の間で生じる相互作用をクラインマンが示したものである。ここにヘルス・ケア・システムと治療者、クライエントの間で、説明モデルがどのように変容しながら、臨床リアリティを構成するのかが示されている。なお、図1-3のEMとはExplanatory Model、つまり説明モデルのことである。

まずは病者、つまりクライエントの側を見てみよう。すると、元々民衆文化にはEMが存在しているのがわかる。これは民俗学が明らかにしてきたような、風邪を引けば長ネギを首に巻くとか、下痢をしているならお腹を温めるなどの習俗や、落ち込んでいるときは早く寝た方がいいとか、気合で乗り切るとか、そういった様々な一般常識を含んでいる。それは大きな文化の中で共有されているものであるが、それをそれぞれ

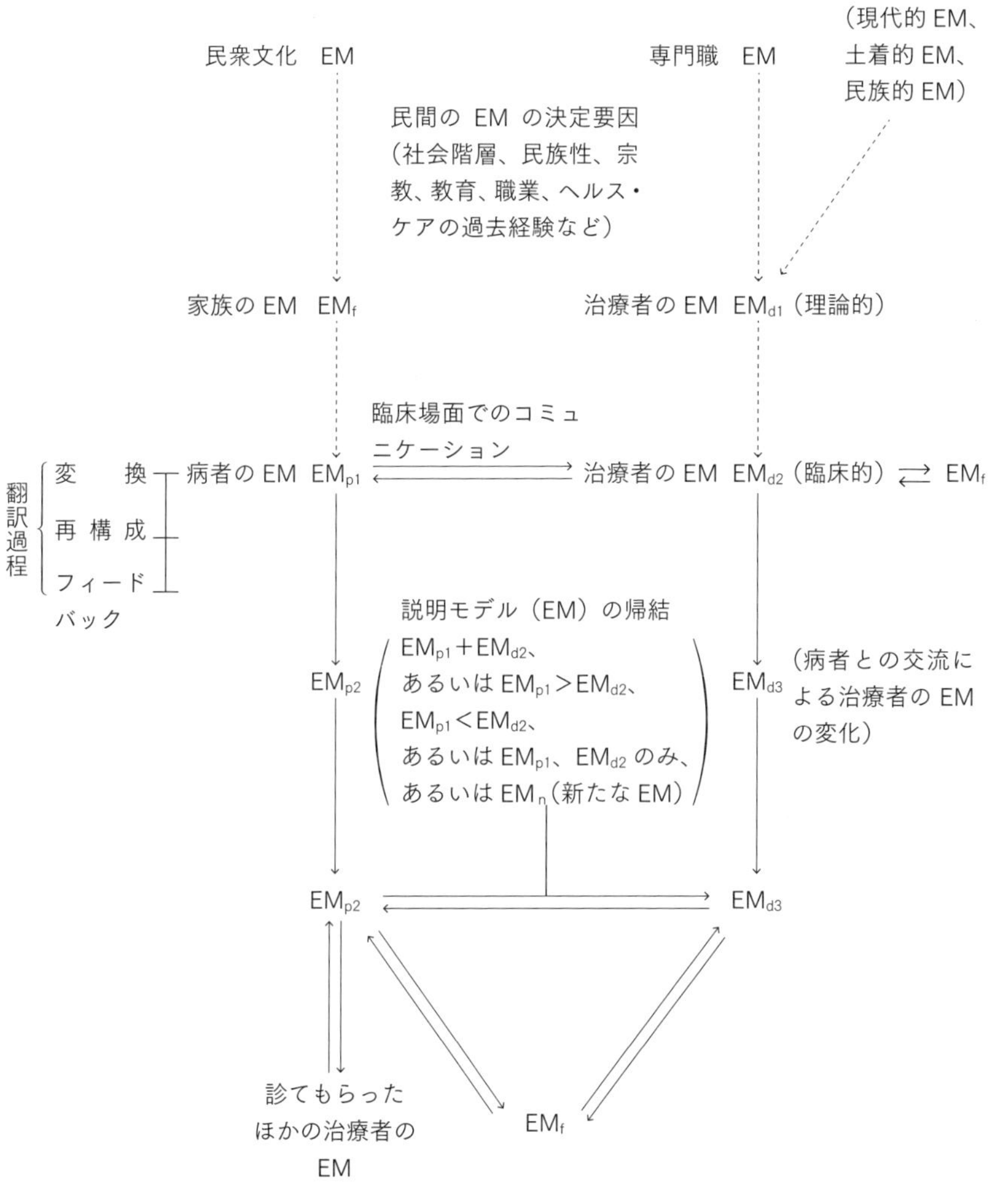

図 1-3　治療者＝病者関係における説明モデル（EM）間の相互作用のダイナミックス

注　EM＝Explanatory Model、すなわち説明モデルのこと。

〔Kleinman/大橋英寿他訳（1992）『臨床人類学』p. 121〕

の家族が取捨選択してEMfを形成する。このEMf1が家族の治療文化を構成し、クライエントの治療戦略を定め、さらには援助要請行動を決定する。

さらに、このEMfに外部からの様々な影響が及ぼされ、クライエント本人の説明モデルEMp1が出来上がる。それは、学校・職場などで身に付けたり、ネットで検索して出てきたページや電車で見かけた自己啓発本などから吸収したりして、混淆した説明モデルである。このような歴史性と文化性の結実したものとしてのEMp1がまず治療場面に持ち込まれる。

同様に治療者側の事情を見てみる。まず専門職全体で共有しているEMが存在している。それは訓練過程で規範として語られたり、教科書に示されたりしている説明モデルである。これは様々な研究の蓄積であることもあるし、治療法の開祖が語ったことが受け継がれていることもあるが、いずれにせよ、「○○療法の治療者」と名乗る以上、公式見解として提示されるような説明モデルと言えよう。

常識的には、そのようなEMがそのまま個々の臨床で適用されていると思われがちだが、実際にはこのEMをそれぞれの治療者が自分なりに消化することでEMd1が創り出される。精神分析家にも色々な人がいて、色々な治療があるように、各治療者のパーソナリティや文化的背景、受けてきた訓練、それまでの臨床経験などが影響して、多様なバージョンのEMd1が生み出される。

このEMd1が最も顕著なのは、いわゆる統合的心理療法や折衷的心理療法を名乗る治療者たちやカリスマティックな名人治療者たちであろう。彼らは自分流に治療的諸要素をブリコラージュすることで、自分なりの独自の説明モデルEMd1を作り上げる。なかには、新しい学派を生み出し開祖となる人が出てくることもあるだろう。EMd1が新たな学派の公式EMになるのはよくあることだ。

ただし、すべての治療者（完全なコピーを行うコンピューターによる治療を除いて）が、学派の公式のEMではなく、それぞれが消化したEMd1によって治療を行っていることは重要である。治療者もまた人間であるから、自分なりに消化することで、説明モデルを生きたものにしていく。そして、このEMd1が治療場面に導入され、それぞれのクライエントの個別の事情に合わせて適用されることで、EMd2が生まれる。ここに治療者の臨床技能が発揮される。例えば、それはアセスメント面接の終わりに、見立てや診断としてクライエントに伝えられる説明モデルのことである。

このようにして、クライエントが自らを捉えるEMp1と、治療者がクライエントを捉えるEMd2が出揃う。ほとんどの場合、この二つの間には差異があり、懸隔があるために、両者はコミュニケーションを行いながら、調整を行っていくことになる（Zaphiropoulos, 1982; Maiello, 2008; Zhang, 2014）。

例えば、クライエントがEMd2を受容できなかったとき、彼らはEMd2に対して抵抗し、交渉を行う。もちろん、完全に拒絶して、治療を打ち切るということも起こる（この判断は民間セクターでなされる）。一方で、EMd2を自分なりの説明モデルに組み込むために翻訳を試みたり、咀嚼して消化しようと試みたりすることも起こる。すると、EMd2の影響を受けた新しい説明モデルEMp2が生み出され、クライエントは問題についての新たな見解を生きたものとして身につける。

一方、治療者の側も、EMd2が抵抗を受け、そのままでは通用しないことに直面して、そこから学ぶ。クライエントに分かりやすい言葉にEMd2を翻訳したり、クライエントの生活状況に配慮してEMd2の骨子の部分を曖昧にごまかしたりする。あるいは、EMp1の影響を受け、治療方針を変更することもある。そのようにしてEMp1に配慮した説明モデルEMd3が生み出される。

EMp2とEMd3は再び治療場面で相互作用をもつ。「ちょっとは理解してくれるようになったな」「なんだか態度が変わったな」と互いに思いながら、説明モデルの微調整が続けられていく。治療プロセスの中の解釈や傾聴、物理的介入など、様々な手段によってこのような相互作用が何度も行われ、EMp3、4、5、6……とEMd4、5、6、7……が生成される。

最終的に、運のいい場合には、クライエントと治療者が共有できる説明モデルEMfが生まれる。フランクら（Frank & Frank, 1991/2007）が述べているように、治療が十全に機能するには、クライエントと治療者が同じ世界観を共有していることが必要であるのだから、異なる説明モデル同士の対立から、妥協され変形されたEMfが生み出され、共有されていくことの臨床的な意義は決定的である。

もちろん、最後までクライエントと治療者が共有できる説明モデルが生まれないことも多々ある。その場合でも、一定の成果を上げる治療では、当初の説明モデル間の距離の大きさは縮小されているだろう。逆に言えば、あまりに治療者とクライエントの説明モデルの差異が大きく、修正がなされない場合には、治療は早期に中断に追い込まれる。

以上より明らかであるように、ヘルス・ケア・システムは説明モデルを通じて、個々の治療の臨床リアリティを構成していく。それぞれの治療文化が持つ世界観は、説明モデルをめぐる交渉と相互コミュニケーションを通じて、クライエントの病いの捉え方に働きかけていくのである。心理療法も、外科療法も、霊的治療も、そのようにして文化の網の目の影響を受けて、妥協し、屈折しながら臨床リアリティを構築し、治療を現実のものとして成り立たせていくのである。

ここまで、クラインマンのヘルス・ケア・システム理論を簡潔に概観し、治療一般のメカニズムを検討してきたわけだが、次に以上を踏まえた上で心理療法のメカニズムを記述してみたい。

第2節　心理療法の医療人類学

「心理療法とは何か」については、これまでも様々な答え方がなされてきた。ただし、それらの多くは、特定の学派の立場から心理療法一般を語ろうとするものであったから[*3]、異なる学派の心理臨床家との間では心理療法像を共有することが難しかった。逆に、それらの学派的差異を乗り越えた心理療法像を語ろうとするとき、共通する要因が拡大解釈されてしまい、内科医の世間話も、長屋の隠居旦那の会話も、心理療法に含まれてしまうという問題があった。

第7章の論文で詳述しているように、本書では「心理療法とは何か」を、心理療法内部の各学派の差異に即して語るのではなく、共通点の方に焦点を置く。ただし同時に、心理療法外部との差異にも焦点を置く。つまり、心理療法と非心理療法との比較を行うことで、「心理療法とは何か」を明らかにしてみようと思うのだ。

そのために、まずは既述したヘルス・ケア・システム理論における心理療法の位置づけを簡潔に見るところから始めて、説明モデルの観点から心理療法がいかなる営みであるのかを検討することとしよう[*4]。

＊3　その例外として藤原勝紀の一連の仕事がある（藤原、1994/2001/2003）。

＊4　この問いはフーコー（Foucault, 1972/1975）以来、重要な問いである。心理療法は人間をいかに象《かたど》ろうとするのかという問題意識だ。

1　心理療法のヘルス・ケア・システムにおける位置づけ

端的に言おう。心理療法とは心理学的治療文化である。日本で最初に「心理療法」という言葉を用いた井上円了（1904）は、この語を「生理療法」と対照するものとして用いている。つまり、近代医学が生物学を準拠枠とする治療文化であるのに対して、心理療法は心理学を準拠枠とする治療文化なのである。バイオロジカルに身体に働きかけるのではなく、サイコロジカルに心に働きかける治療、それが心理療法である（Rose, 1998）。

この観点から見るならば、心理療法は当然、生物学的治療文化である近代医学とは差異を持ち、霊的治療文化であるシャーマニズムと分かたれる。あるいは社会学的治療文化であるソーシャルワークや、教育学的治療文化である学校教育、コミュニティ的治療文化である地域の名士による相談、食的治療文化である健康食品などとは異なる。

それでは、そのような心理療法はヘルス・ケア・システムにあって、いかなる位置を占めているのであろうか。このように考えるとき、心理療法が民間セクター・専門職セクター・民俗セクターに拡散して存在していることは興味深い。

言うまでもなく、日本における臨床心理士が病院や学校、福祉において専門職として活躍しているように、心理療法は専門職セクターにポジションを持っている。欧米では保険制度に組み入れられているように、その傾向はより顕著である。

一方で、心理療法は民俗セクターにも広がっている。プライベート・プラクティスの分野を見れば、心理療法が民俗セクターとの境界領域で盛んに活動を行っているのがよくわかる。実際、大学院で教育を受け、臨床心理士を取得しながらも、自己啓発、スピリチュアル・セラピーやアロマセラピー、気功、レイキなどの民俗セクターの治療文化を混ぜ合わせている治療者は少なくない。あるいは鏡（2016）が示すように、占星術と心理学が合流して心理占星術という分野が形成されるなど、学問レベルでも民俗セクターとの混淆は頻繁に生じている。

加えて、民間セクターにおいても、心理療法的な知は深く浸透してきている。「社会の心理学化」（森、2000; 斉藤、2003; 樫村、2003; 山田、2007）が指摘されているように、市民は様々なメディアを通じて自らの問題を心理学的に捉えるようになっている。この「心理学」は道徳哲学や自己啓発、あるいは日本の伝統的な気合文化など他の治療文化が混じりこんだものではあるのだが、それでも自己や他者を心理学的に捉え、カウンセリング的な対応をなす風潮は、社会の中に広がってきていると言える（小沢、2002）。

この意味で、心理療法はヘルス・ケア・システムの中で拡散し、広がっている治療文化である。ただ日本の場合に限定し、狭義の専門職としての心理療法を見るならば、昨今の公認心理師法案の帰結に露骨に表われているように、心理療法は専門職セクターにおいて医師団体との政治的パワーゲームを繰り広げており、その地位はいまだ不安定である（丸山、2015）。

このような危うい立ち位置は、脳科学や神経科学が発展して生物学的治療文化の力が強まる中では必然的なことと言えるかもしれない（Rose, 2007/2014）。思えば、フロイトの精神分析は、発祥当時にはウィーン社会の民俗セクターの治療文化であり、その後の運動を通じてアメリカでは医学部教授を占有するなど専門職セクターの中心に移行し、その後他の治療法の隆盛によって専門職セクターの中でのドミナントな位置づけを失おうとしている（Davies, 2009）。心理療法はヘルス・ケア・システムにおいて曖昧なポジション取りをしていて、周囲の治療文化や時代の潮流の影響を受けやすいのである。ここに心理療法の特徴がある。

以上のように、心理療法とはヘルス・ケア・システムの中に拡散して存在しており、そのポジション取りのための熾烈なパワーゲームを行っている。これらを踏まえた上で、心理療法とはヘルス・ケア・システム理論から見て、いかなる治療文化であるのだろうか。言葉を換えるなら、心理療法という営みは、いかなる成分から成り立っているのであろうか。それを次に見てみよう。

2　心理学すること

繰り返す。心理療法は心理学に基づく治療文化である。心理療法は心理学的説明モデルを用いて、臨床リアリティを構成し、クライエントの変化を準備する。

つまり、心理療法において治療者は、心理学的に査定し、心理学的な介入を行い、心理学的な治癒を目指し、その効果を心理学的に評価する。クライエントもまた、自らを心理学的に捉え、考えることを続けていく。

この心理療法を特徴づける心理学的な作業のことを、本書では「心理学すること」と呼びたい。これが心理療法の成分の第一のものとなる。したがって、「心理学すること」とはいかなる営みであるのかを、以下に治療者とクライエントに分けて説明することとする。

(1) 治療者の「心理学すること」

治療者は不断に「心理学すること」によって、治療を構成していく。クライエントの生まれ育った歴史や、問題が現れてきた経緯、現在クライエントを取り巻く環境、そしてクライエントが面接で語ることやその振る舞いを心理学的に考え、定式化する。アセスメントを行い、介入を計画し、その結果を評価する。そういうことを繰り返しながら、治療者の心理学的な理解は深まっていく。

ここに全ての心理療法に共通する基本的な構成要素がある。心理臨床家が心理学しているとき、現代医学の医師は身体のメカニズムについて「生物学すること」を行っているだろうし、シャーマンであれば「霊を見ること」を行う。私たちは心理学的メカニズムに照らして、クライエントを理解し、定式化することで治療を行っていくということだ。

ただし、「心理学すること」の内実は、それぞれの学派によって違うし、同じ学派に属していても治療者ごとに異なることもある。

例えば、精神分析では意識と無意識の力動によって構成される「こころのモデル」が想定されており、ユング心理学ではそこに集合的無意識が加えられる。あるいは、行動療法では内的世界そのものをモデルに組み込むことを否定し、物理的に観察できる刺激と反応の連鎖から「こころ」を見る。家族療法であれば個体のメカニズムではなく、個体間のシステムからものを考えていくだろう。

学派によって、想定するこころのモデル＝心理学理論は大きく異なるのだから、「心理学すること」にも差異が生じる。だから、同じクライエントを見ても、異なる学派の治療者にはそれぞれに違ったように見える。

ここが重要だ。異なる学派の治療者は、違ったように「考える」だけではなく、違ったように「見る」。科学哲学において「観察の理論負荷性」が主張されているように（Hanson, 1958/1986）、心理療法にあっても、同じ事実に基づいて違った思考が組み立てられていくのではなく、同じクライエントに対してそもそも違った「事実」が見出されるのである。

実際、認知行動療法の治療者と精神分析の治療者では、アセスメント面接で違う質問を行うし、クライエントの同じ語りに対しても違う部分に着目する。例えば、認知行動療法の治療者は、ストレスの質と量を見極めるために、現在の状況をめぐる聞き取りを行うだろうが、精神分析の治療者は繰り返されている対人関係を見極めるために、過去の方へと詳細な質問を重ねていくことだろう（妙木、2010）。同じクライエントであっても、想定されている理論的枠組によって、違った姿が浮かび上がってくるのである。

ただし、これらの心理学的説明モデルには共通点もある。それは問題を主体の内側に見出すことで、自律した自己を生きていくという倫理観である。デイビス（Davies, 2009）が指摘するように、すべての心理療法には倫理的目標が内在しており、それがあるべき人間像を規定している。つまり、治療目標は実は理論に内在している。このとき、霊的治療文化が濃密な共同体を前提とした前近代的人間像を理想とするのに対して、心理学的治療文化は近代的個人やポストモダン的自己を理想とするところに特徴がある（Rieff, 1959/1999 Rieff, 1966; Furedi, 2004）。とは言え、東畑（2015）で示したように、現代社会では多様な生き方や倫理が許容されているからこそ、心理学的治療文化も多様な学派によって構成されているのだと言えよう。

重要なことは、そのような心理学的説明モデルを、個々の事例に適用し、臨床リアリティを構成していくところに、「心理学すること」の本領があるということだ。

つまり、心理学理論そのものは抽象的なモデルに過ぎないが、治療者はそれを参照枠にして、具体的にクライエントの理解を行っていく。それが、クライエントの問題を心理学理論の文脈に照らして定式化し、臨床的リアリティを構成していくのである。

ここにアートとしての臨床技能が必要とされる（河合、2003）。現実の事例はきわめて複雑な事情や曖昧な要因から成り立っているわけだが、「心理学すること」はその複雑性を読み解き、筋の通った説明へと落とし込んでいく。それは無論、現実の多様性をある程度捨象したものであるのだが、問題は心理学的鋳型によって象《かたど》られることで、対処可能なものへと変形されることになる。このときの、定式化の細やかさや精確さにこそ、臨床技能が発揮される。ケース・カンファレンスで様々になされるコメントは、この作業を端的に抽出したものだと言えよう。

したがって、理論学習だけで心理療法の腕は上がらないにしても、理論学習を抜きにしてはそもそも「心理学すること」は不可能だと言える。

いずれにせよ、以上のようにして事例は定式化され、それがクライエントに伝達される中で、臨床リアリティが構成されていく。そしてそれは事例のプロセスの中で繰り返し修正されていく。治療者は「心理学すること」を不断に続け、介入を行うことで、想定されている心理学的メカニズムに働きかけることになる。

心理療法の治療者の主要な機能である「心理学すること」を説明してきた。この点を最も徹底し、純粋化したのが精神分析の対象関係論である。ビオン（Bion, 1967/2007）が「考えること」そのものの精神機能に注目し、「考えられないこと」を「考えられるようになること」についての心理学理論を展開したことはその顕著な例である。ここでは「心理学すること」の機能不全自体を「心理学すること」が行われており、そして「心理学すること」を達成することそれ自体に治癒像が置かれている。つまり、「心理学すること」そのもののこころの健康に果たす役割の大きさが主張されているのである。

このことを認識するときに、心理療法における「心理学すること」が治療者の専有物ではなく、クライエントにも及ぶことが理解される。つまり、心理療法にあって、クライエントもまた「心理学すること」に参与し、それが治療的変容を生み出すということである。

したがって、次にクライエントにとっての「心理学すること」を検討する必要がある。

（2）クライエントにとっての「心理学すること」

クライエントは心理療法の過程で「心理学すること」に習熟していく。もちろん、心理学理論を正式に学ぶわけではない。しかし、心理療法を通じて、クライエントは自己を観察し、治療者が示唆し、教示する心のメカニズムを実感していく。それがクライエントの自己のありようを変えていく。

そもそも、クライエントの多くが心理療法を訪れるきっかけは、抱えている問題が心のことと関係しているのではないかと考えることにある。民間セクターに浸透した心理学的言説によって、「私はストレスを抱えている」などと考えるようになる人もいれば、「どうしてもあの出来事についてのこころの整理がつかない」と自ら考える人もいる。心理学的治療文化に近しい家族や友人などから「カウンセリングが必要ではないか」と勧められることもある。あるいは、医師や弁護士から「あなたの問題は、心の問題だから専門家のところに行った方がいい」と勧められることもある。

いずれにせよ、彼らは自己の不調や抱えている問題が、心の不具合からもたらされている可能性に触発されて、心理療法を始める。つまり、心理療法を利用するという戦略を取る時点で、そこには既に「心理学すること」の発芽があるのである。したがって、民間セクターで「社会の心理学化」(樫村、2003)が浸透することによって、社会における心理療法のプレゼンスは向上していくことになる。

裏を返せば、自身の問題を心理学的に捉えることが一切ない場合には、心理療法は機能しづらい。例えば、慢性疼痛でペインクリニックに通い続けているクライエントが、主治医から心理的問題を指摘されて、心理療法を始めることがある。しかし、クライエントは問題が身体にあり、身体の痛みを和らげることのみに関心を向けているので、「心理学すること」が困難であることは少なくない。主治医に言われたから心理療法を訪れただけであり、心理療法で行われることに対して、ピンと来ていないのである。そのような場合、心理療法は有効に機能することが難しいので、心理教育やアセスメント面接において、心理学的問題の所在を「説得」(Frank & Frank, 1991/2007)することが必要になる。

以上のことは、従来サイコロジカル・マインデッドネス(Psychological Mindedness)の問題として議論されてきた(Appelbaum, 1973)。つまり、自己の心理状態を内省的に観察し、それを心理学的な用語で記述し、感情や思考、行動に「なぜ」と問う能力が、心理療法の必要条件であり、心理療法を通じたクライエントの予後を予測する因子になることが指摘されてきた。それは当初精神分析的心理療法への適応を示す能力とされていたが、昨今では認知行動療法などにも通じる能力であるとされてきている（Grant, 2001）。

実際、心理療法の設定や技法は、サイコロジカル・マインデッドネスを促進し、「心理学すること」に習熟できるよう設計されている。例えば、カウチに横たわっての自由連想法は、自己を観察することに適した設定となっており、認知行動療法でしばしば用いられるホームワークは日常生活にサイコロジカル・マインデッドネスを浸透させる方法だと言える。昨今流行しているマインドフルネスは、サイコロジカル・マインデッドネスを達成するところに治療目標が置かれている（伊藤，2016; 東畑，2016）。

心理療法がサイコロジカル・マインデッドネスを強化し、「心理学すること」に習熟させる営みであることは、精神分析において訓練分析や教育分析がトレーニングにおいて不可欠な営みとされていることからも理解される。デイビス（Davies, 2009）が心理療法家の訓練過程をフィールドワークして示したように、訓練生は訓練分析を通じて、「心理学すること」を学ぶのであり、それを理論学習やスーパーヴィジョンが補強する。

重要なことは、クライエントの「心理学すること」は量的にその領域を拡大していくだけではなく、質的にその在りようを変化させるということである。心理療法の進展は、自己の心理状態を内省し観察する能力を増大させると同時に、観察された諸要素を結合させるやり方を変えていく。つまり、サイコロジカル・マインデッドネスの「サイコロジカル」（Psychological）のありようが治療者の学派の説明モデルによって大きく影響を受けていくのである。

クライエントは当初より民間セクターの心理学的説明モデルに照らして、「心理学すること」を行っているわけだが、治療者の影響を受けて、新しい「心理学すること」を身に付けることになる。問題がストレス学説に照らして理解されるようになったり、無意識を前提とした自己洞察が行われたりするようになる。クライエントは「心理学すること」を続け、徐々にそれに習熟していく。そのことによって問題を理解し、自らを「心理学する自己」へと象っていく。それが以前とは異なる行動パターンや、自己制御、生活様式（Way of Life）を可能にすると言えよう。説明モデル同士の相互作用によって、その変形が生ずるのである。

以上示してきたように、「心理学すること」は心理療法の主要な成分として臨床リアリティを構成していく。そのようにして、クライエントの生は解釈し直され、自己の形を変えていく。同様に、治療者もまた自らの説明モデルに新たなバージョンを加え、それを精錬していく。

このプロセスにおいて、治療者とクライエントの「心理学すること」が相互に伝達される局面が重要な役割を果たす。そこで説明モデルは伝達され、交渉され、コミュニケートされる。この局面が心理療法のもう一つの重要な成分だと言える。それを次に検討したい。

3　関係すること

治療の中で具体的に生じる治療者とクライエントのコミュニケーションのことを、「関係すること」と呼びたい。治療者は言葉かけから、態度、治療のセッティング、技法を通じて、クライエントとコミュニケーションを行い、クライエントもまた語り、行動することで治療者とコミュニケートする。するとそこに、信頼や不信などが芽生えて、「関係すること」は独特な色彩を帯びていく。

精神分析の場合は、それを「転移」と呼んで「心理学すること」の対象としたわけだが、他の心理療法では単に「ラポール」と呼んだり、「治療同盟」と呼んだりして、治療が成立するための前提条件としている。

それらの全てを私は「関係すること」と呼びたい。

フランクとフランク（Frank & Frank, 1991/2007）はすべての心理療法に共通する構成要素として四つを挙げている。①援助者との間の、信頼して秘密を打ち明けるような、情動性を強く帯びた人間関係、②治療の場面設定、③患者の症状に納得できるような説明を与え、それらを解決するための儀式や手続きを提供する、原理、概念的枠組み、神話、④患者と治療者がともに患者の健康を回復する手段だと信じており、患者と治療者とがともに積極的に参加することが必要な、儀式あるいは手続き。

これらのうちの③が特に説明モデルや「心理学すること」に関わり、①②④が「関係すること」に関わる。とは言え、本当は四つの要因すべてが「心理学すること」と「関係すること」が絡まり合って生ずるものであるのだが、ここで便宜的に「関係すること」の内実を示すことは意味があるだろう。

このとき、「関係すること」がどのようにして成立するものであるのか、そしてそれが心理療法においていかなる機能を果たすのかの二点を見てみよう。

（1）「関係すること」の構成要素

すべての治療者が知っているように、「関係すること」はそれぞれの治療において多様で個別的な現れ方をする。様々な関係性がそこで生まれ、そこには差異が刻まれる。この差異をもたらす変数は無数であるのだが、それを以下のように、大きく三つのレベルに分けることが可能だろう。

第一に、治療者とクライエントのパーソナリティが「関係すること」を構成する。人間関係はそれぞれが日常生活の中でも行っているものであるから、当然のように治療場面に人柄は滲みでる。これは転移・逆転移として語られてきた事柄でもあるが、より常識的には民間セクターで育まれたある種の人間関係の型が反映されているとも言えるだろう。

第二に、治療者の属する学派が定めるコミュニケーションの型が「関係すること」を規定する。当然のことであるが、技法論がまずは「関係すること」の枠組みを設定する。心理教育とはそれ自体として「教える-教えられる」という関係をもたらすものであるし、自由連想には「語る-聞く」という関係がある。あるいは、人間性心理学やユング心理学はより対称的な関係を志向する。箱庭療法や自律訓練法なども また、その技法自体が独自の「関係すること」の型を内包している。

このとき重要なことは、「心理学すること」が「関係すること」を構成することである。それは治療場面における微細なコミュニケーションに現れる。クライエントの語ることや行動のひとつずつを、治療者は心理学的に理解するわけだが、それは治療者の相槌や振る舞い、沈黙、表情を通して治療場面に現れる。「心理学すること」は説明や解釈、介入になる以前に、微細な所作としてコミュニケーションを独自の色彩に染め上げていくのである。

同様に、治療場面の設定それ自体が「関係すること」を規定している。面接頻度や椅子の配置、部屋の装飾、予約のシステムや、面接室の地域的特性などが、「関係すること」の色彩を大きく変えていく。このあたりについては、小此木啓吾の「治療構造論」(岩崎、1990)に詳しいわけだが、それらもまた心理臨床家の属する学派のある種のエートスによって決定される。

このような治療者の「関係すること」のありようを、デイビス(Davies, 2009)は社会学者ブルデューの概念を援用して「ディスポジション」と呼んでいる。治療者は訓練を受け、同業者集団に参与する過程で、治療場面での所作や振る舞い方を習得していく。このようにして各学派の独特な習慣や型が身体化され、「関係すること」を構成していく。

第三に、文化が「関係すること」を規定する。治療者-病者関係がいかなるものであるのかには、ローカルな文化で一般化している信念があり、それはクライエントの「関係すること」を大きく規定し、更には治療者の「関係すること」にも影響する。「先生転移」（加藤、2015）と呼ばれるように、日本では治療者を「先生」と呼び、垂直的な関係を作りやすいわけだが、それはその好例であろう。

個人のパーソナリティ・学派のディスポジション・文化の型という三つの要素が有機的に作用して「関係すること」は構成されていく。これらが各治療の個別の「関係すること」を構築し、治療を個性的な色彩で彩っていくわけだが、そのことにはいかなる機能があるのだろうか。

（2）「関係すること」の機能

「関係すること」には大きく分けて二つの機能があると私は考える。

ひとつは心理療法の共通要因の議論で取り上げられるように、良質な「関係すること」がそれ自体として、治療的変化を引き起こす要因となるということである（Lambert, 1992; Cooper & Mcleod, 2011/2015）。この点を、最も純粋に推し進めたのがロジャーズのカウンセリング理論であろう。治療者が適切な態度を示し、クライエントとの間で確かな関係性が築かれるならば、クライエントの自己治癒力が発現するという考え方である。同様に、ラポールの重要性や治療同盟の治療的意義については、多くが語られてきている（Sandler, Dare & Holder, 1992/2008）。

フランクとフランク（Frank & Frank, 1991/2007）はクライエントが治療者の能力を信頼していること、二人が近い価値観を持っていることが、治療成果に結び付くと指摘している。これらのメカニズムは、心理療法の共通要因に留まらず、宗教的治療や医学的治療にも共通するものである。長屋のご隠居もまた、このメカニズムを駆使した相談活動を行っていると言えるだろう。

ただし、このような「関係すること」の共通要因は、それだけを抽出して実践しようとしても難しい。ホットケーキとうどんは、共に小麦粉を共通要因としているわけであるが、だからといって良い小麦粉をそれ単体で食しても美味しくないのと同じである。「関係すること」がもたらす共通要因は、各治療文化のフォーマットに乗せられることで、治療的作用を発現させる。

したがって「関係すること」の第二の機能は第一の機能に劣らず本質的である。「関係すること」によって、治療者とクライエントそれぞれの説明モデルが伝達されるという機能のことである。

「関係すること」は説明モデルや「心理学すること」を具体化したものであり、その端々で相互に情報を伝達しあう（Goffman, 1967/2002）。たとえば、カウチの使用という「関係すること」の在りようは、それ自体として精神分析が個人の主体的な生き方を目指すことと、治療で退行することの意義を伝達している。あるいは先述したように、治療者が話を聞くときの相槌や表情は、それ自体としてクライエントの言動への承認や不同意を伝えており、その裏にある治療者の説明モデルを伝達することになる。同様に、治療者の言動に対するクライエントの相槌もまた、クライエントの説明モデルをひそやかに伝達する。

「関係すること」はあるときには解釈や心理教育などの言語的介入によってあからさまに、あるときには治療設定や微細な相槌によってひそやかに、「心理学すること」＝説明モデルをクライエントに伝達する。そして、そのことがクライエントの「心理学すること」を促し、クライエントが心理学的に自己を鋳造していくことを可能にするのである。「心理学すること」は「関係すること」において具現化して、説明モデルの伝達を行う。

同時に、「関係すること」は相互作用であるから、「関係すること」においてクライエントによる心理療法への抵抗が具現化する。「心理学すること」それ自体や、個別の心理学理論の内実に対して、クライエントは積極的に反発したり、無視したり、不同意を示したりする。そして、そこで不協和音が鳴り、摩擦が生じ、交渉が生まれる。それがまた「関係すること」を独特な色彩に染め上げていく。「関係すること」が、説明モデル同士が接触し、変容する舞台となるのである。

そのようにして、「関係すること」もまた変容していく。治療者やクライエントの態度は変わり、治療の設定もしばしば妥協されてオーダーメイドでしつらえられる。そのことで、治療同盟は強まったり、弱まったりして、臨床リアリティが構築されていく。だから、私たちは治療で試行錯誤を繰り返し、その試行錯誤によって、本質的な治療的作業を行っていくと言える。

以上より明らかであるように、「関係すること」は心理療法の主要な成分であり、それは「心理学すること」と有機的に連関して、心理療法を構成していく。

しかし、実は心理療法にはもう一つの重要な成分がある。それは以上の「心理学すること」と「関係すること」を包括する「文化」である。

4 文 化

心理療法は「心理学すること」と「関係すること」の循環によって成立している。言葉を換えれば、心理療法は理論と技法を主要な構成要素としており、そのことで心理学的な説明モデルの生成と、それの交換によって、臨床リアリティを構成していくということである。

しかし、実は「心理学すること」と「関係すること」は、共にその治療を包み込む文化によって深く規定されている。心理療法も文化的現象であるのだから、自分自身が文脈としている文化に即してしか存在しえない（Moodley, Gielen, Wu, 2013; Zhang, 2014）。ここに「日本の心理療法」という古い問いの認識がある。

例えば、「自分のことを語る」というコミュニケーションの形式は、西欧の告解の文化からもたらされたものであり、必ずしも人類に普遍的な「関係すること」の形式ではありえない。同様に、フロイトの精神分析理論は、神を参照点とすることが不可能になり、共同体の破壊が進んだ後期近代という時代状況の中で生

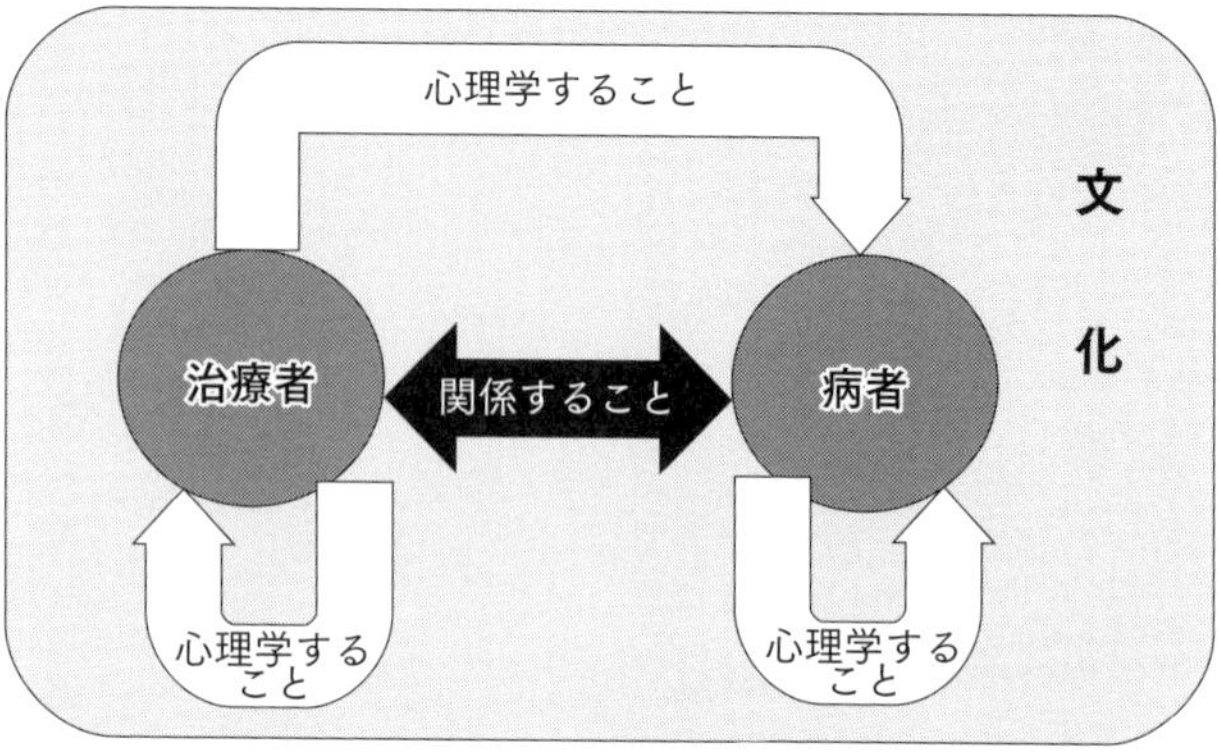

図 1-4　心理療法の構造

まれてきたものである。つまり、自分の生き方を自覚し、反省しながら再び生き方を決めていくという再帰的自己の文化が生じて初めて、心理療法は特異な文化として誕生した（Rieff, 1966; Giddens, 1991/2005, Mcleod, 1997）。

ここまで再三強調してきたように、心理療法はあくまでヘルス・ケア・システムの中で存在する。心理療法は一見グローバルな水準で運用されているように見えて、ヘルス・ケア・システムの中で場所を持たないといけないので、他の治療文化や地域・時代の大きな文化に即して自らを鋳直さなくてはならない。そのようにして、文化は「心理学すること」「関係すること」を変質させるのである。

したがって、心理療法を考える上では、面接室の中の「心理学すること」「関係すること」のみを考えればいいわけではなく、それを包み込む社会と文化を視野に入れなくてはならない。ただし、この点については、「日本の心理療法」について検討する次節で詳細な例を用いて、示したいと思う。

5　まとめ

以上、本節の議論をまとめよう（図1-4）。

治療者は「心理学すること」を行いながら、「関係すること」を通じて、クライエントと相互作用を行っていく。クライエントもまた、「関係すること」に参与し、その中で「心理学すること」を行っていく。治療者はクライエントのことを心理学し（心理アセスメント）、二人の関係を心理学し（転移の吟味）、自分自身を心理学することもある（逆転移の吟味）。同様に、クライエントは自分自身を心理学し、二人の関係をも心理学することがある。そうやって、クライエントの臨床リアリティが織り上げられる。ヘルス・ケアが機能していく。

多くの場合、ここで治療者とクライエントの属する文化には微細な差異が存在するため（教育分析はその差異が極小となった稀有な臨床実践である）、両者の「関係すること」を通じて、妥協やすり合わせが行われていく。成功する治療では、「関係すること」を通じて、両者の説明モデルが近似していく。そのようにして、クライエントもまた「心理学すること」を共有し、それに基づいて自己を構成していく。

ただし、ほとんどの場合、説明モデルにおいて、心理臨床家とクライエントの説明モデルには差異があるため、交渉が行われるときに、説明モデルはキメラのようになり、それが「関係すること」を教科書には載っていないような中途半端なものへと変形させる。ここに「日本のありふれた心理療法」が誕生する。

このような心理療法の理解をもとに、「日本のありふれた心理療法」とは何かを、次に検討する。

第3節　日本のありふれた心理療法のための理論

再三繰り返してきたように、「日本のありふれた心理療法」とは、文化の中で妥協され、変形された心理療法である。本書の目的は、この文化的変容のプロセスを明らかにするところにある。

ここまでクラインマンのヘルス・ケア・システム理論の立場から、心理療法を文化的現象として見ることを続けてきた。そのような理解を基礎として、具体的に日本のありふれた心理療法が生まれるメカニズムについて検討をしたい。

そのために、最初に「日本の心理療法」がいかなるものであるのかを見てみようと思う。これまでにも限りなく、「日本に適した心理療法とはいかなるものか」が取り組まれてきたわけだから、実際にその結果としていかなる心理療法が生まれてきたのかを概観してみよう。

日本文化は心理療法をどのように咀嚼してきたのだろうか。あるいは心理療法は日本文化をどのように消化してきたのだろうか。その歴史を振り返り、ここまで議論してきた「心理学すること」と「関係すること」が文化によっていかなる影響を受けたのかを見てみよう。それは心理療法と文化の関係について再考し、日本のありふれた心理療法のための理論を明らかにしようとする試みだ。

なお、これまで下山（2001）や大塚（2004）によって、日本の臨床心理学の歴史の素描は行われてきたが、それはもっぱらアカデミズム領域での歴史であった。しかし、ここでは人々の不調に対応してきた心理療法の実践の歴史を簡潔に振り返ってみたい。

1　日本の心理療法小史

（1）日本の心理療法前史

「心理学の過去は長いが、歴史は短い」とエビングハウスは言う。通常、心理学の歴史の開闢は、ヴントによるライプチヒ大学での実験室の開設に置かれるわけだが、「こころについて考える」という営みの過去を辿ればカントやデカルト、あるいはアリストテレスなどの長い伝統に至るということだ（高橋，2016）。

同じように、「日本の心理療法の過去は長いが、歴史は短い」と言っていいと思う。エレンベルガー(Ellenberger, 1970/1980)は心理療法の歴史を原始社会におけるシャーマニズムから始めているが、それをさらに遡ることも可能である。

チンパンジーもこころのケアを行う。他の個体の体を抱いたり、指を甘噛みしたりして、不安をなだめ、興奮を鎮めるのだ。だから、現生人類に至る以前からこころのケアが行われていたことは、おそらく間違いない(Waal, 2009/2010)。進化の過程を考えるならば、霊長類から哺乳類、そしてそれ以前の原始的な種へとこころのケアの起源はどこまでも遡っていくことが可能であろう。もちろんそこには現代の心理療法の「関係すること」と本質的な連続性があるように思われるが、「こころ」の定義という難しい問題と直面することになるので、それは動物行動学や進化心理学、心の哲学に任せて、本書はその後の進展の方に目を向けよう(Engel, 2002/2003; 松沢、2011)。

いわゆるホモ・サピエンスへと進化が進み言語が可能になったことで、彼らは象徴を使いこなし、「見えないもの」について考えるようになった。その頃の遺物から、埋葬の跡が見受けられるようになったのはその証左であろう(Stringer & Gamble, 1993/1997)。埋葬は死の観念が生まれ、死後の世界という超越性の理解から生まれるからである。

心理療法の歴史を考える上で、この見えないものの取り扱いは極めて重要である。なぜなら、心理療法とはそもそも「こころ」という見えないものを取り扱うテクノロジーであるからだ。だからこそ、心身の不調の原因を目に見えない魂や霊に求めるシャーマニズムが、心理療法の遠祖とされてきたのである(Ellenberger, 1970/1980)。魂を失くしたり、悪霊に取り憑かれたりすることで人は病むと考え、特殊な能力を持ったシャーマンや呪術師が、この見えないものを操作し、見えないものに働きかけることによって、病いを癒やす(佐々木、1980)。それが心理療法の遠い祖先であろう(Torrey, 1972; 井上、2006; Merchant, 2012)。

この見えないものの世界は想像力によって精密にされ、壮大に展開されて、宗教が生まれる。現在の神道や仏教が呈示している世界観はその賜物である。すると、神道の祓いやキヨメ、仏教による加持祈祷などが、病気治しのテクノロジーとされ、いわゆる信仰治療が発展していくことになる。呪術師からこれらの仕事を引き継いだのが、陰陽師、僧侶、山伏、巫女、医師などの職能民であるわけだが、そのような長い過去についてはまた別の本で改めて論じたい（Blacker, 1975/1979; 柳田、1990; 小田、1998、宮家、2001; 沖浦、2004、沖浦、2007）。

本書にとって重要なことは、明治時代になって、日本の心理療法が、そのような呪術的環境に生まれ落ちたということである。心身の不調をキツネが憑りついているせいだと捉え、山伏がキツネの霊を祓う文化の中に、心理療法の種は播かれた（門脇、2001; 島薗、2003）。

このとき、病いの原因は病者の外側にある霊から、病者の内側にあるこころへと移されることになるので（Young, 1976）、そこには激しい葛藤が生じることになる。西欧では、悪魔祓い師ガスナーから動物磁気師メスメルを経由して、催眠術などの心理療法の雛型が生まれてくる困難なプロセスがあったわけだが（Ellenberger, 1970/1980）、それは日本ではまた別の形を取ることになった。心理療法は内発的に生じたのではなく、外国から「近代」と共に輸入されることになったからだ。

例えば、明治の近代化に伴う宗教政策によって、前近代的な宗教的治療に禁令が出されたときのことを挙げることができる（和歌森、1999）。近代化を目指す中で、科学的世界観にそぐわない前近代的な信仰治療は迷信として退けられたのだ。すると、信仰治療を担っていた山伏などの宗教的治療者は山を降りて流浪の民間治療者となった。興味深いことに、このときに、彼らが用いたのがメスメル由来の催眠術であった（一柳、2006; 井村、2014）。

「催眠術は日本という呪術の風土に落とされた〝原子爆弾〟にも近い威力を発揮した」と井村（2014）が指摘するように、それは「幻術」「妖術」「気合術」「忍術」「霊術」などと称され、民間治療者や宗教家の利用するところになった。エレンベルガーは現代の心理療法の直接的な開祖としてメスメルを挙げているが、それはリアルタイムで日本にも輸入され、絶大な影響を与えたのである。

彼らはメスメルが「動物磁気」と称した力を「神通力」と称するなどして、催眠術を文化的に再解釈し、自らの治療文化を創り出していった。

以上の歴史的経緯の詳細は別書に譲りたいが、ここで重要なのは欧米から輸入された治療文化が、日本における伝統的な文化的治療リソースを賦活させ、それと混淆することで新たな治療文化を作り出していったことである。[*5] 明治の時点では、明らかに催眠術という心理療法は日本の民俗的文化リソースに飲み込まれてしまったと言える。この構造はその後も反復されていくのだが、時代が経るにつれて、そのパワーバランスは変化していく。心理療法の歴史の最初期では、日本古来の治療文化の中に西欧の催眠術が取り込まれるという形であったが、その勢力関係は変化していくのである。

(2) 日本独自の心理療法——戦前の心理療法

霊術のような心理療法と伝統的信仰の混淆した民間療法は、明治大正から昭和前期にかけて流行し続けた。というよりも、実は現在に至っても、レイキ療法や手かざしなどとして民俗セクターでは、そのような民間療法は大いに隆盛している（佐藤、2000; 東畑、2015）。

しかし一方で、東京帝国大学を中心とするアカデミズムは、科学の名の元にそのような民間療法を迷信として退ける運動を始めた。いわば、時代のオフィシャルな世界観である科学を担う専門職セクターが民俗セ

＊5　興味深いことに、現在心理療法の導入が始まっているアフリカでも同種の現象がみられる。セネガルでは精神分析は悪魔祓いに対して適用されるという（Moodley, Gielen, Wu, 2013）。

クターを駆逐しようとしたのである。

そのような試みとして、例えば、井上円了の妖怪学、森田正馬の犬神憑きの研究、福来友吉の催眠心理学研究、中村古峡の変態心理研究などを挙げることができる。これらの研究は科学的方法論を取ることで、霊や神を語る古い文化は迷信だと主張した。物理学・生理学・心理学的な方法によって、霊の正体を見破ろうとしたのである。

興味深いのは、科学的方法による日本古来の治療文化の否定の試みが、結果とした新たな混淆した心理療法を生み出したことである。

例えば、福来友吉（1906）の「催眠心理学」には、心理学者による最初の心理療法が掲載されている。そこで、福来は当時の連合心理学に基づいた催眠治療を神経衰弱のクライエント相手に実践している。それはキツネの霊で病気を説明するのではなく、アカデミックな基礎心理学を説明モデルとした治療なのであるが、実際の治療には民俗的要素が色濃く反映されている。例えば、クライエントである青年は催眠に対して治療抵抗を示すわけだが、福来は彼に対して気合術と呼ばれる日本の古典的な武道の技法を用いて抵抗を解消しようと試み、最終的には「父母が悲しんでいる」などと儒教的な価値観による説得を試みているのである。

さらによく知られたことであるが、福来の場合、その後千里眼研究や念写研究に傾倒していき、ついには東京大学を追われる（寺沢、2004）。その上で、福来は高野山で修業を行ったり、念写実験で弘法大師の姿を撮影したりするなど、科学的な世界観から離れて、日本の民俗的な世界観へと傾斜を強めていった。ここにはアカデミズムという専門職セクターに位置していた心理学者が、徐々に民俗セクターへと飲み込まれていく様子が示されている。

科学的治療文化の民俗化をよりよく示す重要なアクターは、森田正馬である。彼は一方で狐憑きや犬神憑きの原因を精神医学的病態に求めるような啓蒙的仕事をしていたが（森田、1983）、もう一方で有名な森田療法を生み出している（森田、1928）。森田療法とは、神経衰弱や強迫観念の患者に対して当時行われていた生理療法や催眠療法などに異議を唱え、禅的な理解を取り入れた独特の神経質理論と絶対臥褥《ぜったいがじょく》や作業などの技法を提示したものである。それは森田理論と呼ばれる独自の「心理学すること」に基づいた新たな心理療法の誕生を意味しているのだが、ここでも禅や東洋思想といった前近代的な民俗的文化リソースが、森田療法全体を飲み込み、独特な色彩を与えている。

興味深いことは、森田が、神経衰弱の原因として患者がクヨクヨと自身のことに思い悩むことを挙げていることである。自己を観察し、自己について検討するサイコロジカル・マインデッドネス（Psychological Mindedness）に対して、神経衰弱を生み出すものという位置づけを与えているのである。だからこそ、森田療法では作業を行うことで外界に目を向け、「あるがまま」を達成することが治癒像として提示される。ここには「心理学すること」へのラディカルな拒絶を観察することができる。

明治から昭和初期にかけて、欧米から輸入された心理療法は、日本の民俗的文化リソースによって、作り変えられていった。それは禅を人間理解の根幹に据えた森田療法に限らない。「真に精神分析の効果をあげさせるためには、親鸞のこころをもっていなければいけない」と言い、クライエントの治癒を前にして「今、あなたは、仏になりました」と叫んだという古澤平作の精神分析や（永尾・ハーディング・生田、2015）、そもそも浄土真宗の修養法だった身調《みしら》べから戦後発展した吉本伊信の内観療法にも同じ構造が見られる。

重要なことは、それらの心理療法において、技法のような「関係すること」以上に、人間理解に関わる「心理学すること」の次元で、徹底的な文化的変容が生じていることである。そのとき、福来が密教に、森田が禅に傾倒したように、民俗的文化リソースが用いられる。古澤がエディプス・コンプレックスに替わる心理学理論として、仏教説話を素材とした「アジャセ・コンプレックス」を提唱したのは、その好例であろう（小此木・北山、2001）。彼らは日本的な説明モデルを構築し、そこから導き出される人間像を治癒像として治療を組み立てたのである。ここには当時の社会では、いまだ前近代的な生き方が十分に適応的であったという事情もあるだろう。

以上のようにして、民俗セクターが専門職セクターを飲み込みながら、日本独自の心理療法を打ち立てる流れが、最初の「日本の心理療法」の試みである。このようなやり方は戦後、社会の変化と並行して様相を違えていくことになる。

(3) 日本化する心理療法――戦後のロジャーズ

敗戦後の日本はアメリカの強い影響下に置かれた。それは政治・経済的にはもちろん、文化的にも決定的な変化をもたらした。GHQは政治を改革し、財閥を解体し、民主主義的な文化を導入した。それは数十年かけて日本人の生き方を大きく変えていくこととなった（大澤、2008）。実際、明治時代から撲滅を試みてきたキツネの霊は、1965年前後にしてようやく消滅することになる[*6]（内山、2007）。人々の生きる世界は大きな変容を遂げ、そのことによって当然ヘルス・ケア・システムに大変動が生じた。

心理療法に関連する変化をみるならば、アメリカの影響で少年鑑別所や家庭裁判所、児童相談所などで心理職が必要とされ、アメリカ臨床心理学の直輸入が行われたことは特筆すべきだ（大塚、2004）。また、ドイツ型の精神医療からアメリカ型の精神医療に方針の転換が行われたことも重要だろう。アメリカ精神医療はサイコロジストを交えたチーム医療を発展させていたことから、病院での心理士の雇用が進むことになった（アメリカに占領されていた沖縄ではその傾向は顕著であった）。このことは心理療法を実践する専門家を準備することになったわけだが、実際には医療の現場で心理士が担った主な仕事は、心理テストであり、診断のための補助という仕事であった（氏原、2009）。

したがって、日本の心理療法の歴史を見る上でより重要なのは、教育分野である。その歴史的経緯に少し触れると、戦後の民主化の流れの中で、アメリカ由来の教育ガイダンスがまず学校現場に導入された。しかし、上からものを教えるガイダンスが十分に機能しなかったという事情から、当時アメリカで大きなムーブメントとなっていたロジャーズのカウンセリングが導入され、爆発的なブームを迎えることになった（下山、2001; 最相、2016）。現代にあっても、「心理療法」という言葉よりも、「カウンセリング」という言葉の方が人口に膾炙しているように、ロジャーズのカウンセリングが日本の心理療法に与えた影響は絶大である。

日本におけるロジャーズ受容で特徴的なのは、氏原（2009）の表現を借りれば、治療者が「素人」の段階にとどまったことにある。当時カウンセリングを担った治療者たちは、教師や人事担当者などであり、彼らが数週間の研修を受けただけで、クライエントに対して実践を始めた。そのようなことが可能であったのは、いわゆるロジャーズ三原則「受容・共感・自己一致」という治療者の態度を達成すれば、自然にクライエントが成長するという理解があったからである。そこでは、専門家としての「見立て」が欠如していたと氏原（2009）は指摘している。だからこそ、うまくいかない治療に対して、指導者は「もっと受容しなさい」などと繰り返すしかなく、「なぜうまくいかないのか」を説明することができなかった。つまり、そこでは決定的に「心理学すること」が欠如し、「関係すること」のみが闇雲に追求されたのである。

日本人は、ロジャーズの心理療法を形式的・表層的に受容し、ロジャーズの人間観や心理学理論を拒絶したということだ。

その最たる人物が日本におけるロジャーズ輸入の第一人者であった友田不二男である。友田は従来の生徒指導が助言を旨とするガイダンス式のカウンセリングであったことに絶望したところで、より水平的な関係を重視するロジャーズの非指示的カウンセリングに出会い、それを追求することになった。しかし、友田は

＊6　とはいえ、現代でも大規模な寺院では、日に2、3件憑依の相談が寄せられるとのことである。

アメリカに留学しロジャーズと面会した1957年以降、ロジャーズとの決別を宣言する。ロジャーズの振る舞いなどに見られる個人主義を拒絶し、易経や俳諧、夏目漱石などの研究を行い、そこから得た人間理解を軸として、カウンセリングを行っていくことになったのである（日本カウンセリングセンター、2009）。

なかでも、ロジャーズの著書に出てくるクライエントであるブライアンの発した「真空」という言葉に友田は深い意義を認め、人と人とが関係する以上に、人が関係することなくぽつんと一人でいることに治療的変化の要因を求めていった。「天地イコール自己」と友田が繰り返し語っていたように、そこでは内界と外界は溶け合って一つになってしまっており、外界から隔絶された個人の内面を問題とする「心理学すること」は微妙に否認されることになったのである。

重要なことは、友田不二男にあっては、森田療法のような独立した学派を設立するのではなく、あくまでもカウンセリングという欧米の治療文化を、日本の民俗的文化リソースを用いて換骨奪胎して組み直すという戦略が取られたことである。友田はロジャーズの非指示的心理療法を再解釈し、「日本人の、日本人による、日本人のためのカウンセリング」を追求してきた。それは友田が、日本の民俗的文化リソースによって、ロジャーズの心理学理論を書き換えながらも、大枠としてはロジャーズ的なカウンセリングの中に留まったことを意味している。このような換骨奪胎が「心理療法の日本化」あるいは「日本の心理療法」の二つ目の類型と言えるだろう。同様のやり方について、池見ら（1979）が交流分析の日本化のために、交流分析の心理学理論を日本的な用語で置き換えていったことを挙げることができよう。

友田がロジャーズ的な自己の自由を重視する人間像に反発して、日本的な人間観に基づいたカウンセリングを追求したように、心理療法はその基本的な人間観を入れ替えることによって、全く異なる治癒像を目指すものとして作り直された。西欧的自我の達成ではなく、東洋的自己になることが治療目標にされるなど、「心理学すること」の準拠枠となる理論の転換は治療そのものを変質させるのである。

以上、戦後友田不二男が主導したカウンセリング運動は、確かに日本社会に大きなインパクトを与えたが、そこでは「心理学すること」が微妙に否認されていたことを指摘した。1960年代にはまだ、「心理学すること」が受け入れられておらず、したがって当時の治療者たちはいまだ「心理の専門家」とは言い難かったのである。ここに氏原（2009）がこの時期のカウンセラーを「素人」と呼ぶ所以がある。

ただし、この「心理学すること」への抵抗は次の時代になって、新たな展開を迎える。そのときの主役が河合隼雄である。

（4）日本人を「心理学すること」――1970年以降の河合隼雄

歴史は常に複線的であり、その傾向は現代に近づけば近づくほど顕著になる。同じ時期に複数の歴史が走っているから、一つの歴史を語れば、別の歴史を語ることができなくなる。したがって、その時代を生きた当事者にとっては、歴史が語られることを暴力のように感じることも稀ではない。

しかし、1970年以降の日本の心理療法にとって、河合隼雄が極めて重要なアクターであったことは多くの人が認めざるをえないと思う。もちろん、その時期に河合隼雄の影響を受けることなく、心理療法の実践を行っていた治療者は少なくないだろうが、そうだとしても日本社会全体を見渡したときに、河合隼雄の果たした役割は否定し難い。専門の学会が生まれ、臨床心理士という資格がこの時期に誕生した。多くの心理士の雇用が生まれ、多くのクライエントが心理療法を利用することになった。河合隼雄の言葉は津々浦々に届いたのである。

ただし、その役割があまりに大きかったからこそ、河合隼雄の果たした仕事の評価は難しい。その巨大さゆえに、正確な像を捉えるための適切な距離を取ることが難しいのだ。私もまた、その磁場から自由ではないのだが、ここまで述べてきた日本の心理療法の文脈から、河合隼雄が成したことを見てみたい。

氏原（2009）の歴史観に従うならば、「素人」たちがプロの専門家集団に生まれ変わったのが、１９７０年以降に起きたことである。それは治療者たちが「心理学すること」を身に付けることで可能になった。

このことを象徴的に表わすのが、ケース・カンファレンスである。河合隼雄以前、心理療法がうまくいかないとき、指導者たちは「もっと共感しなさい」という形式的なことしか言えなかった。だからこそ、治療者たちは「受容・共感・自己一致」をお題目のようにしながら臨床に取り組んでいたわけだが、そのとき河合隼雄は「なぜ共感できないのか」を語った。

『カウンセリングの実際問題』（河合、1970）にはその様子がビビッドに描かれている。「うまくいかない」局面について、河合隼雄は具体的な行動や治療者の態度を指し示すのではなく、その背景にある心理学的メカニズムを考えることを促している。具体的な「関係すること」ではなく、「心理学すること」を提供しているのである。

日本の心理療法という文脈での河合隼雄の最大の業績は、日本において「心理学すること」を初めて広く普及させたことにあると私は考える。そのために河合隼雄が行ったことは、学会やジャーナルの設立、事例研究法の普及、自己を「心理学する」ための一般啓蒙書の執筆など、多岐にわたる。その全てに触れることはかなわないので、ここでは河合隼雄の仕事を象徴的に表わす二つの業績に触れたい。一つは箱庭療法で、もう一つは日本人の心理学である。

箱庭療法とはもともとスイスのカルフが行っていた「Sandplay Therapy」を、河合隼雄が日本人に適した方法であると直感して持ち帰った心理療法である（河合、1969）。このとき、そもそも「Sandplay Therapy」つまり「砂遊び療法」だったものを、河合が「箱庭療法」と翻訳したのは興味深い。欧米の心理療法を、日本の民俗的文化的リソースで修飾することが行われたのである。それは友田不二男がカウンセラーの訓練法として「俳諧」を用いたことと似ているが（日本カウンセリングセンター、2009）、箱庭療法の場合、単に日本の民俗的文化的リソースを欧米の心理療法に混淆したわけではないところに特徴がある。ここにはより構造的な創意がある。

大きな文脈として押さえておくべきは、ユング派分析家の訓練を受け、資格を取得した河合が、それを日本に普及させる上での戦略として箱庭療法を選んだことである。というのも、本来のユング派の主要な技法は夢分析であったからである。それは夢を言語で報告し、それを巡って心理学的な対話を行うものである。つまり、夢を素材として、治療者とクライエントの双方が「心理学すること」を行い、それを言語的にコミュニケートするのがユング派の本来の心理療法であった。

これに対して、河合は夢分析ではなく、ユング派の中では周縁的な技法であった箱庭療法をまず紹介することにした。その理由として以下のように述べている。

> 日本には箱庭つくりの伝統もあるし、非言語的に視覚によってコミュニケーションをすることは、むしろ日本人に向いています。それと一般に紹介するときに、箱庭の作品をスライドで示すので、イメージの働きについて直接的に認識してもらうことが容易です。このような点を考え、自分は夢の分析をしていましたが、他の治療者には箱庭療法から始めてもらうことにしました
> （河合、1995）

ここには三つの論点がある。

第一点は、先述したように河合隼雄が民俗的文化リソースを援用することで心理療法の普及を戦略的に行ったことである。

第二点は、これが一番重要だが、箱庭療法によって河合が心理学的世界を開示しようとしたことが挙げら

れる。箱庭療法はクライエントの内的世界を表現する。そこには様々な象徴が生き生きと現れ、治療者とクライエントはそれを通してこころの内側には独自の世界があり、独自の論理があることを実感する。多くの日本人は箱庭療法によって視覚的な表現を得ることで、心理学理論が描いている内的世界を初めて実感することになったのである。

この意味で、箱庭療法は日本人に「心理学すること」を広く普及させる役割を担った。だからこそ、今でも心理学科のホームページや学科案内では、実際にはほとんど使われていない箱庭の写真が象徴として載せられているのであろう。

しかし一方で、箱庭療法は「心理学すること」への抵抗を巧妙に具現化したものでもある。これが第三点だ。河合は箱庭療法における「関係すること」の特性として、非言語性と視覚性を挙げており、それを日本人に適したやり方であると捉えている。それは「心理学すること」への日本人の抵抗を精妙に行動化したやり方とは言えないだろうか。言語を用いてサイコロジカルに自己を掘り下げていくことを、視覚的表現によって曖昧なままにすることができるからである。だからこそ、河合は箱庭に対して、解釈して「理解」することよりも、「鑑賞」することを強調したのであろう（東畑、2012）。「わかる」より「味わう」が、「理解」より「鑑賞」が重視されることで、ロジカルに自己を省察していくのではなく、美的に自己を見やることが可能になるからである。箱庭療法では、非言語的交流を重視することで、「心理学すること」が抑制されているのである。

ここに「認知行動療法をトッピングした精神分析もどきのユンギアンフレイヴァー溢れるロジェリアン」と言われるような日本的心理療法の原型がある。それはある部分で「心理学すること」をしながら、ある部分で「心理学すること」をしないでおく。箱庭そのものを使用することがなかったとしても、クライエントの語りや行動を素材として「心理学すること」を行いながらも、それを言語的にやり取りすることを控えるような、「なんとなく」「心を汲み取る」ような日本のありふれた心理療法の原型は箱庭療法にあると言えよう。

河合隼雄の第二の重要な業績は、日本人のこころに対する「心理学すること」を行ったことにある。「母性社会日本の病理」「中空構造日本の深層」「昔話と日本人の心」などの業績がそれに当たる。これは昔話や神話など、日本の民俗的文化リソースを研究したものではあるのだが、友田不二男らのやり方とは決定的な差異がある。

友田不二男の場合は、こころを語るための理論として易経などの民俗的文化リソースを用いたが、河合隼雄の場合はこころを語るための理論ではなく、理論によって分析される対象・素材として民俗的文化リソースを用いている。友田不二男が「心理学すること」から「東洋思想すること」へと移行したのに対して、「筆者は深層心理学の立場に立って、日本の昔話の中に、日本人のこころの在り方を見出そうとするものである」と河合（2003）が言うように、「心理学すること」の対象として民俗的文化リソースが用いられたということだ。

それは河合隼雄が、日本人による「心理学すること」そのものを発明したことを意味している。ここが面白い。河合（1982）が「日本の昔話は〈男性の目〉ではなく、〈女性の目〉で見るとき、その全貌が見えてくる」と指摘しているように、そこでは新しい視点が提起されている。つまり、「男性の目」が西欧的自我の視点を、「女性の目」が日本的自我の視点を意味しているように、日本の昔話を見ることで、西欧の「心理学すること」に収まらない、日本的な「心理学すること」が生じたということだ。日本文化を見ることで、それを見る目自体もまた変質したのだ。

さらに、興味深いのは「男性と女性を明確に二分することが、そもそも男性的であり、そのように二分されてしまった後の女性では、やはり困る」と、河合（1982）が逡巡し葛藤していることである。日本人を

「心理学すること」によって生じる、日本的な「心理学すること」とは、それ自体として「男性の目」と「女性の目」＝西欧的な視点と日本的な視点の混淆であり、合金となったものなのである。

ともあれ、ここで誕生した日本的な「心理学すること」は稀有なものだ。森田正馬や友田不二男においては、日本的なものを取り入れることで、「心理学すること」が「東洋思想すること」へと変化してしまったのに対して、河合隼雄の場合はあくまで「心理学すること」にとどまったからである。そのようにして、例えば中空構造論のような新たな心理学的説明モデルが提出されたのである。

河合隼雄はそのようにして、日本人的な生き方や心理学的メカニズムを提示し、日本の心理療法の治療目標を設定し、具体的な治療技法を標準化していくことになった。

実は、このような日本的な「心理学すること」の達成は、河合一人だけが成し遂げたものでは無論ない。この時期になって、土居健郎（1971）の「甘え」理論や、鑪幹八郎（1998）の「アモルファス自我」理論、あるいは北山修（1997）の「見るなの禁止」理論などの創造的な仕事が続出したのである。彼らは共に、欧米の心理療法が前提としている人間観を相対化し、日本人の独自の価値観や人間観を心理学理論として提示していった。そしてそこから、欧米の心理療法とは異なる治癒像や技法が示され、日本の心理療法におけるある種の折衷や妥協が理論的に裏付けられることになった。

このような仕事が続出したのは、高度成長期を超えて、日本社会の欧米化が進んだことが背景にあるのだろう。社会に「心理学すること」を受け入れる素地が備わった時期に、日本的な「心理学すること」が生まれたということだ。それは民俗的文化リソースによって心理療法が飲み込まれるのではなく、心理療法が逆に民俗的文化リソースを飲み込もうとする時代に入ったことを意味している。そのようにして１９７０年代以降、日本の心理療法は質的に大きな変容を遂げ、心理療法は社会の中で確かな居場所を持つようになったのである。

（5）文化はどこに消えた？――21世紀の日本の心理療法

冷戦が終わり、グローバリゼーションが地球を包み込んでいく中で、日本でも新自由主義的な政策が打ち出され、医療や教育など様々な分野で市場主義が浸透していった（苅谷，2016；栗原，2016；木村，2015）。社会は大きく変質したのである。

このような社会の変化に合わせて、現在日本の心理療法もまた新しい時代を迎えている。戦後高度成長期のロジャーズ、バブルを頂点とした高度消費社会の河合隼雄の時代を経て、心理療法はグローバル化の局面に入った。ローカルな文化が語られることは稀になり、世界標準にキャッチアップすることが喫緊の目標となったのである。

欧米で訓練を受けた第一世代が、心理療法を日本的に加工することに苦慮したのに対して、第二世代は、いかにして欧米で行われている心理療法をパッケージとしてそのまま直輸入するかに心を砕いている。

実際、下山晴彦と丹野義彦（2001）がイギリスの臨床心理学が科学性を範として整備されているのに対して日本の臨床心理学が遅れていると批判したことに始まり、認知行動療法家は国際水準のエビデンス・ベイスト・プラクティスを目指すべきと主張し（原田，2015）、精神分析分野でも国際協会での基準に沿わない訓練が行われているという密告が行われたアムステルダム・ショック以降、国際標準の実践と訓練を目指す動きが本格化した。

日本の心理療法は我が国の後進性を意味するものと見なされ、欧米に範を取った心理療法の実践と訓練システムを達成することが大きな声で叫ばれるようになったのだ。そこでは関心は「いかにしてグローバル・スタンダードの心理療法を達成するか」に移っている。文化はもはや心理療法において、アクチュアルな問題ではなくなったかのように見える。文化はなぜ消えたのだろうか。そしてどこに消えたのだろうか。

そのことを考える上で、21世紀の心理療法にあって例外的に、文化についての思考を続け、発言を重ねてきた北山修の仕事を見てみたい。言うまでもなく、北山は「見るなの禁止」理論に代表される日本的な心理学理論の提唱者でもあるが、彼は実は前の世代とは異なる戦略で文化について考えてきた。

河合隼雄や土居健郎といった前世代が日本と西欧の精神性の比較という、大きなパースペクティブによる文化論や文明論を語ったのに対して、北山はより細部に目を向ける。つまり、北山は日本で行われている精神分析的心理療法や訓練制度の具体的なありようから、文化を考える。ここで北山が取った戦略は、日本文化が精神分析に対して「抵抗」を示してきたと捉え、その抵抗を精神分析的に理解しようとすることである。

例えば、『フロイトと日本人』（北山、2011）では、歴史上最初期に日本人がフロイトとやり取りした手紙を精査し、日本人が精神分析を受けることに対して「お金がない」「時間がない」という現在でもよく聞かれるような様々な理由をつけて抵抗を示してきたことが示されている。あるいは、現在、日本精神分析協会と日本精神分析学会の二つが精神分析関係の組織として存在しているように、日本では純金の精神分析と合金の精神分析的心理療法が分裂して実践されてきたことが論じられている。

北山の論理は、現状を肯定するところから始めることに特徴がある。例えば、日本で普及している週一回の精神分析的心理療法を国際標準から逸脱した後進性と捉えるのではなく、日本文化に触発されて変容した「日本の精神分析」と、北山は捉える。そして、それを単に正当化するのではなく、そのような変容が恥への不安、オモテとウラの二重性などの、日本人的心性による「文化論的抵抗」によってもたらされたものであることを「心理学する」。そこに「見るなの禁止」などの日本的な心理学理論が生まれてくる。

このような議論の組み立ては、日本において心理療法が歴史的に蓄積されてきたことを正当に評価することで可能になる。グローバリゼーションの言説によって、「日本のやり方は遅れている、根本から改革しなくてはならない」と提言をするのではなく、既に存在しているものが不格好であっても文化的な必然性によるものだとして、それを理解していこうとするのである。実際、北山（2011）は「たとえフロイトが週に六回も患者と会っていたとしても、お茶もお花も、どのような外来診療も、多くがまあ週に一回で設定されているのだから、週一回くらいが日本のスタンダードになるのは仕方がなかったと思う」と指摘しており、心理療法が文化の影響を深く受けることで成立しているという基本的認識を示している。

このように現在北山修が文化について語ることができたのは、彼の個性によるのと同時に、日本にあって精神分析のみが戦前から続く長い蓄積を持っているからであろう。思えば、古澤平作などの第1世代に始まり、小此木啓吾や西園昌久などの第2世代、そして現在の第3世代や第4世代と、その文化を蓄積してきた精神分析は、日本の心理療法にあって振り返りうる「歴史」というものを持つ珍しい治療文化でもある。たとえば、古澤が始めた週一回の精神分析は、小此木啓吾による「治療構造論」（岩崎，1990）や前田重治（1978）による「簡易精神分析」によって吟味を続けられ、北山（2009）によって「覆いをとること」と対比される「覆いをつくること」として定式化されてきた。最近では髙野（2016）が精神分析におけるそのような取り組みの歴史をレビューして取り上げ、週一回の精神分析的心理療法という妥協された精神分析の意義について検討している。それは、これまでの歴史でなされてきた妥協の必然性を吟味しようという姿勢である。

だから、これから人間性心理学、ユング派心理療法、認知行動療法、家族療法なども、年輪を刻み、「歴史」と呼べる反省的蓄積が生まれてきたときに、同型の議論が必要とされていくだろう。つまり、「国際標準とは違うことをやってきた。とは言え、私たちがやってきたことはそれなりに役に立った。ならば、なぜそれが役に立ったのかを考えよう」、そういう議論の形式である。

以上示してきたように、文化は歴史の蓄積の中で、ありふれた心理療法の中に溶け込んで見えにくくなっている。文化はもはや、西欧と東洋を比較したり、アメリカと日本を比較したりできるような、くっきりとした輪郭を持ったエキゾチックな日本的心理学理論という形では残されていない。洋服を着て、昼ごはんにケバブを食べて、若冲の展覧会に並びながら扇で涼を取り、夕食のカレーライスのための買い物をして帰る。そういうモザイク状になったローカルな生として文化は存在している。

だからこそ、文化は異物ではなく、ありふれたものとなって、もはや心理療法のメイン・トピックではありえなくなっている。産業構造が大きく変化したことに伴い、社会の心理学化が十分に浸透したからこそ、民俗的文化リソースは心理療法に消化され、見えにくいものになっている。そのような社会状況に合わせて矢継ぎ早やに海外の新しい心理療法が輸入され、グローバル標準の心理療法が声高に主張される。そういう時代に私たちは生きている。

文化と心理療法の勢力関係は今や決定的に変わってしまったと言える。しかし、北山修の仕事が示すように、それでも私たちはローカルな文化を実は生き続けている。心理療法は文化との精妙な混淆を成し遂げたのである。私たちがグローバルなコミュニケーション手段であるTwitterなどに、日本語で書き込みを行うように、心理療法においても私たちは日本的な運用を続けている。そこにはむろん抵抗があり、巧妙な交渉が存在している。それが文化の中の心理療法の宿命なのであろう。だから、新たに輸入される心理療法もまた、見えにくい日本化をこうむり続ける。ここに「日本のありふれた心理療法」こそが文化の産物であるという根拠がある。

(6) まとめ

簡潔に日本の心理療法の歴史を見てきた。以上から理解できるのは、時代を経て社会が変化する中で、心理療法と日本的治療文化の勢力関係が徐々に逆転していったことである。当初、民俗的文化リソースとしての日本的治療文化は心理療法を飲みこむ形で、新たな治療を作り上げていった。次第に、民俗的リソースは主体ではなく対象として扱われるようになっていく。そして現在では、日本的治療文化は心理療法と混淆して、ありふれた心理療法を構成しているのである。*7

それでは、日本の心理療法における「心理学すること」と「関係すること」とは一体いかなるものであるのだろうか。そのようにして、日本文化と心理療法の力動を見ることで、ありふれた心理療法を理解することを試みたい。

2 日本のありふれた「心理学すること」と「心理学しないこと」

「心理学すること」とは、心理学的説明モデルによってクライエントや治療そのものを理解しようとする営みであった。そのようにして日本の心理療法の歴史を振り返ったとき、「心理学すること」に混ぜ物が混入することがその顕著な特徴であった。

例えば、仏教や道教などの東洋思想が混入することで、初期催眠療法、森田療法、友田不二男のカウンセリングは生まれた。あるいは河合隼雄（1995）も晩年の『ユング心理学と仏教』で、自分の行ってきたことに「仏教的な要素が深く関わっていることにあらたに気づき、愕然としました」と述懐し、仏教的世界観と心理療法を結び付ける記述を行っている。内観療法に至っては、そもそも浄土真宗の身調べから端を発したものである。

*7 実はこのような変遷は非欧米圏の多くで起きていることである。ナイジェリアなどでも似たような歴史が生じている（Moodley, Gielen, & Wu, 2013）。いかに心理療法が始まり、それをいかに消化するのかは、社会経済の変動と関わりながら各地で行われているのである。

日本における「心理学すること」には「仏教すること」などの民俗的文化リソースが混入してきたのである。そのようにして、例えばクライエントの生き方が仏教的に理解され、仏教的な人間観が治癒像に影響を与えることになる。森田療法の人間観が心理学的であると同時に、仏教的でもあるように、そこにはキメラが生じる。

実は、このようなキメラ化は何も、東洋思想のような日本に固有の民俗的リソースのみによってなされるのではない。我々のありふれた心理療法ではより多様な治療文化が、「心理学すること」をキメラ化する。精神病院で働いていれば知らず知らずのうちに「心理学すること」に精神医学の「生物学すること」が混入するし、学校現場では「教育すること」が混ざる。この混淆には無数のバージョンがある。「シャーマニズムすること」「自己啓発すること」「スピリチュアルすること」「ソーシャルワークすること」「作業療法すること」「茶道すること」「看護すること」「子育てすること」などなどの様々な治療文化の説明モデルが、心理学的説明モデルに取り入れられる。本書もまた、「心理学すること」に「人類学すること」を混入させようとする試みであるのかもしれない。なんにせよ、そこで生まれるキメラが、各自のありふれた心理療法を作り出していくということだ。

総じて見るならば、日本の心理療法では、「心理学すること」に対する否定と抵抗が顕著であったと言える。つまり、サイコロジカル・マインデッドネスと言われるような、自己を見つめ、内省し、思考することに対して根深い抵抗が存在するのである。

例えば、森田療法では自己を観察することそのものが神経質の特徴であるとされるから、「不問技法」が取られる。そして、内界ではなく、外界に目を向けるための作業療法が奨励され、「あるがまま」という素朴な態度が理想とされる。ここではサイコロジカル・マインデッドネスはそれ自体として、病的態度とされている。

また、日本人のこころの中心には何もないという心理学理論が打ち立てられるのも、その一つの現れと言えよう。日本人のこころの構造について、友田不二男が「真空」と言い、河合隼雄が「中空」と言い、鑪幹八郎が「中核自我」のない「アモルファス自我」と言うとき、それは内省的に自己を見つめていく営為がそれ自体として、無に帰すことが示唆されている。

逆説的なことに日本の「心理学すること」の果てには、「心理学しないこと」が装置として埋まっている。心理学的に自己を内省する営みが、気づけば東洋思想的な自己と世界の一致、あるいは内的世界と外的世界の一致へと接続され、内部に向かっていったはずのサイコロジカルな思考は外部へと至ってしまう。

この「心理学しないこと」という自分の内側を見つめていくことへの抵抗を、より精緻に明らかにしたのが北山修の「見るなの禁止」理論であり、「覆いをつくること」という治療方針である。

北山は隠されている自己の内側は「見にくい＝醜い」ものであるから、それを見ることは恥をもたらすことを論じ、不用意に見ることは危険であり、見ないで置いておくことの価値や、見てもなお持ちこたえることの価値を語ってきた。それは頻度が少なくて、言語的な介入が控えられる傾向にあるありふれた心理療法の価値を示すものだと言える。ここから、北山は「覆いをとること」に対比される「覆いをつくること」の治療的意義を提唱することになる。それは「見ないこと」「考えないこと」の価値であり、「心理学しないこと」の価値を示すものだと理解できる。

以上のように、日本の心理療法は「心理学しないこと」の臨床的価値を語り、独自の理論を打ち立ててきたと言える。そのことによって、「心理学すること」の中に「心理学しないこと」を混ぜ込んだ心理療法を実践してきた。日本の心理療法では、「こころの中身」をあらわにするだけではなく、「こころの表面」を形作り、取り繕い、整えることが、治療的作業としてなされるということだ。この問題について本書では「こころの表面」の心理学理論として第Ⅱ部で検討を行う。

日本のありふれた心理療法を理解する上で、「覆いをとること」と「覆いをつくること」のバランス、あるいは「心理学すること」と「心理学しないこと」のバランスをどう考えるかが重要な問題となる。それはクライエントをどう評価するかに関わるだけではなく、実践が行われている地域や臨床機関において、何が目指されているのかにも関わるだろう。学校での適応を目指すスクール・カウンセリングでは「心理学しないこと」の意義は大きくなるだろうし、開業臨床では「心理学すること」の意義が大きくなる。このとき日本のありふれた心理療法とは、説明モデルの混淆がいかなる度合いでなされているのかという問題として理解できる。

本書ではこの点について、「覆いをとること」と「覆いをつくること」のバランス、あるいは「心理学すること」と「心理学しないこと」のバランスを、事例を示しながら検討していくことになる。

3 日本のありふれた「関係すること」と「交渉すること」

日本において「心理学すること」に「心理学しないこと」が練りこまれていたように、「関係すること」にもまた様々な不純物が混入される。これは言葉遣いのせいで難解なことを言っているように見えるかもしれないが、「はじめに」で示したように私たちが日常的に経験していることである。

週四回の精神分析に憧れながらも、実際には週一回の精神分析的心理療法を実践するのが精一杯で、多くの事例は二週に一回や月に一回の面接で行われる。面接がオンデマンドで設定されることだって少なくない。こういうときに私たちはついつい、教科書に書かれるような面接の設定に戻したくなるのだが、多くの場合、それはうまくいかない。

あるいは「受容・共感・自己一致」を心がけて、できるだけクライエントのペースで治療が進むようにと思っているのだが、実のところ多くのアドバイスを行わざるを得ない局面を迎え、治療者が行動を管理するような役割に立たされることだってある。この辺りのことは河合（1970）で記述されている。治療者-クライエント関係も、教科書に書かれているようにはならない。本来、契約された対等な関係だと思いながらも、気づけば契約した以上のことをしていたり、「先生、先生」と言われて、強い理想化を引き受け、そのまま終結に至ったりすることもある。

北山（2009）や前田（1978）はこのような混淆を合金化と呼び、そこでは精神分析と支持的心理療法が混ぜ合わされると指摘している。しかし、ここでの支持的心理療法とは多くの場合ピンスカー（Pinsker, 1997/2011）が呈示するようなフォーマット化されたものではない。つまり、支持的心理療法をしっかりと学んだ上で、意図的に精神分析に混ぜ込むわけではなく、気づけば支持的要素が混入してしまっているのが、我々の臨床である。そしてその「支持的要素」とは、我々の文化の基調にある「和をもって貴し」としたり「気遣い」[*8]したりするような、ありふれたケアする関係の型に内在するものである。

だから、スクールカウンセリングには「先生」的な「関係すること」が混入しやすいし、児童福祉では生活に密着した「家族」的な「関係すること」が混入しやすい。病院ではサイコロジストは医師と並んで「先生」と呼ばれやすく、その結果、心理療法は投薬の間隔と同じタイミングで設定されやすい。「心理学すること」が日本にあって理解されがたく、抵抗を受けやすいように、心理学的な「関係すること」もクライエントと共有されずに、その周辺の治療文化の「関係すること」の型を借用して治療が組み立てられやすいのである。森田正馬が禅の師匠のようであり、古澤平作が仏僧のようであったことは、クライエントの日常にあった「関係すること」の型の借用であると同時に、治療者自身が治療者としての立ち居振

＊8　こころよりも「気」を見るのが、私たちの日常臨床だ。気を配り、気を遣うではないか。

る舞いを周辺から借りてこざるをえなかったという事情もあったのだろう。
それは私たちのことでもある。医者のように振る舞ってみたり、看護師のように振る舞ってみたり、教師のように振る舞ってみたり、人事担当者のように振る舞ってみたり、私たちは臨床機関の属性に合わせて、役割を不格好に構築する。

日本のありふれた心理療法の「関係すること」には葛藤が満ちている。悩ましいのだ。教科書に描かれているような心理臨床家に同一化しようとする治療者と、そのような心理臨床家のイメージすらもっていないクライエントは摩擦を起こしやすい（もしかしたら治療者自身が自己像をつかめずにいることも多いかもしれない）。そこでは治療者の提供しようとするものと、クライエントのニードが齟齬をきたす。治療者はサイコロジカルな内省を提供しようとするが、クライエントは不安の解消を求めるとき、「関係すること」はこの齟齬の主戦場になる。

ここで「交渉」が行われる。日本の心理療法の歴史を見てみるなら、心理療法と日本文化はその勢力関係を違えながらも、一貫してパワーゲームを行ってきて、その結果としてその時代時代に合わせて姿を変えてきたことがわかる。そこでは心理療法が自らのある部分を放棄し、日本文化の民俗的リソースを取り入れていた。あるいは逆のこともあった。「どこまでをどうするのか」が摩擦の中で、逐次取り決められていったのである。ここに「交渉すること」が必要とされる。

パイザー（Pizer, 1998）が示したように、交渉とは治療者とクライエントの間で、治療についての同意を得る作業である。そこでは解決しがたい矛盾や齟齬について、話し合われ、そして現実的に治療を構成していく努力がなされる。

葛藤を抱えた「関係すること」は、「交渉すること」を行うことで、治療者とクライエントが共有できる「関係すること」をその都度生み出していく。それは治療の設定に関わり、技法の選択に関わり、その都度の応答のありように影響していく。治療者はそのような経験を積み重ねることで、徐々に自分なりの「関係すること」の型を構築していく。それが「ありふれた心理療法」として、治療者の中で前意識的なモデルとなっていく。

以上示してきたように、日本のありふれた心理療法にあって、「関係すること」は「交渉すること」を内包している。「交渉すること」によって「関係すること」は変形する。このとき、それは単に技法や治療設定、治療場面での応答だけに関わるのではなく、本質的に「心理学すること」をも変えていく。「関係すること」は「心理学すること」からもたらされるものでもあるからだ。

ここに先述した説明モデルの交渉と変形がある。つまり、「交渉すること」によって、治療者とクライエントは説明モデルを互いで共有できるものへと変形していくのである。そのようにしてキメラのようになったありふれた心理療法が生まれる。

4　日本のありふれた心理療法の評価と事例研究法

日本のありふれた心理療法がヘルス・ケア・システムの多様な要素の影響を受けて変形した心理療法であることを示し、そこでは「心理学すること」に「心理学しないこと」が混ぜ込まれ、「関係すること」において「交渉すること」が濃厚に現れることを論じてきた。日本のありふれた心理療法は、そのようにして不純物が入り混じり混淆したキメラなのである。

だからこそ、それぞれの臨床現場には、それぞれのありふれた心理療法が存在する。地域の文化、臨床機関の特性、そこに通うクライエントの属性、治療者の能力などによって、日々行われるケースの最大公約数がぼんやりとした型となる。それは例えば、その現場で働く医師や看護師、ソーシャルワーカー、教師、介護職、事務員などの周辺職種から、ぼんやりと「うちのカウンセリング」として認識される。

しかし、それらが公の場で語られることはほとんどない。論文にされることはないし、内輪のケース・カンファレンスでは、ありふれた心理療法ではなく、その時点でなされているスペシャルなケースが提示される。ありふれた心理療法のほとんどは、インフォーマルな場で小さな声で語られるしかない。

ありふれた心理療法がオフィシャルな場に出てこないのは、それが程度の差はあれ規範から逸脱したものであり、評価が難しいからである。

そもそも心理療法の評価とは、説明モデルに照らして行われるものであった。同じ心理療法でも、見るもの（例えば、精神分析的説明モデルと認知行動療法的説明モデル）が違えば評価が異なる。説明モデルは治癒像をも規定するものであるので、「何が治っているのか」についても我々は意見の一致を見ることはなく、心理療法の評価は人によって違ってしまうのである。大石（2009）が指摘しているように、Well-Being を評価するためには、まず Being-Well を規定しなくてはならず、それは人間観に依拠せざるをえないのである。

日本のありふれた心理療法は説明モデルの混淆によって成り立っているため、いかなる説明モデルからしても、「中途半端なもの」というような微妙な評価をされがちである。ありふれた心理療法は認知行動療法として十分ではなく、かといって来談者中心療法の立場からしても徹底されていないと評価されるのである。

これに対して、本書はそのような日本のありふれた心理療法の臨床的価値を主張しようとするものである。ほとんどの事例はそのようにしてなされるわけであるのだから、私たちが足元のありふれた営みを正当に評価する準拠枠をもっていないことは不幸なことだと考えるからだ。そして何より、純粋培養の心理療法ではなく、雑多な環境や要因の中で交渉を行い、妥協点を探し求めるところにこそ、心理療法という対人関係を通じた治療的営みの本質があるのではないか、と考えるからである。そもそも治療の「成功」とは何かが、治療者とクライエントの間で共有されなくては、治療の評価を共有することもできない。ありふれた心理療法とは説明モデルを共有するために様々な妥協をしてしつらえられた心理療法なのである。この臨床的価値は、多くの臨床家が実感しながらも、小さな声でしか語られなかったものだと言えよう。

しかし、この発想はそれ自体として極度の相対主義を招き、治療評価についてのアナーキズムを呼び寄せる。「うちの現場ではこんなものなんだ」という言明に対して、各学派の提示する規範から評価がなされないとすると、ただただ現状を追認するしかなくなるからである。失敗を正当化するための便法を否定しづらくなるのである。そのような規範の無効化は、個々の治療者の訓練に対する意欲を減衰させるし、自己を振り返り、反省する契機を失わせる。それは臨床心理学全体の質を低下させることにつながる危険がある。

したがって、日本のありふれた心理療法を評価するために、私たちは細い道を行かないといけない。右には確立されたパターナリスティックな規範があり、左には規範をなくしたアナーキズムがある。その中間で、現実検討力を良く働かせて、個別のありふれた心理療法を評価し、改善することが求められる。

従来、そのような試みは「折衷的心理療法」（東ら、2014）や「統合的心理療法」（村瀬、2003）と呼ばれてきた。しかし、それらは「統合学派」と呼ばれるように新たな学派的規範を作り上げるものとなるか、あるいはクライエントのニードを絶対視するようなものとなりがちだ。結局、教条主義とアナーキズムに引き裂かれてしまうという難しさが、ここにはある。

本章のここまでの長い議論は、この細い道を歩き続けるための理論的枠組みを整備するためにあった。つまり、「中途半端」とされるものを、「混淆」と捉え、複数の説明モデルの相互妥協をできるだけ精密に考慮した上で、心理療法を評価しようとするものである。

このとき、私たちは心理療法内部の複数の説明モデルだけではなく、その外にある多様な治療文化の説明モデルを考慮にいれる必要がある。学校での臨床では学校文化の影響を視野に入れる必要があるし、クライエントの社会階層のことを視野に入れる必要がある（高橋、2008）。そして、それらを包み込む大きなヘルス・ケア・システムを見る必要がある。だから、ありふれた心理療法を評価するために、以下の態度こそが必要とされる。

自らが範とする心理療法の説明モデルと、臨床実践が属するローカルな文化の説明モデルの二つを同時に考える。それらがそれぞれにいかなるものであり、それらが混じり合うときに、それぞれがいかなる意味で妥協したのかをよく見る。その上で、常識を尊重して、個々の評価を行う。

私たちはよく人の話を聴かなくてはならないということだ。そして、その話に揺さぶられなくてはいけない。クライエントの話を心理学的に解釈するだけではなく、文化のリアリティを語るものとして耳を傾け、自らの文化にそぐわない異物を抱え続ける。関係者と連携を行い、社会の現実に目を向ける。それでいて、それらに圧倒されない。私たちは不純物を抱え続けて、気づけば自ら不純なものになっていることに耐える。葛藤をし続けるということだ。

臨床現場では、私たちは異なる治療文化や説明モデルに出会い、そこで交渉を繰り返すことになる。そのとき、その異なるものを突き放すのでもなく、おもねることもなく、個々の事情を見つめ続けながら、試行錯誤を繰り返す。徐々に、治療者とクライエントの間には共有されたキメラが生まれてくる。そのキメラがまた何者であるのかを、考える。私たちは他者の声に耳を傾け続ける。

このありふれていて、かつ凡庸な態度こそが、「日本のありふれた心理療法」の態度である。「日本のありふれた心理療法」が凡庸なものであるように、それを理解するための姿勢も凡庸なものになる。手垢にまみれた言葉ではあるが、ありふれた心理療法は「個別性」に根ざした心理療法なのである。

したがって「日本のありふれた心理療法」は事例研究法によって、評価することが可能になる。私たちは個別の事例を記述する。このとき、クライエントの内的世界だけではなく、彼らが生きる文化的世界を記述する。そうすることで、二つの説明モデルがどのように齟齬をきたし、交流を持つのかを繊細に理解することが可能になる。その上で、「常識」という文化の決まりごとを尊重しながら、各事例の評価を行っていく。そのような考えから、私はこれまで事例研究論文を書いてきた。普通だったらオフィシャルな場に出さないような、中途半端に混淆して、不全な形を取ったキメラの心理療法を発表してきた。

それはローカルな地域（私の場合は沖縄になるが）の限定された資源の中でなされた心理療法である。様々なものが混淆し、妥協がなされる中で、それでも心理療法はクライエントと共に「生きる」ことを共にする（皆藤、1998）。そのようなキメラを、序章で示してきた理論的枠組みからいかに理解できるのかを、これから示していこうと思う。言葉の足りなかった部分は、事例が補ってくれるだろう。本書は理論編に続いて、実践編へと入っていく。

終わりに

まとめておこう。本章では、日本のありふれた心理療法を語るための理論的枠組みを提示することを試みた。クラインマンのヘルス・ケア・システム理論について紹介することで、「人が病み、癒やされること」を文化的現象として捉える視点を最初に示した。

その上で、その観点から見るときに心理療法がいかなる構造をもつのかを明らかにするために、「心理学すること」「関係すること」「文化」の三つの成分から成り立っていることを示した。

最後に、日本の心理療法が辿ったこれまでの歴史を簡潔に振り返り、「心理学しないこと」「交渉すること」を「日本のありふれた心理療法」のエッセンスとして示した。

これらの議論を通じて、日本のありふれた心理療法が妥協と混淆を重ねたものであることを明確にし、事例研究を通じて混入してくる各種治療文化を精緻に理解し、混淆するプロセスを眼差すことによって、「日本のありふれた心理療法」を正当に理解することができることを最後に論じた。


最後に付言しておきたいのは、「日本のありふれた心理療法」という問いは臨床心理学や心理臨床学と呼ばれる学問において、新たに大きな問題領域を設定するということだ。それは一方で各学派の心理療法がいかなるものであるのかを人類学的な視座から再考し、もう一方で文化の中で行われる日常臨床の正当な評価を行うことを目指す。社会学・人類学・歴史学・政治学・経済学など人文・社会科学の知を借りて、学派と臨床領域をメタな視点から見直す。そういう学問的作業がここで必要とされる。

現在、臨床心理学は分断されている。学派毎に議論の空間が設定され、実践領域ごとに個別の研究がなされている。しかし、公認心理師法が成立し、今後ひとまとまりの国家資格として社会から受け入れられ、まだ見ぬ実践領域を開拓していこうとする私たちは、境界を越えて話し合うことを続けていくべきであろう。そのとき、各学派が設定してきた議論の地平それ自体がいかなる性質のものであるのかを眼差し、その外側に広がっている社会や文化の力動を考慮にいれる必要がある。私たちは他職種や他学派といった「他者」たちと対話を続け、この国で培われてきた心理療法という営みを、さらに広め、深めていかなくてはならない。

心理療法は文化の中にある。そして文化はそれぞれの心理療法実践の中にある。文化的営みとしての心理療法のこれからのために、私たちは他者の語りに耳を澄まし、ときに他者を説得することを試み、その中で自分たちが何をしているのかを考え続ける。それが今必要とされていることだ。

第2章 「心理学すること」の発生――Super-Visionを病むこと

はじめに

第1章で、心理療法は「心理学すること」「関係すること」「文化」によって成り立つ、と私は書いた。なかでも、「心理学すること」は心理療法にとって中核的な要素である。というのも、「関係すること」と「文化」は、医学やシャーマニズムにあっても共通する要素であるからだ。彼らは「心理学すること」の代わりに、「生物学すること」「霊を見ること」によって治療を構成していく。医者やシャーマンと心理臨床家に差異があるとするのであれば、それは「心理学すること」をおいて他にはない。

そこで、本章では、心理臨床家がいかにして「心理学すること」を習得するのかという問題を取り上げる。「心理学すること」が発生するとき、心理臨床家のこころに一体何が生じているのかを見てみたいのである。そしてそれは、「ただの」人間関係が、いかにして心理療法になっていくのかという問題でもあるから、本書の呈示する心理療法のメカニズムを理解するうえで、格好のチャンスになると思う。

そのために取り上げるのは、スーパーヴィジョンである。素人が心理の専門家になる上で、スーパーヴィジョンは不可欠なものだが、それはなぜなのか。なぜ書物を読むだけでは心理臨床家になれないのか。そういう問題を巡って、「心理学すること」がいかにして発生するのかを見てみよう。

なお、この論文を書いていたころ、私はまだ明確に「心理学すること」というアイディアを固めていなかった。したがって、以下の論文では、積極的に「心理学すること」という言葉を用いていない。そこで、現在の観点からいくつか註を補足しておいた。そちらも参照してもらえるといいと思う。

第1節　問題と目的

1　スーパーヴィジョンのパラドックス

スーパーヴィジョンとは、スーパーヴァイジー（以下、ヴァイジー）と呼ばれる、しばしば初心の心理臨床家が自らの実践について、スーパーヴァイザー（以下、ヴァイザー）と呼ばれる熟練した心理臨床家から助言・監督・支持を受ける契約された専門的関係の営みである（一丸、2003）。史上最初にスーパーヴィジョンを記述した論文が、ハンス少年の馬恐怖の事例であったように（Freud, 1909/2008）、心理療法の原初と言えるフロイトのコミュニティにおいて、心理臨床家を志す者に対するスーパーヴィジョンはすでに始まっている。このことが意味しているのは、スーパーヴィジョンが「必須の学習」（鑪、2004）であり、初心の心理臨床家にとって不可欠な営みであるということだ。それは鑪（2004）が述べるように、スーパーヴィジョンが知的学習によって学びうる一般性の次元にある理論と、実践のなかで身につく個別性の次元にある技能とをつなぐ営みであることによる。

この理論と技能との繋がりとは、個別のケースにおける指針なき実践に対して、自律的に心理学的判断[*1]を行いうる心理臨床家の主体性として理解できる。すなわち、スーパーヴィジョンにおいて学ばれるのは、理論と実践との一対一対応ではなく、理論と実践の間を生きるヴァイジー自身の主体性[*2]なのである。このことは、スーパーヴィジョンの目標が、「観察自我」の生成（鑪、2004）、「分析での体験を夢見る」力の生成（Ogden, 2005）など、それぞれの著者の理論的背景によって異なる表現が使われているにしても、共通して「何をするか」（What to do）ではなく、「どう考えるのか」（How to think）[*3]（河合、1970）という実践において主体的に機能する内的能力の達成に置かれていることからも明らかである。

しかし、ここにはパラドックスがある。実際問題として初心のヴァイジーには、理論と技能をつなぐ主体性を身につける以前に、個別の実践においていかに振る舞うべきかという一対一対応の技能そのものを必要とするからである。ヴァイジーは教科書や授業、あるいは実習を通して、心理臨床を学び、心理臨床家として面接でいかに振る舞うべきかを、知ってはいる。しかし、それはあくまで理論的な一般性の次元での知識であり、実際にクライエントを前にしたとき、ヴァイジーは個別性の未知の領野に足を踏み入れる必要がある。

エクスタインら（Ekstein et al., 1972）はスーパーヴィジョンについて「特定のやりとりのシリーズとしての心理療法を教えるのではなく、いかにして心理療法的活動を遂行するかを教えるのである」と述べている。しかし、初心のヴァイジーは、実践での特定の具体的なやりとりを、ヴァイザーに学ぶところから出発する

＊1　ここで書かれた「心理学的判断」と「主体性」こそが「心理学すること」だ。
＊2　「心理学すること」とは、端的に言えば、心理学理論（つまり説明モデル）の枠組みから、クライエントを「理解」することである。だけど、ただの「理解」とは少し違う。それがこの論文のテーマだ。
＊3　今なら"How to think psychologically"とするだろう。

ことになる。それは、初心のヴァイジーには、ヴァイザーからの助言や指導を真に受けて、それを模倣し、そのまま実践する必然性があるということである。

このとき、ヴァイジーはヴァイザーの技能を模倣することを通して、自身の自律的な主体性を育むというパラドックスと直面することになる。これは潜在的であれ、顕在的であれ、初心のヴァイジーの誰しもが抱えるパラドックスだ。この点について、フレミング（Fleming, 1953）や一丸（2003）はスーパーヴィジョンの段階が「模倣的学習」から「創造的学習」へ移行していく事実を挙げ、段階的なヴァイザーの働きかけの移行によって、そのパラドックスが乗り越えられることを示唆している。確かにそのようなヴァイザーの働きかけの段階的移行がパラドックスの乗り越えを可能にするのも一面の真実と言えるだろうが、一方で、そこにはヴァイジー自身の内的変容が必要とされるのも事実である。このことは、初心からプロフェッショナルへのヴァイジーの成長が、単なる学習の進展を意味するだけではなく、一種の内的変容を伴うと指摘されていることからも明らかである（Issacharoff, 1982）。

以上を踏まえるとき、鑪（2004）のスーパーヴィジョン関係がスーパーヴィジョンの段階によって変容するという指摘は興味深い。それはスーパーヴィジョンのパラドックスを、ヴァイザーの働きかけという技法次元の問題としてではなく、ヴァイジーの内的変容を準備する関係の次元から理解する視角を与えてくれるからである。

それではスーパーヴィジョン関係について、いままでにいかなる理解がなされてきたのであろうか。

2　スーパーヴィジョン関係とその変質

オグデン（Ogden, 2005）が「精神分析はそれまでに存在することのなかった二つの人間関係を生成した、それは分析的関係とスーパーヴィジョン関係である」と述べたように、スーパーヴィジョンでは他の関係とは分かたれる固有な関係性が生成される。[*4] このとき、スーパーヴィジョン関係が「ヴァイジーの成長のための容器」となることを河合（1970）が指摘しているように、それがヴァイジーの学びの基盤となることは論を俟たない（鑪、2004）。しかし、それがいかなる内実をもった関係であるのかについては、意見の一致をみることなく長く議論が続けられている。

その代表的な論争として、ウィーン学派とブダペスト学派の古典的な論争から引き継がれた“Teach or Treat”（Debell, 1963）という論争を挙げることができる。それはスーパーヴィジョン関係を教育関係として捉える立場と、治療関係として捉える立場との論争である。この論争の詳細については優れた論考が多数あるが（Haesler, 1993; Rosbrow, 1997 など）、焦点となっているのは逆転移の取り扱いの問題である。

教育関係としてスーパーヴィジョンを捉える立場では、外的な体系をヴァイジーにいかに伝達しうるかが関心事となるため、ヴァイジーの内的体験である逆転移は触れられない傾向にあるのに対して、治療関係としてスーパーヴィジョンを捉える立場では、面接関係を阻害する逆転移にもっぱら焦点を合わせることになり、さらにはヴァイザーとヴァイジーの転移-逆転移も取り扱っていくことになる。

しかし、これらの立場にはいずれも限界がある（Haesler, 1993）。前者にあっては、外的な体系がヴァイジーの内的体験において真に生きられていないときには、面接場面では有効に機能しがたいし、後者にあっては、逆転移はヴァイジー個人の問題に帰せられてしまい、スーパーヴィジョンからクライエントが姿を消すことになる。それゆえに、ザスラフスキーら（Zaslavsky, et al., 2005）の大規模な調査研究で示されたように、スーパーヴィジョンのなかで逆転移に焦点を当てることが不可欠に至った現在においては、“Teach or Treat”

＊4　「関係すること」が治療文化によって、その質を違えることの認識でもある。

という問い方自体が、故意にスーパーヴィジョン関係を教育関係と治療関係にスプリットさせる誤った問いであることが指摘されている（Rosbrow, 1997）。

このスーパーヴィジョン関係についての議論から学ぶことができるのは、スーパーヴィジョン関係がアンビヴァレンツを抱えた関係であることである。それは教育関係とも治療関係とも割り切ることができず、かつ両者を含んだ関係なのであり、だからこそオグデンはその固有性を強調したのだと考えられる。このとき、スーパーヴィジョン関係のアンビヴァレンツとは、スーパーヴィジョンのパラドックスを関係の次元で展開したものとは言えないだろうか。

一丸（2003）は理想的なスーパーヴィジョン関係のありようを記述しながらも、それらが実現することは少なく、関係が変質していくことを述べており、川谷（1994）は多くのヴァイジーがスーパーヴィジョン関係において情緒的な問題を体験していることを実証的に示している。それはスーパーヴィジョンのパラドックスが、スーパーヴィジョン関係の困難として顕現することを示唆したものだと言えよう。このことを典型的に示すのが、監督関係となったスーパーヴィジョン関係である。

3　“Super-Vision”となったスーパーヴァイザー

スーパーヴィジョンは“Supervision”と書くが、その元々の意味は「監督」「管理」にある。古澤ら（1964）の本邦初のスーパーヴィジョンについての論文で、スーパーヴィジョンの訳語として「監督教育」が当てられているように、スーパーヴィジョン関係には監督関係というニュアンスが色濃く刻まれている。そして、河合（1970）がスーパーヴィジョンの機能として、管理・評価・教育を挙げているように、実際問題として初心のヴァイジーのスーパーヴィジョンにおいて、ヴァイザーがケースの管理・指導を行う監督者の役割を引き受けることは不可避なことである。しかし、この監督関係となったスーパーヴィジョン関係において、ヴァイザーがヴァイジーの代わりにケースの判断を行い、ヴァイジーがヴァイザーとクライエントの間の伝令に過ぎなくなる危険性があることは、多く指摘されている（Haesler, 1993; 鑪、2004）。一体何が生じているのだろうか。

このとき興味深いのは、“Supervision”という語が中世ラテン語の“Supervidere”（=to look over;super=over + videre = to see）から発していることだ。その意は「上から見る」（Super-Vision）（小島ら、2007）である。ヴァイザーはまさに“Super-Vision”を担うのである。そして、ヴァイジーはそれに依存することで自らの主体性を放棄する。そういう関係が成立しているとき、スーパーヴィジョンは病む。しかし、思い起こしてみれば、フロイトとその代理人になったハンス少年の父親の関係はそのような監督関係の祖型であり、最初のスーパーヴィジョン論文にすでにこの危険性は描かれている（Freud, 1909/2008; Wakefield, 2008）。

岡野（2003）を始め、多くの論者が指摘しているように、監督関係となったスーパーヴィジョン関係において、スーパーヴィジョンは困難を迎える。主体性を放棄したヴァイジーは機械的にヴァイザーに従うことになり、クライエントとの関係を生きることが難しくなるからである。ここにスーパーヴィジョンのパラドックスの行き詰まりがあり、そのときスーパーヴィジョン関係はまさにパラドックスを病んでいる。

しかし、この病んだ関係はスーパーヴィジョンの基本的な構造に根ざしたものであるゆえに、程度の差はあれ不可避的にスーパーヴィジョンに訪れるものではなかろうか。このとき、皆藤（1998）が「情緒的問題が生じることで一概にそのスーパーヴィジョンが失敗であるとはいえない（……）人間関係であるから、情緒的問題が生じるのはあたりまえだともいえる。大切なことは、そのことがスーパーヴィジョン関係の中で双方にとって意味あるものに変容していくかどうかであろう」と論じていることは注目に値する。そのように病んだスーパーヴィジョン関係が、スーパーヴィジョンのパラドックスを乗り越えるよう創造的に機能していく可能性が示唆されているからである。従来のスーパーヴィジョン論では、スーパーヴィジョン関係が監督関係となることをいかに回避するかが論じられる傾向にあったが、本論ではむしろスーパーヴィジョン関係が潜在的であるにせよ顕在的であるにせよ、不可避に病まれるものと考え、それがいかにしてスーパーヴィジョンにおけるヴァイジーの変容に資するのかを見てみたい。

それゆえに、本論ではスーパーヴィジョンのパラドックスがいかにして乗り越えられるのかという問題を、病まれたスーパーヴィジョン関係がいかにして心理学的に変容していくのかという観点から検討したい。そのために、ここで私がヴァイジーとして体験したスーパーヴィジョンを事例として提示してみようと思う。それは極端な形を取ることになったが、すべての初心の心理臨床家（つまりいまだ素人であり、よくて半可通である心理臨床家）のスーパーヴィジョンに潜む物語だと、私は思う。

第2節　臨床素材

1　初期のスーパーヴィジョン――模倣と抱え

私の所属していた大学院のスーパーヴィジョン・システムについては、橋本（1998）で詳述されているが、認識しておいてほしいのは、修士1年目にスーパーヴィジョンが開始されることと、ヴァイザーは大学院の外部に委託されることだ。私の場合、大学院の教員たちによって、50代男性のヴァイザーとスーパーヴィジョンを行うことが決められた。

X年7月、ケースを始める前に、ヴァイザーに会いにいった。場所はヴァイザーの勤務する大学院であり、そこには2時間弱電車に揺られ、さらに駅からも長い道を歩く必要があった。出会いの場で、ヴァイザーは自身の臨床経歴とオリエンテーションを紹介し、私も簡単な自己紹介をした。それから、ヴァイザーは私が最初に担当するケースについて、同性のプレイセラピーか思春期面接を勧めた。このとき雑談をするなかで、ヴァイザーの住居が私の自宅の近所であることを知った。「ここは遠いですね」と私が場所の遠さについて不満をもらすと「一概に悪いことでもない、電車のなかで、いろいろと考えたりするのもいいもんだ」とヴァイザーは応えた。そして、私のケースが始まってから、基本的に週に1回50分有料でのスーパーヴィジョンを行うことを契約した。ただし、お互いの都合でスーパーヴィジョンの日程はしばしば変動することもあった。

しかしその後半年間、私がケースを始めることはなかった。いくら本を読んでも、実際にケースをするというのがどういうことかうまく理解できなかったからだ。私はケースを始めるのをあと延ばしにしていた。[*5]不安だったのだ。

しかしそれでも、修士1年目の終り近くの2月、私のケースは始まった。そのときに私が担当したのは、ヴァイザーに勧められていた思春期男子との面接だった。はじめてのケースをインテークした後、最初のスーパーヴィジョンを受けた。私は話を聴くとはどういうことなのか、そしてそれに一体何の意味があるのかもわからず、無我夢中で面接して記録をもっていった。すると、ヴァイザーは「このケースでは、お兄さん的存在になることに意味があるかもな」と語った。私にはそれが具体的にどういうことなのかはわからなかった。しかしそれでも、そう言ってくれるなら、とにかく続けてみようと思った。

*5　このあたりのことについては、第8章の「野生の事例研究論」でも書いている。

そのケースと並行して、5月には幼稚園に通う男児とのプレイセラピーが始まった。このケースを始めるにあたって、キンダー・カウンセリングを専門にしていたヴァイザーは幼稚園を見学することを勧めてくれた。私はヴァイザーが非常勤で勤務する幼稚園に見学に行かせてもらった。

園に入るとヴァイザーは子どものように滑り台にまたがり、その股の間を園児たちが何人も滑り降りた。滑り降りた園児は、次々とヴァイザーを叩き、蹴った。「イター！　やったなー」とヴァイザーは叫び、園児を追いかけ回し、園児に追いかけ回されていた。私は大の大人が衒《てら》いなく子どものように遊んでいる姿に驚き、「遊ぶっていうのはこういうことか」と、プレイセラピーで硬くなって、過剰にセラピストであろうとしている自分の姿を振り返った。

このころのスーパーヴィジョンでは、私が逐語録を報告すると、ヴァイザーは遊びの意味についての私の考えを問いかけ、自分の意見を言い、しばしば私の面接での様子について評価を行った。そして、私が困っていることについてのヴァイザーの体験談を語り、ときに助言を与えるようにして進んでいった。例えば、プレイセラピーにおいて、子どもが退室渋りをし、プレイルームから出すことが困難であると私が訴えると、ヴァイザーはその意味についての考えを示唆した後に、*6「僕は、オシマーイ！　って言って、抱えて出したこともあったな」と語った。私は次のセッションで「オシマーイ！」とヴァイザーを真似た。また、私がどこか上の空でいたセッションを報告すると、「遊べていない。あなたがこういう態度ではプレイセラピーにならない」と厳しく指摘した。そこで、私は傷つきを感じることもあったが、次のセッションではよりコミットして遊ぶことができたように感じ、それを報告するとヴァイザーは「いいじゃない」と温かく受けとめた。

この時期、新しいケースをインテークするたびに、私はスーパーヴィジョンでそれを報告していた。それは何か課題があってというよりも、ひとりでケースを行うことへの漠然とした不安があってのことであった。

私にとってヴァイザーとは、知らずに道を誤ったときに、それを指摘し、適切な助言を与えてくれる人物であった。そこには安心感があり、私はヴァイザーを頼りにしていた。そしてそのような関係は、おおむねよく機能していた。スーパーヴィジョンに行くことで私は安心感を得ていたし、ケースで困難を感じる局面はヴァイザーとの話し合いを経て、次の局面に進むことができるように感じていた。

2　後半のスーパーヴィジョン――ボーダーラインと行き詰まり

スーパーヴィジョン2年目の12月、私は新しいケースを始めた。クライエントはボーダーライン・パーソナリティの女性だった。名前を仮にAとしたい。

最初の数回のセッションを経て、私はほどなくAとの関係に苦しみ始めた。彼女は面接のたびに、「死にたい」と繰り返し、面接時間外にも電話をかけてきて、手紙を書いてくるようになった。彼女は「私は何も考えられない。先生が何かしてください」とすべてを私に委ねることを要求した。私は面接内外で強い不安を体験し、電話連絡があればかけ直し、面接のたびに「死なないでください」と言葉をかけた。それは私が無自覚にボーダーライン的な治療関係の中にいたことを意味している。

年が明けて最初のスーパーヴィジョンで、私はこのケースをヴァイザーに報告した。

「こういうケースが来るには、ちょっと早かったな」とヴァイザーは言った。「5年くらいして、自信がついてからこういうケースに出会うと勉強になるのだけど。でも、来てしまったものはしょうがないよな。これからは、このケースに集中して、スーパーヴィジョンをやりましょう」

＊6　ヴァイザーは「心理学すること」を続け、私に提供してくれていた。

そうヴァイザーは語り、ボーダーラインについての有名な著作を貸してくれた。[*7] 私はその本を読み、その後数多くのボーダーライン関係の著作を読み漁るようになった。

それからは毎回、彼女とのケースをスーパーヴィジョンで報告し、彼女から繰り返される時間延長や何らかの具体的な治療的介入を行うことの要求、そして直接的に向けられる恋愛感情について、私とヴァイザーは話し合った。

「この人がなぜこういうことを言っていると思う?」

「もっと近づきたいということでしょうか」

「小さな子どもがお母さんにくっつきたいって思ったら、もっとどっしり受けとめられるよな」

しかし、私にはそのような見立ては頭では理解できても、実際にAを前にすると拒絶する気持ちにしかなれなかった。[*8]

スーパーヴィジョンでは枠を守るための具体的な対応が何度も話し合われた。「毅然として終わりを告げるのが重要」「面接の目標を共有すること」とヴァイザーは何度も語った。しかし、面接場面で私が言われたとおりに振る舞ったとしても、Aは納得せず、彼女と私のボーダーライン的な関係は変わらなかった。

何度かヴァイザーは自身が困難を極めたケースについて語った。「今だったら少しはわかるのに」と後悔の念を語ったときもあった。しかし、そのような体験談も私にはまるで書物に書かれているもののようにしか感じられなかった。

難渋するスーパーヴィジョンの中で、ヴァイザーは一度「僕は基本的にはカウンセリングには、知的なものが必要だと思っているけれども、意外に何を言われても、何も考えないというか、動じないタイプの方がいいときもある。このケースなんかは、そのほうがいいのかもしれない」と語った。

知的なものが優位な私は自分ではない誰かがこのケースをやればいいのだと感じ、「どうしろって言うんだ」と、強い無力感とかすかな憤りを感じた。しかし同時に、スーパーヴィジョンは私にとって不可欠なものとなっていた。Aとの面接で私は耐えがたい不安を感じており、それをスーパーヴィジョンで語り、ヴァイザーに支えられ、ケースに具体的な助言をもち帰った。そして再びヴァイザーの助言を実践しようとしてうまくいかず、不安を感じた。その往復でケースはかろうじて成り立っていた。

このような時期が半年以上続いた。私はスーパーヴィジョンとケースの双方でみじめな無能感を感じ、その間に頼りなく漂っていた。そして、8月、Aが私の眼前で手首を切るということが起こり、彼女は一度面接を中断した。

しかし、11月になると、Aからの申し出によって、面接は再開することになった。それをスーパーヴィジョンで報告した。「まだ早いんじゃないか」ヴァイザーの表情は厳しかった。「とにかく最初に目標をしっかり共有して、枠を守ること。それがなければ面接はできません」

「わかっています」

再開のとき、私はAに「自傷しない」という約束を含めて枠を守らなければ、面接は継続できないことを告げ、その後も厳しく枠を守ることを要求した。

「先生の奴隷になった」とAは不満を口にしながらも、比較的穏やかな面接が続いた。

私はただひたすら、枠を守ることのみを意識して面接しており、Aの気持ちについては、本に書いてあり、ヴァイザーが繰り返し伝えるボーダーライン心性についての知的理解以上の接近はできなかった。

この時期、私はスーパーヴィジョンが一回一回の面接を乗り切ることに終始して、ケース自体には何の変

＊7　カーンバーグの本だった。私が最初に読んだ精神分析の本だ。
＊8　私は「心理学すること」を試みていたのだが、それは知的な理解に留まり、心理療法の中で生きられるものではなかったのだ。ここに本来の「心理学すること」が心理臨床家の主体的機能である根拠がある。

化もないと感じ、自分が何も心理臨床家として成長していないと感じ始めていた。そして「自分が成長するために、何かが足りない気がする」とヴァイザーに不満を伝えた。

「そろそろ、スーパーヴィジョンを終わりましょう。僕の経験では2、3年くらいで他のヴァイザーに替わるのはいいと思う」とヴァイザーは言った。

私はその提案に驚いたのだが、「先生がそう言うならそうなのだろう」と半年後の春にスーパーヴィジョンを終結することに合意した。このことで、私の中で、スーパーヴィジョンの役割は終わったもののように感じるようになった。そして、年末を前にして、落ち着いた様子のスーパーヴィジョンのケースと遠くまでスーパーヴィジョンに赴くことの億劫さから、年内最後のスーパーヴィジョンをキャンセルした。

3 あるセッションの前後――接近と痛み

スーパーヴィジョン3年目、年明け最初のAとの面接。枠を守ることにひたすらエネルギーを注ぐ私に対して、Aは「どんな気持ちで私がここに来ているのかわかっているんですか」といつになく興奮して反応し、再び面接室の中で自傷行為を行うに至った。

「約束違反です、カウンセリングは続けられません」と私は告げた。私も興奮していたと思う。

「続けると先生が言うまで、ここから帰りません」とAは床に座り込み自傷行為を続けた。

このとき、治療契約を守る限りカウンセリングを続け、契約が破られたときにはカウンセリングを終わるという、ヴァイザーに言われたことしか私は考えられなかった。それゆえに、契約が破られてなお、Aが継続を要求するとき、私は状況についても対応についても何も考えられなかった。それでもAは眼前で自傷行為を続け、私は対応を迫られていた。

「ヴァイザーに相談しないと。今は何も答えられない。ヴァイザーに相談してからじゃないと、何も決められない」とパニックに近い考えが浮かび、私は次のスーパーヴィジョン後の時期にこちらから連絡することをAに約束した。

ここで判断をヴァイザーに預けた私は、直後にヴァイザーに連絡を取った。本務の都合があり、この時期ヴァイザーが大学でスーパーヴィジョンを行う時間がないことを私は知っていた。それでいて、緊急であるからと、時間を取ってくれるよう頼んだ。

「では自宅に来てください」とヴァイザーは応えた。

2年を超えるスーパーヴィジョンのなかで、はじめて近所にあるヴァイザーの自宅を訪れることになった私は「ヴァイザーはどんな家に住んでいるのだろうか」「どのように迎えてくれるのだろうか」とケースのことよりも、ヴァイザーへのパーソナルな思いにこころが占められていった。そこには、私がケースにおいて経験した苦痛を、ヴァイザーが理解してくれたからこそ、私を自宅にまで迎え入れてくれたという空想があった。

当日、日が暮れた後に、バスに揺られてスーパーヴィジョンに向かった。バス停に降りてから、暗闇のなか、坂を上がっていった。このとき、ヴァイザーの自宅が近づくにつれ、不安が高まるのを感じた。ヴァイザーのプライベートに踏み込むことに気おくれがした。不安になった。

「こんなことなら、もう少し待って、いつもの所にいけばよかった」と後悔すら感じていた。

自宅に到着し、面接の様子を報告すると、「もっと最悪のことが起きたのかと思いました。これくらいだったら大丈夫」とヴァイザーは言った。

「最悪のこと?」

「ストーカーみたいになって、自宅の窓を割られた人もいるからね」

「はい」

「でも、もうこのケースはやめましょう。今の君にはこのケースはできません。どうやって終わるか、引き継ぐのか、それを考えましょう」

私は予想外のヴァイザーの発言に戸惑ったが、ヴァイザーがそう言うならそうなのだろうと思った。

「わかりました」そう私は答えた。

そして、スーパーヴィジョンは30分で打ち切られた。

「今日は30分の料金でいいです」

「はい」

帰り道、バスは行ってしまったばかりの時間であった。私はバス停の薄暗い電灯の下で、「あぁ、終わったんだ。一体何だったんだろう」と徒労感と無力感を強く感じていた。ケースが終わることの痛みを痛切に感じていた。

そして、徐々に自分が「終わりたくなかった。まだやりたかった」と感じていることが意識されてきた。そこには、やり場のない悔しさがあり、重要なことを自分で決めずに、ヴァイザーに任せてしまった後悔があった。バスはまだ来ず、痛みに沈みながら、バス停の付近を私はめぐっていた。

このとき突然、今感じている痛みがAの感じていた痛みなのだという認識がやってきた。遠さへの不満、受け入れられることへの期待、接近することとの不安、自らを他者に委ねること、そして終わることとの切られるような痛みと悲しみ。これまでのAのさまざまな振る舞いの背景にあった気持ちが、ヴァイザーに対する私の体験において身にしみて理解できるように感じた。

「こうして、Aの人生は、いくども人との関係の破綻を繰り返してきたんだ。[*9] そして、今僕との間で同じことが起ころうとしている……彼女と会っていたのは自分だった」。遠くにバスの明かりが見えた。「これまで本やヴァイザーに委ねて自分で考えようとしなかった。だから、彼女はここまで僕に詰め寄らなきゃいけなかった」。

初めて、Aの人生において私との関係がいかなる意味をもっているのかを実感した。そしてその一端を私がいかように担うことが、Aが生きていくうえで意義があるのかが身にしみて感じられた。そこには終わりある関係を「いかに生きるか」という課題があった。

「続けよう」帰りのバスの中で、そう思った。

だけど、この決意はヴァイザーの意見とは異なるものであったから、私はヴァイザーから支持されないと感じていた。次回、この決意を伝えたとき、スーパーヴィジョンは決裂するのではないかと不安を覚えた。しかし、そうなったとしても私はこのケースを続けることが、Aにとって意味があるという確信をもっていた。そういう覚悟で、次のスーパーヴィジョン、いつもの遠い場所に赴いた。

「この前、終わるという話をしたけど、続けようと思っています。Aさんにとって、破綻した終わりではない終わりを迎えることに意味があると思います。それが僕との間でできることと思う。今まで、先生に頼って自分で引き受けようとしていなかったことを痛感した。だから、僕自身が最後まで引き受けようと努めるなら、まだ会っていけると思った」。

ヴァイザーはしばし沈黙した。そして「わかりました」そう言った。

「なら、そのためのことを一緒に考えましょう」。

その後、スーパーヴィジョンは春まで続き、ケースはその後も続いていった。

＊9　まさにこのとき「心理学すること」が発生した。そこで発見されたのは「転移」だった。

第3節　考　察

1　スーパーヴィジョン関係のプロセス

以下にスーパーヴィジョン関係が辿った心理学的プロセスについて考察を行う。それは模倣的関係が病んだ監督関係になり、その行き詰まりからヴァイジーに主体性、つまり「心理学すること」が萌芽するプロセスである。

このスーパーヴィジョンは私がまだケースを担当する前に始まったものであり、必然的に私は実践を白紙でヴァイザーに学ぶ必要があった。それゆえに当初、私はヴァイザーの助言をそのまま実践することになった。それはケース選択や退室渋りへの対応に顕著に表われている。そして、見学に行った幼稚園で、ヴァイザーが子どもと遊ぶ姿から、プレイセラピーでの心理臨床家のありようを模倣的に学んだ。このような私のありようを、フレミング（Fleming, 1953）はスーパーヴィジョンの最初の段階における「模倣的学習」として記述している。一丸（2003）がこの段階にあって、ヴァイジーが「受身的、機械的に模倣し、自主性を失いがち」と指摘しているように、このとき私はひとつひとつの面接局面の対応やクライエント理解の最終的な判断をヴァイザーに委ねていた。それは、ヴァイザーをケースの監督とするありようだ。

ただし、新しいケースをインテークするたびに、私がヴァイザーのもとで報告していたように、このときの監督関係は私に安心感を与えるものであった。ここには鑪（2004）の指摘するヴァイザーのケース全体を包む情緒的支えの機能が存在していた。重要なことは、模倣的関係は確かにヴァイジーの主体性をヴァイザーに預けるものであるが、それを一丸（2003）がスーパーヴィジョンの「重要な第一歩」としているように、初心のヴァイジーにとっては不可避な関係のありようであり、実際それはケースを行っていくうえで有効に機能していたということである。

しかし、そのような関係はAとのケースが始まってから様相を変えた。退室渋りをする子どもには通用した「オシマーイ！」というヴァイザーの模倣は、枠を際限なく延長しようとするAの心に響くものではなかったし、ヴァイザーの伝える見立てや助言は、私にとって面接で生きられるものではなくなっていた。そこには深刻な逆転移があった。すなわち、私は抜け出すことのできないAとの関係の中におり、ヴァイザーの助言や見立ては関係の外からもち込まれるものとしてしか体験されなくなっていた。このとき、ヴァイザーが語ることは、書物のようにしか私に受け取られなかった。だからこそ、ヴァイザーは書物を読み漁る私の知的な構えに言及せざるをえなかったのだろう。

しかし一方で、私は深くスーパーヴィジョンに依存していた。スーパーヴィジョンはケースを行う上で不可欠なものだった。面接で生じた不安は、ヴァイザーに排出され、そして何かしらの具体的な対応を求めた。それゆえ面接の一度目の中断の後、ヴァイザーから伝えられた「面接目標の共有」「枠の遵守」という対応のみに私は固執することになった。

私は、自分でケースについて考えることを拒み、ヴァイザーに考えるよう求めていたのである。そこには主体性なくケースとスーパーヴィジョンの間を漂うハンス少年の父親の姿があった。だからこそ、私が「もっと成長したい」と求めると、ヴァイザーはスーパーヴィジョンの終結を提案したのだと考えられる。私が必要としていた「成長」とは、まさにヴァイザーへの依存を脱し、「考えること」を取り戻すことにあったからである。このとき、ヴァイザーはやはり監督の位置にあったが、それはスーパーヴィジョン前半とは異なるありようであった。すなわち、確かに私はヴァイザーに抱えられていたが、そのこと自体が行き詰まりを生んでいた。ここには、ヴァイザーを絶対的な“Super-Vision”の位置に置く、監督関係を病んだスーパーヴィジョンがあった。私もAも、そしておそらくヴァイザーも無力感の中にいた。

しかし、この行き詰まりの中から、新たな局面がやってきた。それはヴァイザーの自宅におけるスーパーヴィジョン前後に生じた。このとき起こったのが、パラレル・プロセスの認識であった。

2 パラレル・プロセスと“Super-Vision”を病むこと

パラレル・プロセスとはスーパーヴィジョン関係が、ヴァイジーのケースと同型のものとなる現象を指す(Searles, 1965)。それは、ケースにおけるヴァイジーの不安が、無意識的なクライエントへの同一化を通じて、ヴァイザーに行動の形で表現されることを意味している(Arlow, 1963)。

本事例で言えば、Aは私への飽くなき接近を試み、考えることを放棄して依存することを求めたが、それはそのまま私がヴァイザーに行動化したことであった。すなわち、私はケースにおける判断を「相談しないと決められない」とヴァイザーに預け、その依存はスーパーヴィジョンの場所が遠いことへの不満として表われ、ヴァイザーの自宅への接近という形で表現された。スーパーヴィジョンの外的・内的な条件は、Aとの転移-逆転移に絡め取られていた。それゆえに、ヴァイザーは自宅を訪れた私に「自宅の窓を割られた人もいる」と語り、スーパーヴィジョンを30分で打ち切ったのであろう。そこには接近に対する不安とその拒絶があった。ここで私とAの関係は、そのままヴァイザーと私の関係に再現されていた。ここには典型的なパラレル・プロセスが観察されるが、その存在自体は数多く報告されており、珍しいことではない。むしろ、本研究にとって重要なことは、パラレル・プロセスの認識が私の「心理学すること」の発生と連結していたことである。

津島（2005）はヴァイザーに対する怒りを感じる中で、パラレル・プロセスの認識が起こったことを記述しているが、私もまたヴァイザーとの関係において自分自身の痛みや悔いを感じるところからパラレル・プロセスを認識した。このことが意味しているのは、自身の感情を見つめ、それを面接関係との関連において考えるヴァイジーの視点がパラレル・プロセスの認識において生じたということだ。

ケースメント（Casement, 1985/1991）はこの視点を、事例について自発的に省みて考える「こころの中のスーパーヴィジョン」と表現している。それは「転移のなかで（……）体験していることを（……）観察できる」能力であり、書物を読むように関係を外側から見ているのではなく、関係の中にいながら、関係について考えることのできる視点である。パラレル・プロセスの認識において生じるのは、関係を無自覚に生きているポジションから、関係を生きつつそれについて考えられるポジションへの移行なのである。それは必然的にヴァイジーの主体性を発動させる。なぜなら、受身的に生きられていた関係は、ここで主体的に（そして心理学的に）考えられ始めるからである。

このとき重要なことは、スーパーヴィジョンにおいて育まれる主体性とは、まさに関係を生きている自己とクライエントを上から見る視点“Super-Vision”であったということである。それはスーパーヴィジョンの目標とされる「観察自我」（鑪、2004）、「分析での体験を夢見ること」（Ogden, 2005）のいずれもが、面接を外から見る視点であることからも明らかである。パラレル・プロセスの認識の瞬間、ヴァイザーが引き受けてきた“Super-Vision”が私のもとにも生成し始めたということだ。

しかし、そのときに私が感じたのはヴァイザーと異なった判断をすることによってスーパーヴィジョンが決裂することへの不安であった。それは“Super-Vision”というものが病んでいたことを意味している。すなわち、私にとっての“Super-Vision”とは依存しうる絶対的な意見であり、別の考えを許さないものであって、それがヴァイザーと私の両方に並列していることに不安が生じていたのである。岡野（2003）が「スーパービジョンなどない、エクストラビジョンあるのみ」と述べ、ケースメント（Casenment, 1985/1991）が「訓練の終わりに近づくにつれ、スーパーヴィジョンの過程は、外界のスーパーバイザーとこころの中のスーパーバイザーとの間の対話へと発展していく」と述べるように、本来の“Super-Vision”とはフレキシブルに他者と対話しうるものである。事例の最後、ヴァイザーが〈そのためのことを一緒に考えましょう〉と応えたことは、病んだ“Super-Vision”に対話の道を開いたことを意味している。

以上より明らかであるように、本事例のスーパーヴィジョン関係に布置されていたのは「Super-Vision を病むこと」であった。それは決定的に“Super-Vision”がヴァイザーに委ねられたという意味で病んでおり、その帰結として“Super-Vision”は対話不可能な絶対的なものとして病んでいた。このことは初心のヴァイジーの模倣的なありようの一つの帰結であるが、そこを乗り越えていくことがスーパーヴィジョンの大きな課題となる。それこそがまさにスーパーヴィジョンのパラドックスである。本事例でもこの地点で逆転移が問題となっていたように、このとき昨今のスーパーヴィジョンの潮流（Zaslavsky et al., 2005）のように積極的にヴァイジーの逆転移に焦点を当てていくことも可能だったかもしれない。[*10] しかし、本事例の場合は、そのような技法的な介入ではなく、ヴァイザーの生身の対峙によって事態は動いた。

ヴァイザーはスーパーヴィジョンを自宅で行うことに踏み切り、そこで「今の君にはこのケースはできません」と突きつけた。それは私の限界を示すことであり、同時にヴァイザーの限界を示すことでもあった。この生身の対峙は、私に痛みを感じさせ、そこからパラレル・プロセスの認識が生起した。このときに私が認識したのが、Aの訴えをヴァイザーに排出し、そのヴァイザーの語りを書物のようにしか受け取らなかった自分自身の生身性の欠如であったことは偶然ではない。スーパーヴィジョンのパラドックスにおいて問題となっている主体性とは、まさに心理臨床家がクライエントと生身の関係を生きる姿勢であり、“Super-

Vision"とは生身の関係を生きる自分自身を抱える視点であるからである。この意味で、対峙という生身の関係を生きようとするヴァイザーの姿勢が、スーパーヴィジョンのパラドックスを乗り越えるうえで大きな意味をもっていたと私は考える。スーパーヴィジョンのパラドックスは、"Super-Vision"を病んだスーパーヴィジョン関係を生き抜くことを通して、ヴァイザーと私に取り組まれたということだ。

終わりに

私が素人から心理療法の専門家の卵になった瞬間を描いた論文である。ヴァイザーの自宅を出て、街灯の下でバスを待っていたときのことだ。暗くて、寒かった、と記憶している。

そのとき、私に"Super-Vision"は宿った。それは関係の中にいながら、その関係を観察し、そしてそれについて考える機能だ。私はあのとき、初めて転移を見て、転移について考えたのだと思う。すでに学習していた精神分析理論のごく初歩の部分を、確かに実感した瞬間だった。

「心理学すること」は、"Super-Vision"によってなされる。クライエントを、自分を、そしてその二人の関係を、"Super-Vision"は見る。心理療法という事態を観察し、そしてそれを心理学理論の文脈に位置づける。ただし、それは他人事としてではない。心理臨床家は関係に巻き込まれながら、心理学理論を生きる。その

＊10　この点については、本論文発表後にヴァイザーから、あのとき逆転移を指摘しても、私が知的に取り扱うだけの結果にしかならなかったと思ったと感想をいただいた。その通りだと思う。

ようにして、個別のクライエントとの、個別の心理療法が、心理学的に生きられる。そのようにして心理学的な「関係すること」が生じ、心理療法が構成されていく。それこそが"Super-Vision"の機能だ。

あの瞬間までの私にあったのは、借り物の「関係すること」だけであった。だからこそ、Aとの心理療法は、いまだ「心理療法以前」のものだったと思う。それはまだ、心理学的な企てになっていなかったからだ。"Super-Vision"が宿ったとき、私に見えたのは「病んだ治療関係」であった。それがクライエントの生育歴や問題歴と重ね合わされて理解され、そこから心理療法の目指すべき治療目標が立ち上がった。「関係の有限性」をいかに受け入れるか、そういう心理学的な治療目標が私に実感されたのである。

ここから、心理療法は改めて始まることになった。その後の展開はもちろん迷走を孕んではいたけれど、それでもそこから私とAは心理学的な企てとしての心理療法に取り組んでいくことになった。そして、「関係の有限性」という課題は、その後確かに心理療法の果実を実らせることになった。

心理療法が心理学する治療文化であることを、以上の事例で示した。心理臨床家は心理学理論を主体的に生きることによって、クライエントとコミュニケートして、治療を「心理療法」として構成していく。

しかし、それはクライエントに一体何をもたらすのだろうか。それは次章以降で引き続き、取り組まれる問題である。

付記

スーパーヴァイザーとして私の心理臨床の基本を形作ってくださり、かつ本論文執筆の御許可と御高閲をくださったX先生に感謝いたします。

第Ⅱ部　こころの表面を取り繕うこと
——日本のありふれた説明モデル

俺の中身は、てんでばらばらな方向に逃げだそうとしていた。それを俺の表皮がかろうじて引き留めている状態だった。

星野智幸『俺俺』

第Ⅱ部では日本のありふれた心理療法のより臨床的な問題を扱う。

なぜ私たちの心理療法はかくも曖昧なのだろうか。私たちの心理療法はなぜ低頻度なのか。終結が「なんとなく」なされるのはなぜか。思ったことを言葉にしないままにしておくことが多いのはなぜか。そういった問いに答えてみたいと思う。そのために、第Ⅱ部ではこれまで議論されてきた日本の心理療法を再検討してみたい。つまり、森田正馬、古澤平作、友田不二男、土居健郎、河合隼雄などが語ってきた、日本人のこころのモデルを再検討し、それに基づく治癒のありようを再考してみたい。言葉を変えれば、日本的心理療法の説明モデルをここで示しておきたいのである。

先達は多くのことを語ったし、多様な見解を示した。その中で、現代のありふれた臨床にとってアクチュアルなのは、「こころの表面」を重視する説明モデルではないかと、私は思う。それは、日本の精神分析の蓄積から、北山修が提示した「覆いをつくること」という治療モデルと深く関わっている。北山修は、蓋を外してこころの中身をくまなく見る、という力動的心理療法の基本的なコンセプトに対してオルタナティブを提示した。中身が剝き出しになってしまうことの苦しみを語り、中身を見えないところに置いておくことの治療的意義を語ったのだ。ここに日本の心理療法の一つの典型がある。序章で指摘したように、サイコロジカル・マインデッドネスを病理的だと見なす森田正馬から始まり、こころの中身に「真空」や「中空」を見出してきた日本の心理療法は、「覆いをとること」だけでなく「覆いをつくること」に治療的作用を見出してきた。そこでは「隠すこと」「目をつむること」「取り繕うこと」に独自の価値が見出されてきた。

問題は「覆い」だ。それは「中身」と対比される「表面」であり、深層ではなく表層である。ここに問いがある。日本の心理療法で重視されてきたこの「こころの表面」とは一体何か。それを「取り繕うこと」「整えること」にはいかなる意義があるのか。そしてそれはいかにして可能なのか。

以上の問いを、臨床事例をもとに検討してみたい。具体的には精神病とパーソナリティ障害という重症例における「こころの表面」をよく見てみる。そうすることで、笑いや芸術、話を聴かないことなどの私たちのありふれた臨床技法がなぜ役に立つのかが明らかになるだろう。そのようにして、「こころの表面」をめぐる説明モデルを提示しようとするのが、第Ⅱ部の目的である。

「こころの表面を取り繕うこと」。それこそが日本のありふれた説明モデルではないかと私は考える。そういうものが私たちの心理療法に様々な形で混入して、ありふれた心理療法を創り出すということだ。そういうことを三つの論考を通じて検討してみよう。

第3章　覆いをつくることの二種――精神病のありふれた心理療法

はじめに

沖縄の精神科クリニックで働いていたとき、精神病はとても身近だった。クリニックではデイナイトケアもしていたから、朝から晩まで毎日のように、慢性の精神病者と私は一緒にいた。それだけではない。外来の心理療法でも、精神病圏のクライエントは多かった（発症して間もない若い人も少なくなかった）。

精神病者との付き合いが私の日常だったということだ。そして、その「日常」がいかに貴重なものであるのかが折に触れて実感された。被害妄想や支離滅裂、奇怪な行動などが突如として勃発し、精神病者の生は脅かされる。そういうことを見る中で、静かな毎日を送れることがなにより「有り難い」ことなのだと、私は思った。

それは、デイナイトケアでの熟練の看護師たちの姿勢からも深く感じられたことだった。彼らは日常を支えていた。一緒に掃除をしたり、調理をしたりする。バス移動するときに人数を確認する。体育館でバレーボールをし、クリニックで映画を見る。ときおり、病的行動が現れれば、投薬を確認し、二人で話し合う。厳しい叱責をすることもあれば、ときにはデイケアの出席停止を命じることもある。そして、一緒に笑うこともあった。些細なことで、腹を抱えて、皆で笑ったのだ。

そういう「日常」を私たちは一緒に生きていた。精神病者は病的体験を抱えながら、日々を送っていた。社会復帰を目指す人もいたが、目指さない人もいた。そうやって生きていた。

そして、週が明けて、出勤すると、金曜日には楽しく笑っていたメンバーが、突然亡くなったと聞かされる。家族から「大往生でした、ありがとうございました」と報告がある。様々な思いがあるけれど、スタッフもメンバーも平静を装って、その一週間を過ごす。

それは日本中で行われているありふれたケアだったと思う。精神病者にとって、中身があふれ出ることはとても辛いことだ。だから、私たちはとても表層的なやり方かもしれないけれど、日常を可能にするべく「表面を取り繕う」。それはとても貴重なものなのだ。

「覆いをつくること」。それは心理療法に限らず、精神病者のありふれたケアにとって、きわめて重要なものだと私は思う。それはいかにして可能なのだろうか。そのとき、一体私たちは何をしているのだろうか。

そういう問いを、外来で行っていた心理療法を素材にして、心理学的に吟味したのが次節以降である。

第1節　問題と目的

1　精神病者の心理療法――「覆いをつくること」の二種

統合失調症・非定型精神病・パラノイアなど、精神病部分を抱えたクライエントへの心理的アプローチは多岐にわたるが、そこには二つの極と中間がある。

一方の極に、クライエントの精神病部分自体の緩和を目指す対象関係論のアプローチがある（Bion, 1967/2007）。彼らは精神病的不安が陰性転移となることを明らかにし、それをコンテインし、ワークスルーすることで、無形だった不安を象徴化し、抑うつを形成するという理論と技法を構築した。反対の極には、認知行動療法・心理劇・社会技能訓練・支持的心理療法などによる心理教育的アプローチがある（横田ら、2003; Pinsker, 1997/2011）。彼らは現実の呈示・支持・賞賛・病状の説明などを技法とし、現実検討・適応スキルなどの自我機能の向上を企図している。前者がクライエントの精神病部分自体の変化に焦点を置いたのに対して、後者では非精神病部分の強化に重きが置かれている。この二極の中間に、フェダーンからサリヴァン、サールズに至る米国精神分析が位置づけられる。

フェダーン（Federn, 1953）が「神経症の場合、私たちは抑圧を取り去ろうとするが、精神病の場合、再抑圧（re-repression）を作り出そうとする」と述べたように、彼らは精神病部分をいかに再抑圧するかに焦点を置き、そのために転移を重視するものの、そこに支持的な技法を練り込み、陽性の繋がりを重視する治療論を構築した。

以上の代表的な精神病の心理療法論は、その二極に従って、「覆いをとること／覆いをつくること」（北山、2009）、「不安をみつめるアプローチ／不安にふたをするアプローチ」（松木、2000）とに分類されてきた。ここには「内容物」と「覆い」、あるいは「不安」と「蓋」という対置があり、それが精神病部分へのアプローチと非精神病部分へのアプローチの対置に対応している。[*1] しかし、本当にこの「あれか、これか」は正当なものだろうか。

＊1　「こころの中身」と「こころの表面」に分けたこころのモデルである。

確かに心理教育的アプローチや米国精神分析では、内容物の変質ではなく、それが表面に出てこないようにするための「覆い」の生成が企図されている。しかし注意深く見るならば、対象関係論のアプローチもまた、漏れ出す内容物（β要素）を象徴されうるもの（α要素）へと変質させ（松木、2000）、そこに象徴するものという「覆い」を被せることを企図している。

よって、無秩序な中身が漏れ出さざるをえない精神病者との心理療法では、いずれも「覆いをつくること」が目標になるが、心理療法を通じてつくられる「覆い」には二つのタイプがあると言える。それらを本論では、中身を象徴化して変質させる「覆いⅠ」、再抑圧することで中身との繋がりを断絶する「覆いⅡ」と呼びたい。この二種を検討するために、まずは「覆い」とは何かを遡って問う必要がある。

2 「こころの表面」論

「覆い」とは、重篤な病態のクライエントにあって、深層の無意識を「そっと置いておく」ことの治療的意義を説くために北山（2009）が日常語から着想した用語である。それゆえに「覆い」とは、こころの深層ではなく、表層に関わる現象だと言える。これを「こころの表面」と呼びたい。それはいかなるものか。

表層と深層は弁証法的な関係にあるので、深層心理同様、こころの表面の心理学もまたフロイトが先鞭をつけたものである。意識・前意識・無意識の第一局所論で無意識という深層を問題にしたフロイトは、自我・超自我・エスという第二局所論に至って、自我へと関心を移した（Freud, 1923/2007）。そこで彼は、自我がその起源にあってエスが外界を知覚する界面から生じた膜のような純粋な表面であって、それが後にさまざまな対象を取り入れて三次元的な主体へと発展していくことを示した。自我は本来ペラペラの膜だったのだ。

この自我の表面性は後に「自我境界」(Federn, 1953)、「皮膚自我」(Anzieu, 1985/1996) という概念において強調されることになった。彼らは共通して、こころの表面が自と他、意識と無意識を分かつと同時に、その二者の相互交流を可能にするものであることを論じている。つまり健全な皮膚が水を弾きながらも、発汗し、ときに水を浸透させるように、健全なこころの表面は内外を柔軟に、ダイナミックに橋渡しするものなのである。

それゆえに、さまざまな精神病理が、こころの表面の変質や欠損として論じられることになった (Anzieu, 1985/1996)。本研究にとって重要なのは、フロイトが神経症を、外界との関係を優先して、エスとの関係を自我が遮断している状態とし、精神病をエスとの繋がりに圧倒されて、外界との関係を遮断している状態であると定式化したことである (Freud, 1924/2007)。つまり、精神病においては内界に接触しているこころの表面に穴が空くような深刻な弛緩があり、外界に触れるこころの表面が鉄のように浸透性を失っているということだ。*2

それゆえに、精神病者の心理療法で目指される「覆いをつくること」とは、この内外に対するこころの表面を再建することだと言えよう。このとき、対象関係論が企図する「覆いⅠ」とは、ほどよい浸透性を備えたこころの表面を意味しているが、「覆いⅡ」はどうか。

*2 精神病のこころの表面には二つの側面がある。一方には、中身をダダ漏れさせるザルのような皮膚があり、もう一方には厚過ぎて何も通さない皮膚がある。

3 「覆いII」の心理学

すでに述べたとおり、従来この「覆いII」は、固有の治療プログラムに基づいて介入を行う心理教育的アプローチによって焦点化されて取り組まれてきた。しかし、「覆いII」は実は心理教育的アプローチに固有の治療目標ではなく、われわれのありふれた臨床実践[*3]に遍在するものである。クライエントと治療者の資質や訓練度、あるいは臨床機関の構造、現実の要請によって、ありふれた臨床実践は、必ずしも純粋な「覆いI」を目指すわけではない。精神病者がその困難にもかかわらず、現実生活の中で適応して生きていくために、「覆いII」が要請されるのである。それは病理的な段階にとどまったこころの表面と捉えられるかもしれないが、本研究はむしろそこに肯定的な価値を見出したい。急性期の精神病者との臨床経験をもった治療者ならば誰でも知っているように、激しい混乱を抱えた彼らの生にあって、凪をもたらす「覆いII」はとても貴重なものだからだ。

しかし、これまで上記の技法の紹介が先行して、なぜそれが「覆いII」の生成に関わるのかが十分に議論されてきたとは言い難い。現実の混乱を呈するクライエントに「現実の提示」が効果をもたらすというのは、常識とは異なり自明ではない。それはかえって混乱に拍車をかけることだってある。

それゆえに、本論では「覆いII」を形作る技法を追求するのではなく、それを生成するこころの力動的メカニズムの解明に取り組みたい。「覆いII」とはありふれた臨床実践に遍在しているものだからこそ、特定の技法に固有の治療効果である以上に、精神病者とのありふれた関わりに内在したものだと考えられるからである。つまり、心理教育的アプローチの諸技法は「覆いII」を生成するメカニズムを象徴的に具体化したものであるにしても、そのこころのメカニズム自体は技法によらず、さまざまな臨床実践における関係性に内包されたものだと捉えたい。

以上を踏まえて、本論では比較的軽症の精神病であるパラノイアの女性との事例を取り上げる。精神病的な妄想をもつと同時に、非精神病部分も保たれているというパラノイアの病態は、「覆いⅡ」の内実を検討するうえで貴重な示唆を与えてくれる。内的世界の観察が可能になるからだ。

私は彼女と力動的心理療法に取り組み、そこで「覆いⅡ」という成果を得るに至ったが、そこで得られた「覆いⅡ」とは一体いかなるこころの表面であり、そしてこの「覆いⅡ」がいかなる治療プロセスと治療関係によって可能になったのか、その心的メカニズムを力動的な視点から明らかにすることが本章の目的である。

第2節　臨床事例

1　事例の概要

40代女性のBは「人間関係がおかしい」ことを主訴に、私の勤務する病院を訪れた。Bは酒を飲むと乱暴になる勤め人の父と、個人商店を経営するエネルギッシュな母のもと、二人兄妹の末子として出生した。両

＊3　この論文ではじめて「ありふれた」という問題意識が生まれた。デイケアのことが念頭にあったからだと思う。それはあまり論文に書かれることはないけれど、強度のある臨床実践だと、私は思う。

親が共働きのため、幼少期よりBは家に一人取り残されることが多かった。親の心配を買うために腹痛を訴えても、「休んでいなさい」と家に取り残され、Bはいつも寂しさを感じていた。しかし、小学生になってから、ある友人とずっと一緒にいるようになって、寂しさは不思議と消えた。その関係は高校まで続いた。

Bは母の勧めた短大に進学し一人暮らしを始めたが、土日も大学に登校し、そこに閉じこもる生活だった。卒業後は母の勧めた職場に勤める。しかし、自信をもてず4年で退職する。

その後、事務職を十年間続ける。Bはただ家と職場を往復する生活を続けた。この間、一度仕事を辞めて、大学に再入学したこともあったが、やはり自信がなく退学している。その後、元の職場に戻り、以前と同じように働く中で、現夫を紹介されて、結婚に至った。

名家出身の夫は社会的立場のある人だった。彼女は結婚後すぐに女児を出産し、間を置かず第二子を妊娠したのだが流産となり、ひどく自分のことを責めるようになった。ちょうどそのころ、娘が保育園に入園すると、母親同士の付き合いが始まった。当初は仲良くしていたが、「専業主婦にもかかわらず、行事の際に何もしない」と周囲から責められているとBは感じるようになり、それからは孤立して過ごすようになった。子どもが小学校に上がり、新しい環境になったが、被害感はますます強まった。そのような状況で従姉妹から、受診を勧められ、主治医が心理療法の適応と判断し、インテークに至った。投薬はないが、医師が治療全体の管理を行い、診察と並行して心理療法は行われた。

初回、問題・生育歴を聴取すると、Bは人に話しかけられて「なぜこの人はこんなことを聞くのか」と不信になって、正直に答えると、それが皆に漏れ伝わって、周囲から除け者にされることを繰り返していると語った。面接では、語れば語るほどに「そう言えばあのときから様子が変だった」と遡って被害的になった。私は、流産をきっかけとして、自己懲罰感が外界へと投影され、精神病的な迫害不安が生じているが、自我機能は保たれているパラノイアのクライエントだと見立てた。幼少期以来の孤立した感覚が不安をつくり出していると考えられたため、心理療法で良き繋がりを実感できることには意味があると思った。そこで私はBに、疎まれている感じは自分で作り出している可能性があることと、そこに寂しさが関係しているように思うと伝え、週一回の心理療法を提案した。Bは「家族から、しっかり治してこいと言われている。お願いします」と応えた。

2 面接経過

（1）第1期　深読みする

〔第1回〜第9回〕

心理療法開始後、Bは日々がさまざまな不安に満ちていることを語っていった。町内全体から噂話をされ、車に乗れば追跡された。旧友に出会えば、冷たい視線を感じて、少し会話を交わすとまた余計なことを言ってしまったと不安になった。だから、家ではカーテンも窓も閉め切って、何事も外に漏らすまいとしていた。*4

不安は特に色彩*5に対する過敏性として現れていた。近所に路上駐車していた車の色が、彼女のことを白い目で見る友人のセーターの色と同じだったと不安に打ち震え、他の友人が紫の服を着ていたら、以前にBが子どもに紫の服を着せたことへの警告ではないかと怯えていた。Bは語れば語るほどに、とめどなく日常の不安場面を思い出した。当たり前のこと、表面的なことを、表面的なままに受け取ることができずに、そこ

＊4　こころの表面が脆弱だったからこそ、Bはそれをカーテンと窓で覆ったのだろう。
＊5　色彩はそれ自体として奥行きを持たない。夕焼けがそうであるように、それは表面で反射された光の加減だ。

に即座に迫害の印を深読みした。彼女はウラの意味に取り憑かれていた。

しかし、年末年始の休みを挟んだ第5回では、「娘と映画を見に行きました。そのときだけは、久しぶりに何も考えないで楽しめました」と安心感を語った。夫と一緒に出かけたり、娘とテレビを見たりするときだけは、Bは安心していた。安心させてくれる対象が、こころの中に確かに存在しているようであった。「人との繋がりはBさんを安心させますね」と私が繋がりを確認するような介入をすると、現実生活が大分落ち着いてきたとBは応えた。

すると6回、彼女は私についての深読みを始めた。Bは頻繁に私の過去の発言を思い出してはそれがどういう意味だったのかを考えていた。しかし、興味深いことに、「これからよくなると先生が言っていたのだと気がついた」と、彼女が見出していたのは希望だった。

心理療法は安心できる場所として位置づけられているようだった。第8回になって、「ここ数年実家にとって苦しい時期が続いており心配している」と、珍しく妄想にまつわる不安ではなく、現実的な情緒を語った。すると、その日の終わりに、Bは「夫が自分を支えてくれるのはわかるのだけど、一緒に行動してくれない」と初めて夫への不満を語った。

その直後、唐突に彼女は面接を無断キャンセルした。その後も、彼女から連絡が来ることはなく、私の方から連絡を取ると、彼女は心理療法を辞めたいと苦しそうに言った。私は急展開に驚くも、夫への不満を語ったことは、彼女を動揺させたようだと理解していた。一度話し合おうと私から伝えると、彼女は夫同伴で来院した。

Bはおずおずと入室し、最近実家に行ったときの母親の様子が変で、やたらと病院近くの店の話をするので、通院がバレていると思い、怖くなったと不安そうに語った。

「カウンセリングについて何か思ったことは?」私は尋ねた。

しばらく沈黙して「自分が話していないはずの友人の名を先生が知っていて、帰るときから変だと思った」。Bはひどく苦しそうだった。私がその名前はBが語ったものだと伝えるが、不安な表情は消えなかった。

一方、威厳のある夫は、Bの病状は心がけ次第だと高圧的な姿勢だった。心理療法によって状態がよくなったことは認めつつも、新しい妄想が現れていると、心理療法に不信感を抱いていた。ただ、私が見立てを伝え、Bの妄想について説明すると、夫はそれを普段から言っていると言い、第三者もそう言ってくれるのでよかったと言った。夫が話し始めると、Bは終始うつむいており、私が意見を尋ねると「すべて夫に任せます」とのことだった。最後に今後について尋ねると、「先生にお任せします」とBは応え、心理療法は継続されることになった。「夫と先生の言うことが同じなので安心しました」。ただこの一件は、私の予期せず精神病的転移に巻き込まれる不安となって、その後も密やかに影響し続けた。

（2）第2期　肯定的な妄想

〔第10回〜第22回〕

再開時「スーパーで籠を覗かれる」とBの不安は再燃していた。夜になれば、向かいのアパートのカーテンが閉まっていない部屋が、自分にメッセージを発していると不安になり、赤い自動車は子どもに危害を加えようとしていると怯えていた。面接室のティッシュやカレンダーに引かれたマーカーの色も、知り合いの服の色や、近所の車の色と結びつけられた。私はBが面接に関わる迫害的な不安を表明する場合には、「カレンダーの赤は、休診の日を意味しています」「常識的にはないと思いながらも、不安になるのでしょう」などと現実や一般性を提示した。すると第13回では珍しく夢を語った。

〈夢1〉家に夫の弟夫婦が訪ねてくる。他にも以前から私を変な目で見る人たちが来ている。そして勝手に冷蔵庫の中から何かを出している。ふと見ると友人が裸で話をしている。

Bは人々のことを詳細に語ったが、私には覆いのない冷蔵庫と裸の友人が印象的だった。病的な不安は続いていたが、それでも彼女の言い回しは少し変わってきた。迫害的な深読みは、その一歩手前の「何か変だと思った」というところで止まるようになってきたのである（第15回）。それに伴って、彼女は自由連想的に過去のことも語るようになった。実家が昔から近所とトラブルを抱えており、高校生の頃、家に卵を投げつけられ、強盗に押し入られ、Bも服を破られながらも応戦したことを語った。Bには実家が周りから攻撃を受けることへの生々しい迫害的な不安があった。しかし、私はあえて、深くは尋ねなかった。[*6]

すると、彼女の深読みの質は変化していった。以前なら白い目を感じざるをえなかった親戚の集まりでは「皆から歓迎されている」「情報が自分にも公開されている」と語るようになり、私が青いシャツを着ていると、「ずっと色が気になっている。何かのメッセージかと思う」と語りながらも、赤が自分を迫害するのに対して、青は味方だと感じていると語った。私は「ここを信頼しているみたい」と陽性転移を強化するように介入している。[*7]

そして、彼女はよく笑うようになった。家で私に不信を抱いたとき、また夫に怒られると思って、笑っているのだという。

「よく笑う？」私は尋ねた。

「昔はよく笑っていました。でも、それが悪かったのか」とBは迫害的な不安を抱いたようだった。

しかし、私は笑う部分はBの自己感覚に関わることと思い「周りを明るくさせていた？」と伝えると、「本当はそう思う」と肯定した（第17回）。

その後、彼女の深読みは急速に減じていった。第21回では不安なことがなくなったと語り、ボランティアに参加するなど自発的な他者との交流が始まっていた。すると、「話すことがないです」とBは言い、面接には気まずい沈黙と圧迫するような雰囲気が漂うようになった。その圧迫感は私への何がしかの要求を含んでいるようで、私はそれに応えられない所在なさを感じていた。その中で彼女は「終わりについては先生にすべてお任せします」と終結について触れた。それに対して、私は圧迫感もあって、やや拙速に〈そういうことを考えてもいいのかもしれない〉と応えると、「お任せします」とBは委ねる感じだった。

しかし、次の回、Bは一週間ひどく不安だったと語った。スーパーで義姉に嫌みを言われた感じがするなどの、深読みは復活していた。

「終わりの話は不安だった?」私は尋ねてみた。

「終わりのことを考えたらがくーんときた。もう少しゆっくりやっていこうと思います。今週は辛かった」と苦しそうにBは言った。

(3) 第3期　笑いと現実の発見

〔第23回~第31回〕

この時期、面接では迫害不安に限らず、娘の子育てについて話すことが増えていった。習い事に付き添うことも増え、活動範囲は広がっていた。その最中、第24回では夢を報告する。

＊6　この心理療法で、私はいかに表面を保つのかを課題にしていたので、深いところにある苦しい情緒には触れないようにしていた。

＊7　これは祖父江（2015）の技法論である。私はそこから多くを学んだ。

〈夢2〉従姉妹が腕を怪我している。従姉妹とうちの主人が夫婦で、実は自分が愛人。

Bは連想として、前の時間のクライエントが腕を怪我していたことと、従姉妹は働きながら子育てもしており、人間関係も得意な人で、小さい頃から憧れていたことを語った。私は従来投影されて迫害となっていた嫉妬が、少しB自身のものとして抱えられているように思う。

彼女は徐々に軽快してきていた。カーテンを閉め切ることもなくなり、向かいのアパートのことも気にならなくなった。そして、何より家でも面接でもよく笑うようになった。

笑いの中心にはいつも娘がいた。例えば、習い事に付き添ったとき、Bは講師から「いつまで続けますか?」と尋ねられ「何を意味しているのだろう」とひどく不安になった。しかし、その様子を見ていた娘は「そんな意味もわからないの? いつやめるのかって意味に決まってるさ」と言った。「それがおかしくって」笑ってしまったのだとBは語った。私には面白さがいまひとつわからなかったが、彼女は確かに笑うことで不安を霧消させていた(第25回)。

そして、彼女は不安なときに「現実」を発見するようになった。児童館で娘の友人が遅くまで遊んでいるのを目撃して、「なぜこんな時間まで遊んでいるのか」と深読みをしかけたときに、児童館の時計が進んでいることを発見して安心した。以前は病院に来る道で対向車がライトをつけているのはBへの警告のためだと感じていたが、実は近くにトンネルがあるせいだったと理解するようになった(第27回)。

そのような安定化の中、Bは面接では子どもの日々の様子など表面的な話を続け、「話すことがない」と再び頻繁に言うようになった。私も圧迫感を感じるが、少し我慢してこの治療の終わりはどのようにありうるのかを考えるようになった。すると、小学校が夏休みに入った第31回で、病院に来るために「娘を預ける必要があるのだが、どうしたらいいか?」とBは尋ねた。最近話すことがなかったこともあって、通院をどうするか迷っていると言う。

「でも、娘を置いて、病院に行くことで、娘が少し分離するチャンスになるかもしれない」。私はこの語りを逆にBが心理療法から分離することを語っているように思い、「夏休み、二週に一回にしますか？」[*8]と尋ねると、そうしてみるとBは同意した。

「本当によくなった。先生に魔法をかけられたみたい」。彼女は嬉しそうに言った。

(4) 第4期　終わりに向かって

〔第32回〜第37回〕

面接頻度が変わってから、Bは夫の幼い姪のことを愚痴るようになった。その子は、結婚したときに夫が非常に可愛がっていた子で、〈嫉妬するくらい〉だったという。そして並行して、Bは今子どものために生きようと思っているのだと明確に語るようになった（第33回）。

夏休みが終わってからも、Bは二週に一度のペースを希望した。それも、第36回はBの都合で一月ほど間が空くことになった。この間、Bは娘の担任が休養に入ったことで不安だったが、ひとりで乗り切ったことを語る。私は面接のペースが空いたことについて不満を取り上げるか、あるいは終結のタイミングが来ているのかと、さまざまに考えているが、最終的にBが別れのテーマを語っていると思い、〈面接を終わるというのはどうですか？〉と尋ねる。「先生がそう言うなら」〈どんな気持ち？〉「うれしいです、太鼓判を押されたような気持ちです。最近は、昔起きていたことは、やはり自分の考え過ぎだったと思っている」。

＊8　二週に一度のよくある面接への移行である。これはありふれた心理療法の主要な技法だと思う。そこでは終結や分離に関わる不安がほどよく抱えられる。このあと、Aのキャンセルによって、面接は月に一回になった。治療構造はこのようにして交渉されていく。

最終回はその1ヶ月後に設定された。Bは親族行事で、ずっと嫌われていると思っていた義姉と話ができたこと、彼女も以前に子どもの問題で悩んでいてイライラしていたようで、決して自分が嫌われているわけではなかったのだと、新しい発見と安心を語った。

Bは今までの自分を振り返った。そもそも「おかしなこと」を考え出したのが、子どものトイレット・トレーニングがうまくいかず、従姉妹の子どもはすぐにできたのにと思ったら、イライラして子どもに手を出してしまった時期だったと語った。

そして、私に感謝を述べた。

「ここに来てよかった。先生が否定せずに聴いてくれたのがよかったです。否定されていたら、違ったと思う」

「あのときは孤独でした」

「ひとりぼっちでした、今は悪くなったらいつでもここに来たらいいと思っている[*9]」

最後にBは物語った。

「自分は今まで逃げてばかりでした。大学も途中でやめたし、仕事も理由をつけてやめていた。だけど、今回は逃げ切れないことだった。私は初めて、逃げ出さずにやれたのかもしれない。当分家のことをやろうと思ってます」

Bは人との繋がりの大切さを実感しているようであった。そして、終結の不安を紛らわすように、笑いながら部屋を出ていった。

第3節　考　察

1　こころの表面の綻びと修復

本事例を通じて、当初活発に作動していたBの精神病部分に、穏やかな「覆い」がつくられた。この「覆い」がいかなるものであり、それはいかなるプロセスから生じたのか。このことを問うために、まずBのこころの表面にいかなる変化が起きたのかを検討したい。

当初、Bは深刻な関係妄想に苦しんでいたが、それは二つの要素から構成されていた。ひとつは過剰な深読みであり、もうひとつは自我漏洩である。

第一にBは、些細な他者の仕草・表情を深読みして、そこに迫害の印を見出さざるをえなかった。それは自動車や衣服のありふれた色彩にまで及んでいた。Bにとっては、色彩という二次元的な現象までもが(Meltzer et al., 1975)、憎しみという対人関係的な奥行きを帯びることになったのである。つまり、彼女のまなざしは、表面的なことを表面的なこととしてすまさずに、あらゆるものに深い意味を読み込み、外界を妄想で染め上げていた。

＊9　終結を巡る不安は、「いつでもいける場所」という設定によってコンテインされた。これは日本の医療の仕組みと不可分なものだと思う。「混んでいるかもしれないけど、最後には必ず治療者に会える」という安心感である。

第二に、丸裸の友人と無遠慮に開けられる冷蔵庫の〈夢1〉に象徴されるように、Bの心的内容は無防備に外部へと漏れ出していた。彼女は余計なことを言ってしまい、それが地域を超えて漏れ伝わっていると確信していた。彼女の表面は包み込む膜としての機能を果たせず、その代替としてBは日中から家を硬い窓と厚いカーテンで覆わねばならなかった。

問題となっていたのは「嫉妬」であったろう。専業主婦であるという社会経済的にも恵まれた立場であることに引け目を感じ、スーパーの籠を覗かれると怯えていたように、Bは人々から羨まれることを恐れていた。しかし、〈夢2〉で象徴化されたように、それは彼女自身の他者（とりわけ従姉妹）への嫉妬であった。つまり嫉妬は、Bから漏れ出し、深読みされることで、他者からの羨望となって彼女を攻撃していた。

以上の意味で、Bの関係妄想はこころの表面の二つの障害からもたらされていた。外界との界面で、彼女のこころの表面は弁が開いたように、心的なものを保持することができず、同時に外的なものを取り入れることができなくなっていた。内界との界面で、彼女のこころの表面は穴が空いたように、無意識的内容物を抑えることができなくなっていた。それは「自我境界」（Federn, 1953）、「皮膚自我」（Anzieu, 1985/1996）の綻びであり、フロイト（Freud, 1924/2007）が指摘したように、外界との関係を犠牲にし、内界との関係を優先するこころの表面である。

これに対して、心理療法の終わりの地点で、Bが達成していたのは、第一に〈夢2〉で嫉妬を心的に表象し、自身の言動が外部に漏れ出していくことがなくなったように、心的なものを内的なものとして保持することにある。第二に、例えば第27回で不安を引き起こす対向車のライトがトンネルの存在によるものであることを発見し、最終回で義姉の態度がBのせいではなく、義姉自身の個人的なストレスによることが理解されたように、外界がBとは無関係に固有の論理で動いていることを理解したことにある。つまり、本事例を通して、Bは内界との界面に空いた穴を塞ぐように「再抑圧」（re-repression）（Federn, 1953）し、外界との界面の硬直した弁を調節可能なものにして、外界からの取り入れを回復した。

このようなこころの表面の変容は、確かに彼女の生に安らぎをもたらした。しかし、剝き出しの内容物に被せられたこの「覆い」には、ある種の「皮相さ」があり、「物足りなさ」がある。問題だった内容物は手つかずのまま、Bの中に温存されたからである。しかし、この「皮相さ」は、皮膚の相で、つまり表層の次元で本事例の心的作業がなされたことを示唆するものである。それゆえに、本事例で達成されたのは本質的に「覆いⅡ」であり、そこにある「物足りなさ」「皮相さ」は、逆に「覆いⅡ」を析出するためのサインとなる。

2 陽性の繋がり――陽性精神病転移

以下に本事例のプロセスを検討するが、そこには二つの画期があった。その一つが陽性の精神病転移であり、もう一つは「笑い」である。まず前者から検討する。

過剰な深読みをして迫害的に世界を染め上げていたBの最初の変化は、深読みをしたうえでそこに陽性の繋がりを見いだすようになったことにあった。それはまず、転移として私との関係に生じた。Bは面接中の私の言葉を深読みして未来への希望を見出し、私のシャツの色を味方の記号だと深読みした。それはBが「魔法をかけられたみたい」と語っていたように、心理療法の終わりまで維持された強烈な理想化であった。それでも、それは徐々に親戚や友人との関係性へと波及していった。Bは些細な兆候から「歓迎されている」「情報が公開されている」と読み取るようになり、安心感を獲得した。

しかし、この陽性の繋がりは、密着することを要求し、分離を拒むものであって、本質的に妄想的なものであった。ただ、それは実はBが幼少期以来反復してきた関係性でもあった。酒乱傾向ゆえに近隣とトラブルを抱えた父親と、対外的活動が多くBを家に置き去りにした母親のもとに育ったBは、孤立を余儀なくされ、守りの薄い寄る辺なさを抱えていたが、密着できる友人を見つけることで不安を抑え、寂しさを埋めた。その後もライフプランを完全に母親に委ね、そして結婚後は夫に従順につき従った。彼女は一貫して、他者との一体感を求め、その錯覚によって不安を抑え込んできた。

それゆえに、第二子の流産がBの精神病的な不安の契機となったのであろう。胎児との分離、男子を望む周囲からの失望は、彼女を被害的にした。それは無論、心理療法の中でも反復された。第8回で語られた夫への不満は分離の兆しとなって、面接を迫害的な空間に変え、第21回での終結の話もまたBの被害感を再燃させた。彼女には一体化して安心を得るか、分離して迫害されているか、二つに一つしかなかった。だからこそ、この陽性の繋がりの本性は、破断しやすく脆い、妄想分裂的な精神病転移であったと言える。

本研究にとって重要なことは、その陽性の繋がりが本質的には精神病的なものであるにもかかわらず、それがBの苦しみを軽減し、その生を和らげた事実である。フェダーン（Federn, 1953）の精神病治療論が、治療者との間で陰性感情が生じたときのために、シュビング（Schwing, G.）のような陽性感情を引き受ける万能的な母性対象を助手として配置することであったように、陽性精神病転移は精神病的な迫害性に対抗する力となりうる。つまり、精神病部分は破壊欲動に駆動されて、繋がりを破壊し続けるのだが（松木、2009）、それを繋がりを希求する愛情欲動によって抑え込むのである。[*10] ここに支持的アプローチが精神病治療に導入されてきた根拠がある。

この意味で、この陽性の繋がりこそが「覆いII」の原基となったものであり、私は心理療法の中でその繋がりを指摘し、提供することを作業として行ってきた（祖父江、2015）。しかし、よく知られているように、精神病者との間で陽性の繋がりを供給し続けることはそれ自体困難なことである。それは治療者の意図を超えて、破断してしまう脆いものであり、そこにこそ精神病者の困難があるからである。この脆い陽性の繋がりを安定化させるものは何であったか。

3 笑いと精神病

供給された陽性の繋がりが破断し、Bが再び不安に陥ろうとするときに、彼女は笑った。それはBが幼い頃から用いてきた馴染みの防衛であり、根深い不安は笑い飛ばされてきた。

この笑いには二つの特徴があった。まず第一に彼女が笑っている対象は、他者との関係で迫害不安に慄《おのの》く自分であったことである。第二に彼女が夫と一緒にいて笑い、娘と一緒にいて笑っていたように、笑いは陽性の繋がりの中で生じるものであった。つまり、彼女は迫害的な不安の最中で、安心する人間関係を見いだして、そのズレにおいて笑っていた。

このズレは、フロイト（Freud, 1928/2010）がユーモアの構造として指摘した、主体が超自我の立場に立って自我を対象として見るという自己の二重性からもたらされている。Bの場合、「何かがオカシイ」という迫害的な不穏さが剝き出しで生きられている状態から、「オカシイ自分」が発見され、それが「可笑しい自分」へと転換されている。クリス（Kris, 1952/1976）は笑いによって、一次過程が社会的に受け入れられるための「表面像」（facade）を装うと指摘しているが、Bは確かに「オカシイ」自己像に「可笑しい」という表面を覆い被せた。

重要なことは、この「可笑しい」というファサードが、他者に保護された子どものような「小さきもの」

＊10　私たちはこころが壊れそうなときに、誰か信頼できる人に手を握ってもらうことで、安心する。それは実はチンパンジーの頃から続く、ありふれていて、基本的なケアの形だ（第1章を参照）。

という像であったことである。Bは自己の二重化によって超自我の側に立つことで、親の立場になり、小さき子どもである自分を「可笑しい」と笑っていた。[*11] それは不安を霧消させた。この自己関係は、Bが求めて得られなかった幼少期の保護的関係のリプリントであった。多くの臨床家が知っているように、急性期の精神病者を前にした緊迫感の中には「笑い」の余地はないが、慢性期に移行しようとする彼らとの間では自然な笑いが生じるし、[*12] そこには「小さきもの」への保護的なまなざしがある。

Bは私や他者との間で再建された陽性の繋がりを、自身の二重化の中で内在化したのだと言えよう。笑いには精神病的な不穏さを保護的な関係の体験によって中和化する機能がある。

4　マジック・フライトへの同一化

Bの精神病部分は陽性の繋がりによって覆われ、それは笑いによって内在化された。最後に検討すべきは、このプロセスで回避されたものである。そこから「覆いII」が見える。

本事例の最大の特徴は、その終結のありようにある。それは第2期以降、「話すことがない」と言うBからの圧迫感に対して、私が再三提案してきたものであり、実際、本事例は比較的短期のうちに終結した。そして実はそれは事例のミクロなコミュニケーションでも反復されていた。つまり、私は現実の提示や陽性の繋がりを強調することで、背景にあった分離にあって活性化するBの精神病的不安には触れないようにしていた。私は精神病部分から逃走していたのである。

この逃走は意図的であると同時に、私がBの破壊的な精神病部分を恐れることからも生じていた。第1期の中断危機で唐突に精神病転移に巻き込まれたことで、私はBとの関係に無意識的な畏れを抱えることになっていた。これはBから投影同一化を通して投げ込まれた畏れでもあったと言えよう。第2、3期の話すことがないというBの訴えに私は圧迫感を感じていたが、それは背景にあったBの精神病的な破壊性に反応したものであった。だからこそ、私はそれを回避すべく、終結についての深読みを行い、先取りする形で終結を提案する行動化を起こしていた。ここにコンテインの失敗があり、それゆえにBは第2期の終結の提案に不安をもって反応したのであろう。このコンテインの失敗は本事例を「覆いⅠ」でなく「覆いⅡ」に導いたのだろうが、そこにいかなる理路があるのか。

重要なことは、第4期にあって本来迫害不安の契機となりかねない終結の提案に際して、Bが「太鼓判を押された」と私に同一化して陽性の繫がりを強化したことである。[*13] ここに精神病部分から逃走する私に同一化して、自身の精神病部分から逃走するBがいる。しかし一方で、そもそも私の逃走自体がBの投影同一化から始まったことを鑑みるのであれば、Bの中にも当初から逃走を行う非精神病部分が存在していたと言える。それは関係性の中で、二人の間を反響するようにして強められ、「覆いⅡ」をかたちづくっていった。

この逃走は、冥界を訪問したイザナギが、腐乱したイザナミから決死のマジック・フライトを決行し、その通路を「千引の石」で塞いで蓋をしたことを想起させる。神話の時代、破壊的なものはそのようにして、

---

*11　これは様々な精神病ケアの現場で起きる笑いだと思う。それは「上から物を言う」というパターナリスティックなケアに陥る危険性を帯びてはいるが、それでも小さきものを庇護する感情は、精神病ケアの原動力となるものとして確保されてしかるべきだと私は思う。それは親子関係に通じるような、人間のケアの基本的な形だと思うからだ。

*12　一方で、この笑いは臨床現場を超えては通用しないローカルな笑いである。いくら外でその可笑しさを説明しようとしても、「オカシサ」としてしか受け取られないことを、多くの臨床家が知っているように思う。でも、それはローカルな場では、腹をよじらせるほどの、本当の笑いを生む。

*13　これもよくある。精神病的不安が強まった時に、「あんま考えたら、おかしくなるさ」と言う看護師に病者は同一化する。それをコーピングと呼ぶこともできるだろう。精神病部分をいかに遠ざけておくか、それに治療者も病者もこころを砕くということだ。

冥界に留めおかれて、現世から隔離された。本事例でもまた、最後私が不満についての話し合いではなく、終結を提案したように、精神病的破壊性を十分に取り扱うのではなく、精神病部分から逃走するような終結によって、私とBは逆説的にその破壊的なものに蓋をしようとしていたと言える。

この関係性の中で反響しあって強められた逃走する自我・非精神病部分こそが「覆いII」の正体であり、それが精神病部分を re-repression するこころの表面として機能したのだと私は思う。だからこそ、精神病部分はおそらく手つかずのままでBに取り残されて、再発可能性は潜在している。本事例はやはり、皮の相で進行していたのである。

しかし、それでも終結時、彼女は子どものために生きるのだと語り、陽性の繋がりの価値を実感し、Bなりに取り入れていた。世に棲む多くの精神病者のように、Bもまた錯覚なのかもしれない陽性の繋がりの中で、病的不安を誤魔化しながら生きようとしていた。この誤魔化しが可能になることにこそ「覆いII」の価値がある。

終わりに

本研究は精神病者との心理療法の課題である「覆いをつくること」に二種あることを確認し、心理教育的アプローチや米国精神分析が志向する非精神病部分を強化することで、精神病部分を re-repression する「覆いII」を心理学的に解明することを目指した。それはありふれた心理療法でなされている実践の心理学的メカニズムを見ようとする試みであった。

事例を通じて、「覆いⅡ」が外界との交流を回復する一方で、内界を遮断するこころの表面であることが明らかになった。そして、それが治療者を初めとする他者との陽性の繋がりを基盤とし、かつ精神病的不安から逃走することによって生じるものであり、「覆いⅡ」とは本質的に相互的な同一化を通して強められた非精神病部分の機能であることを検討した。それゆえに、「覆いⅡ」とは「偽りの自己」(Winnicott, 1965/1977) のように、環境や重要な他者への同一化と取り入れによる適応の試みであり、人格の本質的な部分を覆い隠すように機能するものである。この点をラカン (Lacan, 1981/2008) は明晰に表現している。つまり、剝き出しの「現実的なもの」を生きざるをえない精神病者は、同一化を通して「想像的」に自我の衣装を纏うが、そこでは「象徴的なもの」は排除されているがゆえに、その自我はいつまでも鏡像的な他者を必要とするような他律性を抱えることになる。フロイトが見抜いたように、ここでの自我は表面的なのであり、それがこころの表面として機能するのである。

本事例で私は普段に比べて、陽性の繋がりへの解釈や現実の提示を多く行い、深層よりも表層を取り繕うよう働きかけることが多かった。それでも基本的に自由連想の枠組みで本事例が進行しえたのは、Bに確かな非精神病部分が存在していたことによるだろう。より重篤な精神病者の場合、自由連想は禁止され、より指示・支持的技法の要素は強まらざるをえない (Federn, 1953)。しかし、重要なことは、「覆いⅠ」がコンテインという関係性を基礎にかたちづくられるように、「覆いⅡ」もまた特殊な技法に内在するのではなく関係性を基礎とするものであったことだ。その関係性とはここまで論じてきた陽性の繋がり、保護的な関係、そして同一化という二者の間の信頼感に基づく関係性であろう。ここに認知行動療法をはじめとする心理教育的アプローチや米国精神分析で作動している関係性のありようがある。例えば「現実の提示」などの心的現実ではなく外的現実を強調する認知行動療法の技法は「精神病部分から逃走する非精神病部分」を具体化したものであるが、そこに治療者への同一化や信頼感という右記の関係性が構築されるようプログラム化されていると言えないか。そしてまた、それは実はデイ・ケアや入院治療における医療従事者、あるいは家族による精神病者との日常的で保護的な関わりに通底するものと言えよう。ありふれた心理療法、いやありふれたケアにあって、「覆いⅡをつくること」は中核的な役割を果たしているのである。

しかし、最後に、本研究が「覆いⅠ」と「覆いⅡ」をあえて分裂させていたことに注意したい。つまり、本格的精神分析と日常臨床が、「あれか、これか」に分裂されてしまったのである。しかし、実は本事例もまたその二つの混淆物であり、合金でしかありえない。だから、精神病部分から逃走した私は、本当はもう少しBとの間でそれに触れることができたのではないかと振り返って考えなければならないし、同時に〈夢2〉で象徴化が起きていたように、実は精神病部分に私が触れていた事実も鑑みなければならない。この合金の配分こそが、精神病者とのありふれた心理療法の課題であり、アセスメントと臨床的判断が要求される場所である。

第4章 かたちづくることと美的治癒——パーソナリティ障害のありふれた心理療法Ⅰ

はじめに

本章では、パーソナリティ障害におけるこころの表面を見てみよう。なかでも、境界性パーソナリティ障害や厚皮の自己愛など、松木（2009）の分類で言う排出行動型のパーソナリティ障害に焦点を当ててみる。彼ら彼女らは、行動を通じて不安を排出する。それはこころの中身を抱えておけずに、外にまき散らしてしまうことを意味している。こころの表面が十分に包むものとして機能していないということだ。

そういう病態のクライエントとの心理療法では、確かな表面の蘇生こそが目指される。漏れ出す中身を表面で包み込むことは、生きることの苦しさを緩和するからだ。実際、不満が直接的な汚言や暴言で表わされるとき、他者との関係は汚されていくが、配慮された言葉によって伝えられるときには、関係はクリエイティブに発展していく。

それは前章で述べた「覆いⅠ」であろう。「覆いⅠ」はただ中身を抑圧するのではなく、中身そのものを変質させる。つまり、中身が言葉になる。象徴化されるということだ。そうすることで、私たちはこころの中身を交換し、他者のこころと触れ合えるようになる。「覆いをつくること」のもう一つのありようを本章では見てみたい。

このとき、本章で取り上げるのは芸術療法である。それは日本の心理療法にあって、特別な位置にあるものである。河合隼雄は夢分析の代わりに箱庭療法を紹介したし、風景構成法をはじめとした多様な描画法が日本では発展した。私たちのありふれた面接室には、芸術療法のセッティングがしつらえられているのである。私たちには、言葉でのやり取りがうまくいかないとき、画用紙と色鉛筆を机の上に広げる文化があるのだ。そこには、芸術療法とこころの表面の深い関わりがあり、心理療法の日本的変容のひとつの典型がある。

リンクとなるのは美だ、と私は思う。以前の著作（東畑，2012）で示したように、美とは事物の表面に現れるものであり、それは「覆い」として機能するものだからである。ここには、剝き出しのものは醜く、美がそれを包み込むという認識がある。

実際、排泄している姿は醜く、性器が突如剝き出しにされるとおぞましい。本音はあたりかまわずまき散らされるならば、醜悪なものに見える。こころの中身は、そのまま露出されると醜い。だから、私たちはトイレを厳重に隔離し、下着をつける。言葉を選んで、婉曲に表現する。中身が簡単には見えないように、幾重にも包装する。剝き出しのものに覆いをかぶせ、表面を取り繕うのが、私たちのやり方だ。「覆いをつくること」、そこでは美的な営みがなされているのである。

だから、芸術療法において美がどのように人のこころに働きかけているのだろうか、と問うてみたい。心理療法における醜いものと美しいもの、汚いものと綺麗なものを、こころの中身とこころの表面という文脈から検討してみたいのである。それは芸術療法がなぜ人のこころを癒やすのかという以前から取り組まれてきた問いに対して、違う解（説明モデル）をもたらそうとする試みだ。

以上より明らかであるように、本章では、排出行動型パーソナリティ障害において、こころの表面がいかに病み、いかに修復されるのかを、芸術療法の治療機序を検討することで明らかにする。それは芸術療法が広く受け入れられてきた日本のありふれた心理療法を理解することに繋がっていくはずだ。

第1節　問題と目的

1　芸術療法の治療機序

芸術はいかにしてこころを癒やすのか。それは、絵画・箱庭・詩歌・音楽などの創造的営みが、クライエントのこころにいかなるメカニズムを生じさせ、いかなる変化をもたらすのか、という芸術療法の治療機序に関わる問いである。

この問いには二つの答えが存在する。ひとつはナウムバーグ（Naumburg, 1966/1995）に代表される精神分析学派の立場である。彼らは芸術表現を自由連想や夢の代替とし、そこに無意識の欲望や防衛が反映されるとする。そして、その意味を治療者が解釈することで、クライエントの内省を助けるものとする。このとき、治療関係は転移に彩られるものとして理解される（Case & Dalley, 1992/1997）。この立場では芸術療法は表現を通じて自己理解をもたらす治療とされ、最終的には言語化が目指されることになる。

他方、河合（1969）や山中（1999）、カルフ（Kalff, 1966/1972）などの分析心理学派や、ナタリー・ロジャーズ（Rogers, 1993/2000）などの人間中心アプローチの立場がある。彼らは芸術行為が無意識のイメージ領域を活発化させ、そのことで自己治癒力が賦活されると主張する。このとき治療関係は、芸術表現を安全に受け取るものとして、基本的には発達促進的な機能を持つものと理解されている。この立場では、芸術療法は、芸術行為それ自体による無意識の自己治癒力を促進させる治療と捉えられ、言語化や解釈は蛇足の位置に置かれることになる。

この二つの立場には懸隔があり、実際に治療でなされる作業を大きく違えているが、実は根本のところで同一の前提を共有している。両者は共に作品を無意識が反映される媒体と見なし、芸術行為を無意識の「意味」を表現することと捉えている。それゆえに、治療者がそれを言語化するかしないかは技法的に分かれるにしても、治療者は表現されたものから「意味」を汲み上げることに傾注する。ここに芸術療法に内在する「意味」への特異な傾斜を見出すことができる。

実はこれは芸術療法に限らず、心理療法における芸術研究に共有された傾斜である（東畑，2012）。例えば、既に古典となったクリス（Kris, 1952/1976）の「自我による自我のための退行」から、最近では山（2001）の「造形の知」に至るまで、芸術は二次過程から一次過程へと沈潜し、無意識から「意味」を汲みだす行為として理解されてきた。心理療法は芸術行為を深みへと降りてゆき、そこで「意味」を獲得するという冥界降りのメタファーで捉えてきたのである。

しかし、フロイトは違った考え方を示唆している。その芸術創作論である「詩人と空想すること」（Freud, 1908/1969）で、そのほとんどの頁を無意識の素材を汲みだす機制に当てながらも、最後の最後に異質な問いを発したのである。つまり、汲みだされた無意識の素材は普通他者に不快感を与えるものだが、詩人が「純形式的な、美的な快感」に包むことで人に感動を与えるものに変形すると指摘し、そのようなことがいかにして可能であるのか、とフロイトは問うた。残念なことに彼はそれを「詩人の秘密」としてしまい、探求を諦めることになったのだが、彼は芸術のもう一つの側面を俎上に挙げたのだと言える。

芸術はただ深いところに下降するだけの営みではないということだ。下降するだけならば、夢の方がより垂直的にシャープな運動を行いうる。芸術は「意味」を汲みだすだけでなく、それをかたちにする。逡巡しながらクレヨンを走らせ、言葉を選ぶことで、そこに適切なかたちを与えようとする。この「かたちづくること」は本質的に美的な営みである。そして、それこそが芸術のもう一つの側面ではないだろうか。つまり、冥界に降りるだけでなく、現世に上昇することが芸術には組み込まれているということだ。

実は、意味を汲みだし理解することと、美的にかたちづくることが芸術療法の両輪であることを、芸術療法の始祖であるユングは深く認識していた。ユング（Jung, 1916/1996）は芸術に対する態度として、表現された意味を把握する「理解原理」と、美的なかたちを追求する「造形原理」の二つがあり、両者が相互補完的に作用することが望ましいと指摘している。しかし、実際には、ユングは「造形原理」ではなく、「理解原理」を偏重した。その決定的な瞬間が、彼の自伝に描かれている（Jung, 1963/1972）。

それはフロイトとの決別後のことだ。ユングは自らの無意識的イメージを絵に描きつける芸術療法的作業に没頭していた。そういう中でのある瞬間、ユングは突如立ち止まって自分が何をしているのかと問う。すると、「それは芸術です」というアニマからの声が聞こえてきた。これにユングは「いや、芸術ではない。反対に、それは自然そのものだ」と必死に反論する。結果、ユングは美的な造形に耽溺することで現実を見失うことに不安を感じ、「私は美的に洗練を加えようとする傾向を適当なときに止め、理解という精密な過程の方に切りかえた」と方針を転換する。

このドラマチックな瞬間は、芸術療法の起源に美よりも意味を重視する態度が埋め込まれていることを示すものである。そしてそれは現在の芸術療法を深く規定している。山中（1999）が治療者に美を志向させる「芸術療法」という語感を警戒し、「表現療法」と呼ぶことを提唱したのは、その象徴であろう。「表現」（Express）とは語義的に Ex（外に）Press（押し出す）という意味を持つ。ここには、無意識の意味を外界へと汲みあげることに価値を置く芸術療法の姿がある。

以上より明らかであるように、本来芸術療法は意味を汲みだすことと美的にかたちづくることの両面によって成立する営みであるが、これまでは意味を重視し、美を軽視する姿勢が貫かれてきた。それはなぜか。そこには西欧思想史の始原に埋め込まれた非常に根深い問題が横たわっている。

2 「美＝見かけ＝表面」と「意味＝真理＝深層」

芸術は意味と美、内容と形態の十全な結びつきを必要とする。しかし、美学の始原において、既に意味の価値が美に優越していたことは重要である。例えば、プラトン（?/1979）は哲学者の統治する国を夢想し、そこから詩人を追放しようとしていた。その理由として彼が挙げたのは詩人がイデアの現れたる事物をさらに見かけだけ模倣することによって二重にイデアから遠ざかるということである。つまり、プラトンは「イデア＝真理＝意味」に奉仕する哲学者に価値を見出し、「模倣＝見かけ＝美」に奉仕する芸術家を追放しようとしたのである。美学者の小田部（2009）はその後の美学を、この芸術家の追放を償おうとしたものだと指摘している

しかし、その償いの方法は、美に価値を見出すことではなく、芸術がむしろ真理を顕現させることに立脚した戦略で行われた。プラトンの弟子であるアリストテレス（?/1997）は『詩学』において、悲劇が模倣である以上に、人間の真実を描き出すことを指摘し、そのことで観る人にカタルシスをもたらすことを論じている。これは芸術とこころの治癒の相関を初めて論じたものであるが、このときアリストテレスは、劇の筋・出来事の組み立てという真理の部分を「悲劇の原理」として重視したのに対して、視覚的装飾という見かけの部分を作者ではなく衣裳係の仕事として軽視した。芸術の救済は、真理の発見という戦略によって行われ、その後も西欧思想史の中で、「美＝見かけ」は鬼子の位置に置かれ続けてきた。

「美＝見かけ」の軽視と「意味＝真理」の重視は西欧思想それ自体に埋め込まれた思考形式なのである。

そして我々の深層心理学はその果実だ。ごまかしの産物である見かけの顕在夢を解読して、意味そのものである潜在夢を明るみに出そうとするフロイトは、この意味で西欧思想の忠実な後継者と言える。フロイトは深層の意味を汲みだすことにこそ心理療法の治療的意義を見出したからだ。

ここに問題がある。美は深層ではなく、表層に宿る（東畑、2012）。このことを認識するのであれば、深層心理学を基盤とした芸術療法が「意味＝真理＝深層」へと向かい、「美＝見かけ＝表面」を捨象してきたことは、一面的なことではなかっただろうか。果たしてそれは芸術療法でなされていることの全体を捉えているのだろうか。

3　美的治癒の心理学

芸術療法は意味を重視し、美を軽視してきた。しかし、実際の臨床場面には、確かに美しいものも醜いものも存在するし、治療者もクライエントも作品を美的に享受することを拒絶出来ない。中井（1984）は「たどたどしい一本の線と、〝芸術性〟の高い完成画とを〈哲学的に対等〉と見なす」と述べたが、一方で絵の美醜はそれが現前するものである以上、治療者にもクライエントにも美的に感受されてしまう。そして何より重要なことは、クライエント自身が絵を描き、箱庭に玩具を置くときに、そこに美的配慮を払うことをやめないことである。一本の線にしても、どこから始め、どのようにカーブし、そしてどこで終わるのか、という美的な判断は抜き難く絵を描く作業に組み込まれているのだ。

芸術は美・表面を抜きには成立しえない。ここで美とは「美しいもの」という意味ではなく、「きれい」「醜い」「キッチュ」などの様々な感性的質を指す。芸術は概念だけでは成り立たず、そこに感性の衣装を必要とする。衣裳係が必要なのだ。ならば、芸術療法にあって、この感性の衣装はいかなる機能を果たしているのか。それは深層の「意味」を描画や箱庭などとして表現するときの、その表面を「かたちづくること」の治療的意義についての問いである。

この問題を問う上で手掛かりになるのが、昇華の心理学である。フロイトは昇華を性的エネルギーを中和し、文化に適応したものを生み出すメカニズムと捉えた（Freud, 1923/2007; 堀川、2016）。そこでは無秩序な無意識の「意味」を現世的に形象化する力動が問題となっている。クライン（Klein, 1929）はこれを「償い」との関連で述べ、乳児が自らの攻撃で傷つけてしまった母親を修復するプロセスを描き、そこに美的な創造の原型を見出した。対象関係論のボラスもまた美的な創造を早期母子のコミュニケーションの問題として捉えている。つまり、乳児が抱えきれない未分化で醜い不快なものが、母親の抱っこや薫り、声のリズムといった美的な世話によって、変形されることを示した（Bollas, 1987/2009）。東畑（2012）はこのボラスの理論と河合（1984）の「葛藤の美的解決」の理論を結び付け、早期母子関係的な治療関係の中で、表面を失った剝き出しの生々しさに、表面がかたちづくられることを示し、美的な変形のありようを再定式化している。これらの研究は芸術療法についてなされたものではないが、「かたちづくること」を関係性の側面から探究したものである。それゆえに本論の焦点は、この美的な変形が芸術療法において、いかに機能しているのかに注がれる。それは芸術療法における「意味」をめぐる治療機序ではなく、「美」をめぐる治療機序を明らかにしようとする試みである。岡田（1993）は箱庭療法の治療要因として、当初は混乱してバラバラな箱庭制作が、回を追うにつれて美しく仕上がることを指摘し、それを「美的治癒」と呼んでいる。本論ではこの美的治癒の背景で治療関係がいかように展開し、いかなる心理学的メカニズムが機能しているのかを問うてみる。それはフロイトが口ごもった地点から、「詩人の秘密」である美の心理学に分け入ろうとする試みである。

そのために、「かたちづくること」がテーマとなった事例を取り上げよう。今から示す事例は長期にわたって行われたものだが、その初期のプロセスを報告する。その一時期に私と彼女は芸術療法に取り組んだのだ。

第2節　臨床事例

1　事例の概要

20代後半女性Cは、「何もやる気が出ない」と引きこもる中で、長く続く深刻な抑うつを解消したいという思いから心理療法を求めた。

Cは日雇い労働者の父とパートを掛け持ちする母の長女として出生した。彼女には年の離れた妹がおり、精神病の叔母が同居していた。そしてCは「家族の中で自分だけが醜いのではないか」という思いを、ずっと抱えてきた。

Cは幼い頃より多忙な両親に代わって家事を任せられ、妹と叔母の世話まで引き受けてきた。父は収入に比して見栄張りのところがあり、家計はいつも火の車で、泥酔して帰宅することも多かった。父は帰宅すると、汗で汚れた靴下や下着をCに洗うように命じた。彼女はそれが嫌でしょうがなかった。母は仕事が忙しく、自分のことは自分でやりなさいとかなり早くから厳しく自立を促す人だった。

小学校中学校と引っ込み思案だったが、彼女には食事を作り、家を片付けねばならないという母親代わりの側面があった。そして、高校に進学した頃に、父が体を壊したため、Cは家計を助けるためにアルバイトを始めた。しかし、彼女は、父がそうして稼いだお金で、Cと同年代の女性と交際しているのを知っていた。そのような日々の中で、「絵を描きたい」という思いが芽生え、彼女は高校を中退する。しかし、彼女は早々に絵を描くことを諦め、水商売に明け暮れるようになった。

その後仕事を通じて知り合った男性と結婚。Cは彼の家業を手伝うようになるが、相手の実家から疎外されている気持ちが強く、不眠・嘔吐・抑うつが出現するようになった。この頃、私の勤務するクリニックを受診し、薬物療法が開始される。しかし、その後も夫の家族と会うのが怖く、部屋に引きこもる時間が長くなっていった。そのことに思い悩む最中、相談相手になっていた年配男性と不倫関係になる。それが露見して、夫と別居。一人暮らしを始めてからは、性風俗などで働いて生計を立てるが、性病を恐れてそれをやめ、その後は引きこもった生活を続けていた。しかし初診から二年経って、そのような状況を打開しようと、C自身が心理療法を希望したため、インテークとなった。

初回、彼女は今でも不倫していた相手と付き合っているが、夫を傷つけたことを思うと落ち込んでしまうと語った。人生は辛いことの連続で、今では何が辛いのかが分からなくなっていると語った。

私は彼女が人格障害圏の病態水準にあると理解した。行動化によって不安が排出され、それが回りまわって彼女を苦しめていること、他者を世話するばかりで、他者への正当な依存が難しいこと、自己像の極端な悪さなどがテーマになると見立て、週に一回の面接を提案すると、Cはこれまでに自分は聞き役ばかりであったために、心理療法で自分が話をすることを望んでいると応えた。

（1）第1期　疲れと躁的防衛

〔第2回～第7回〕

心理療法が始まると、Cは日々のことを滔々と語り始めた。彼女は自分がひたすらに疲れていて、何もすることができない様子を語った。日常の多くはぐったりとして部屋で横になっているというものであり、洗い物や掃除ができないことを執拗に訴えた。部屋は散らかり、流しには汚れた洗い物が山積みにされ、生ゴミが何袋も溜まっていることが報告された。以前、洗わずに流しにつけておいた箸がカビてしまったことの嫌悪感から、Cは使い捨ての割り箸や紙皿しか使えなくなっていた。そして、毎日のようにコンビニで大量に食べ物を買ってきては、過食嘔吐を繰り返していた。彼女は食物を消化できず、汚れたものを浄化できずにいた。そして多くの夢が報告された。それは醜さが生々しく出現するものであった。

〈夢1〉暗い水の中に鯉のような魚がいる。ただ目が奇形のようで、誰かが病気だと言う。（第3回）

〈夢2〉生理が終わっているはずなのに、血が止まらなくて、内臓まで出てしまう。（第5回）

彼女の語りは、延々と切れ目なく続くもので、同じ内容が幾度も繰り返された。それは疲れを伝染させるものであり、私を徐々に麻痺させていった。私はしばしば彼女が何を言っているのかわからなくなった。彼女は麻痺するような語りを通じて、私に消化できないものを注いでいるようであった。だから、面接が終わるといつも、私はぐったりとしていた。

この疲れが蔓延する面接の中で、彼女の携帯電話が突如鳴り響くことが幾度もあった。澱んだ空気を切り裂くようにしてハイテンションな洋楽が鳴り響き、私を驚かせた。彼女は何事もなかったかのように携帯を見て、それが全て迷惑メールであると言った。

この空疎ではあるが躁的なものは、彼女が行動しているものでもあった。彼女は幾度か面接を休んだが、決まって「疲れて動けない」と電話があった。しかし、聞けば、面接の前日に友達とディスコに行って、朝まで踊り明かしたのだという。面接にも非常に派手な格好で現れることがあり、それは彼女の疲れの語りとは対照的なものであった。洋服で着飾り、大音量のスピーカーのすぐ前で踊るのが好きで、そういうとき全てを忘れられるのだとのことだった。

疲れを排泄するための躁的な部分があるのは確かだった。彼女は一度ロックコンサートのために旅行に出かけすらしていた。そして、唐突に働き始め、4日で退職した。第7回で、Cはいかにその職場の上司の配慮が足りなかったかを語り、求人情報誌にまでクレームを入れ、怒りをぶちまけていた。彼女の中には世話の不完全さに対する強い怒りがあるようだった。しかし、彼女は自分でそのことに気が付いていなかった。

（2）第2期　腐敗していく

〔第8回〜第16回〕

就労が失敗に終わってから、躁的な部分は影を潜めるようになり、彼女は抑うつに深く侵されていった。「体に鉛が入っているようで、家事も出来ない」と訴え、寝込んでいる時間が生活のほとんどを占めるようになった。その声は私に聞き取れないほどに弱まり、俯きながら話すようになった。そして歯が取れ、口から血が流れ、髪の毛が抜け落ちていく夢を盛んに見るようになった。彼女は死体のように腐敗していっているようであった。

その中で一度、Cは夫を連れて来談した。二人は離婚届が出せていない状態であることを語り、夫はCから日に幾度も電話がかかってくることに困惑していた。それ以来Cは、今の彼氏が週に一度しか傍にいてくれないと恨みを語るようになった。「なんで自分がこんなに寂しいのかわからない、昔から誰かと一日中一緒にいても別れる時には寂しかった」。彼女は古くからある感情に侵されているようであった。それが私に向けられた気持ちでもあることを伝えるも、彼女は「寂しい……」という呟きを力なく虚空に吐き出すにとどまった。

死体のように過ごす日々の中で、彼女はゴミだけはどうしても出さねばならないと、ゴミ収集の2時間前には目を覚ましていた。消化できないものを、それでも排出しようとしていると私は理解しており、そのことについて二人で話し合っていた。夢はその様子をよく伝えていた。

〈夢3〉猫みたいな動物のお尻を拭いてウンチを出そうとすると、そこからにゅーっとウンチが出てくる。とても臭い。（第10回）

そして、彼女の状態は急激に悪化していった。Cは家から出られなくなり、家事ができず、部屋は汚れ物で溢れるようになった。彼女自身入浴も化粧もできなくなって、髪はフケと脂にまみれるようになった。食事すらとらなくなった。面接にやってきても、俯いて焦点が定まらず、不可解なあくびが止まらなくなり、私の問いかけに応えることもなくなった。第16回では面接室で座っていられず、立ち上がって狭い部屋を左右に徘徊していた。彼女はただ「寂しい」と小さく呟くだけであった。事態は深刻だった。

（3）第3期　母と描画

〔第17回～第25回〕

第17回、来談したCの傍らには母親の姿があった。母は偶然Cのアパートを訪問した。そこで、彼女が食事も取らず、息絶えるように横になっている姿を発見した。母は強い危機感を感じて実家に連れて帰ったのだった。

面接室でCはがたがたと震え、「寂しい、穴が空いている」とかろうじて呟くのみであった。母はそのようなCの体を撫でるなどして、幼い子供に対するようにCに接していた。この日バウムテストを取ると、奇矯で頼りない木が描かれる（図4-1、155頁）。私はCが赤ん坊の状態に戻っていて、家族のサポートが必要であると二人と話し合った。

それ以降、Cは母に付き添われて来院するようになった。彼女は実家でも寝たきり状態で、母がまめまめしく世話をした。体を拭き、食事を作り、髪を梳いた。面接室での彼女は涎《よだれ》が止まらず、部屋の中を徘徊し続け、「寂しい」「辛い」と断片的に呟くことしかできなかった。それゆえにしばしば長い沈黙が訪れたが、それは彼女には苦しいものであった。二人が一緒にいられるための「何か」が必要とされていた。

「絵を描きませんか」そう私はCに提案した。

彼女はゆっくりと頷いた。

私は画用紙を取り出し、時間をかけてそこに枠を描きいれ、6分割にした。私は最初の空白に、小さなU字型の描線を描きいれ、彼女に手渡した。そして、スクイグルゲームを提案した。Cは画用紙をおずおずと受け取ると、サインペンを何度も握り直し、困り切った表情で、小さな描線を見ていた。数分経って、彼女はそこに一本の線を描き足した。

「なに？・」私が尋ねると、彼女は「いれ物」と小さく答えた。

私はCが治療関係や母との関係に求めるものをかたちにしていることを感じた。そこで私は彼女の描線を家に変えた（図4-2）。彼女は小さく微笑んだ。

それから2ヶ月の間、私とCは毎回のようにスクイグルをして時を過ごした。小さな部屋で、ほとんど言葉を交わすことなく、ただただ未分化な、まだ何物でもない描線を、かたちにする作業を行った。彼女はほとんどの時間固まったように私の描いた線を見つめ続け、しばらくしてから、それをかたちに変えた。そして、私が彼女の描線を変形しようとするときには、座っていられず徘徊していた。静かで、苦しい時間だった。

当初のCは私の与えた輪郭の閉じられていない描線をかたちにすることが困難で、「できません」と画用紙を押し戻した。しかし、三角や丸など閉じられた描線はアイスクリームや団子に変えることができた。甘

図 4-1　バウムテスト①

図 4-2　スクイグル①

いもの、食べられるものを彼女は描き、私は彼女の描線をアンパンマンなどの母性的な対象に変形して返した（図4-3）。彼女は私の与えた描線がすでになんらかのかたちであることを必要としていた。丸を団子に見立て、他の丸を付け足し、棒線を描き入れることで串団子に変えたように、私の与えたかたちを何かに見立ててそこに他のかたちを付け加えるのが彼女のやり方だった。未分化な何物でもないかたちは、消化できなかった。この時期Cは家でほとんどものを食べられず、母は離乳食を作って食べさせていた。

第23回になると彼女の様子は明らかに変わってきた。それは何より外見に現われた。表情には生気が戻り、入浴が可能になったことで、頭髪は清潔になり、軽い化粧すらなされるようになった。そして彼女は日々の様子を自らの言葉で語るようになった。自身の姿が整えられ、思いは言葉へと変形し始めていた。スクイグルでは、私の与えた閉じられていない不明瞭な描線をうまく取り込んで、自分なりのかたちを作り始めていた。例えば、一本の直線はウサギへと変えられ、直角の線は学校へと変えられた（図4-4）。彼女はスクイグルについて「楽しいです、高校生の頃に絵が楽しかった時のことを思い出した」と語った。母もまた、家での様子も変わってきており、傍目から見ても元気になり、発話が増えてきたと語った。Cと母は二人で料理本を見て、Cが「これを食べたい」というものを一緒に作るようになっていた。母はCが幼い頃から、厳しく躾け、ひとりですべてをやらせていたことを反省し、今やり直しているのだと語った。

第25回では語りが溢れ出す。Cは「自分の年や状況から、この先をどのように生きていけばいいかわからない、先が見えない」と悲しそうに語った。この日、もう一度バウムを描いてもらうと、そこには以前とは異なる青々とした木が描かれた（図4-5）。Cは時間になって、母への感謝と、恩返しをしなくてはいけないという思いでいっぱいになっていると追いつめられた気持ちを語った。私はCが自身の中の苦しいものを、言葉として受け止めようとしていることを感じていた。

図 4-3　スクイグル②

図 4-4　スクイグル③

（4）第4期　カブの夢――その後

〔第26回～〕

以降、絵を描くことはどちらからともなく、自然になされなくなった。Cは描くことではなく、語ることを求めるようになっていた。描画を行った期間を通じて、彼女は母親との関係を回復し、私に深い信頼を抱くようになったようだった。そして第32回で夢を報告する。

〈夢4〉玄関にカブが落ちている。外は綺麗なんだけど、中は腐っている。

その後、彼女は面接で未消化な想いを語り、その時間を基礎として日々に取り組んでいった。彼女は引っ越しを行い、夫と正式に離婚し、過去を清算した。一方的なものだった彼氏との関係を生産的なものに変えていった。そして、Cは介護の仕事を始め、人を世話する人生を反復しながらも、自分自身を世話することも同時に行うようになっ

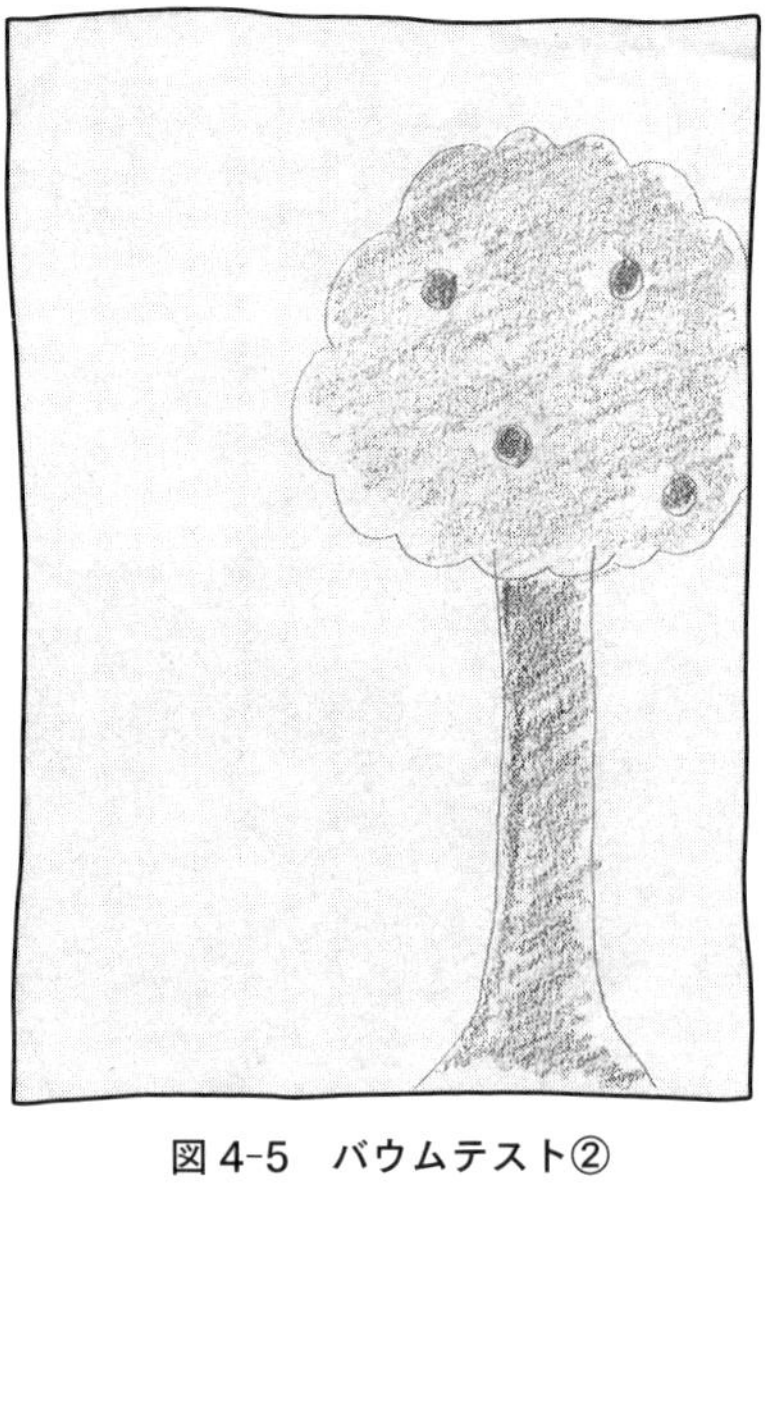

図4-5　バウムテスト②

た。彼女は少しずつ自分自身と向き合っていった。

無論、そこでなされたのは直線的な回復ではなかった。彼女はときに自分を汚し、ときに激しい怒りを信頼する人に向け関係を破綻させた。しかし、徐々に未消化な思いを抱えることが可能になっていった。彼女は調子が悪くなると過食嘔吐が増え、家が汚れていくのだと幾度も語っていた。そういうとき、彼女は掃除をし、洗い物をし、ゴミ出しに意識的に取り組んでいた。

第3節　考　察

1　汚染と浄化

これまで芸術療法は無意識に抑圧された内容を外界へと押し出す（Ex-Press）技法として捉えられてきた。しかし、本事例のように無意識の内容物が抑圧されるのではなく、行動化を通して外界に排出されてしまう排出行動型パーソナリティ障害のクライエントの場合（松木、2009）、無意識内容を表出させること自体は意義を持たず、自然に漏れ出る内容物をいかに扱うのか、が問題となる。そう、こころの表面の生成が問題になるのだ。しかしそのとき、漏れ出していた内容物とはいかなるものであったか。

Cが幼い頃より自己の醜さを抜き難く感じていたように、彼女の根底には汚さや醜さによる汚染の感覚があった。その背景には、父親の汚れた下着を洗わされていた記憶に象徴されるような、環境から浄化できる範囲を超えた汚いものを押し付けられてきた過去がある。残飯の処理、食器の洗浄、散らかった部屋の片付け、加えて幼い妹や精神病の叔母の世話まで、彼女はたったひとりでせねばならなかった。Cはあまりに早期から、人間が生きる上で排泄される汚さや醜さを、浄化することを強いられてきた。実際、このことはインテーク時に反復されていた。彼女は家事ができないことを訴え、夢の奇形の魚やカビが繁殖した箸、そして伝染したかもしれない性病など、汚いものに取り囲まれていた。それは彼女が恐れる対象であったと同時に、醜さが押し込められた自己像でもあったのだろう。

北山（1988）は汚いものとは、こころが割り切ることのできない生々しいものであり、それが肛門期的な未消化物であることを示し、この消化を可能にするものが原初的な母親の機能であることを指摘している。つまり、乳児は汚い未消化物を母親へと排出し、母親はそれを抱えることを通して消化し、浄化する。すると、徐々に乳児自身が未消化物を保持し、自分で消化・浄化することが可能になっていく。Cの場合、母は早くからひとりで消化することを促し、父はむしろ汚いものを注いだ。だからこそ、彼女には世話してくれない対象への凄まじい怒りと不満があった。しかし、その感情は未分化なものに止まったがゆえに、彼女には「疲れ」という無機質な感覚としてしか感じられていなかった。消化を助けてくれる環境が存在しないまま、押し込まれた未消化物は外に漏れ出して、彼女を汚染してきたのである。

この汚染に対処するために、彼女が選んだのは美的な方法であった。彼女は高校時代に絵描きになりたいと願い、その後も水商売などで綺麗に着飾ることを求めた。面接開始後も、派手な化粧や服装、大音量のクラブミュージックの中で舞い踊ることが繰り返し試みられていた。しかし、そのような美的な試みは、一瞬汚染を遠ざけ、躁的に排出することを可能にしても、すぐさまその汚染は彼女に帰還した。夫への不満が不倫の形をとって夫との関係を汚し、彼女が食物を嘔吐するしかなかったように、それは浄化には繋がらない排泄であった。結局、彼女はアパートでひとり汚物に取り囲まれるしかなかった。

それゆえに心理療法の開始によって、この未消化物による汚染は消化されることを求めて私に注がれることになった。汚染は「疲れ」となって彼女を支配していたが、関係の中では未消化な語りとなって私をぐったりとさせた。しかし、それが他者に注がれるようになったからこそ、徐々に彼女は躁的な排泄をやめ、第2期に入って未消化物は関係の中にとどまるようになった。その結果、Cの体は鉛のように重くなり、部屋は汚れ、彼女自身もまた入浴できずにフケと脂にまみれていった。面接では、語ることもできず、不可解なあくびが繰り返された。今まで躁的に排出されていた未消化物そのものに、彼女自身がなっていったのである。ただ、このとき、「疲れ」という無機質な感覚がかすかに情緒へと変わったことは重要である。就労における強い怒りや、彼氏や夫、私に対する怒りと寂しさは、原初的なものではあっても確かに情緒であった。ここにかすかな消化の働きを見てとれる。実際、夢②と③は同じ構造であるが、第2期に至って内部から排出されるものは内臓という生々しいものからウンチという消化物へと変わっている。

以上より明らかであるように、彼女は漏れ出てしまう生々しい醜さを消化すること、そしてそこに覆いをもたらして取り扱えるものにすることに困難を抱えていたのである（北山、1988）。彼女が未消化物そのものとなった時点で、彼女の課題は私の課題にもなった。私自身が面接室の中で、未消化物をどのように抱えるかという課題と取り組むことになったからだ。ここで、芸術療法が始まった。

2　かたちづくること・変形・表面

クリス（Kris, 1952/1976）は芸術の心的メカニズムとして「自我による自我のための退行」を挙げたが、本事例でCに起きたのは全面的な退行であった。つまり、彼女は思いを言葉にすることが不可能になり、徘徊のように極めて具体的な水準で自らを生のままに表出することになった。彼女は排泄物を垂れ流す赤子のようになって、それを世話する他者を求めた。それに呼応するように、この時点で現実の母は彼女を保護し、離乳食を食べさせるように世話し、面接でもまた芸術療法-スクイグルが始まった。

ウィニコット（Winnicott, 1968/1998）はスクイグルが「赤ん坊の自己がまだ形成されていない、ごく初期の依存が最大の時期」のコミュニケーションをもたらすと指摘している。この意味でCは家でも心理療法でも母性的世話というコミュニケーションに包まれることになったと言える。重要なことは、スクイグルが深く退行したCと共にいるための苦肉の策として始まったことである。それは彼女が求めた母性的世話を治療者が行動化し、劇化する形で芸術療法が始まったことを意味している。それではその劇化された関係性の中で何がなされたのか。

Cとの芸術療法では、未知の無意識的内容物が表出され、自己認識が深化したわけではない。むしろ、彼女が描いたのは容器や甘いものという母性的・口唇愛的対象であり、それは退行したCが既に全身で表現していた既知の内容であった。彼女の人格構造ゆえに、無意識的欲求は既に外界に漏れ出していたからである。このとき本事例で芸術療法が意義をもったのは、この既知ではあるが、にもかかわらず徘徊やフケだらけの頭髪という生々しいありようで行動化されていた内容を、絵という美的な表現へとかたちづくることではなかったか。

そこで生じていたのはボラス（Bollas, 1987/2009）が指摘した、審美性を通じた変形の作用であろう。つまり、乳児の不調和な感覚は母親の歌声のような美的な体験を通じて、まとまりのある調和した感覚へと変形されるが、Cもまたスクイグルという美的な営みを通して、自らの生々しい内容物を絵へと変形していった。重要なことはこの変形が、「かたち」を変えることを意味するのではなく、「かたち」をもたない剥き出しの生のものに「かたち」という表面をもたらす作用であったということだ（東畑、2012）。実際、Cの描くものは容器や甘いものというそのままの意味の描画から、ウサギや学校などのような複数の意味を含んだ、それでいて表現豊かな「象徴」的な描画へと移っていた。描画は当初の直接的に意味を暴露するようなものから、意味を多義的にするような厚い覆い・表面を備えたものとして機能し始めたのである。そしてそれと同期するように、彼女には入浴や化粧という自身の表面を整えることが可能になり始め、思いは言葉へとかたちづくられるようになっていった。

そのような変形の背景には、私とCの間に生じていた特異な交流があった。この時期、彼女の全身から漏れ出していた未消化な内容は、真っ白な画用紙と色とりどりのクレヨン、そしてスクイグルという遊びの美的様式によって包まれた。彼女の未分化な描線は私によってかたちにされた。そして、私の与えたシンプルな描線は、彼女によってかたちになった。それはまるで離乳食のように咀嚼しやすいものを与える行為であった。

さらに経過の中で、当初閉じた描線しかかたちにできなかった彼女は、徐々に開いた描線をかたちにするようになり、未分化度の高いものを消化するようになっていった。Cのかたちづくることが可能になる背景には、未消化物を私に委ね、私が咀嚼し消化し、それを返すという交流の積み重ねがあったのである。

そのような関係性とは、ボラス（Bollas, 1987/2009）が「変形する母親対象との一体化」と表現し、北山（1988）が、乳児が母親に依存しながらも、徐々に自分の中に消化の機能を抱え始める「消化の移行期」と表現したものだ。いずれにせよ、早期母子関係的な依存と世話の関係が、未消化物を消化し、かたちのないものにかたちをもたらす。剝き出しの中身に、こころの表面をもたらす。それは、汚い未消化物を消化し、綺麗なものに浄化するというCが幼少期以来希求していたことであった。

それゆえにCが思いを言葉に包みこめる水準に達して、早期母子関係を劇化した芸術療法はその役割を終えて、以降は言葉のやり取りに戻ることになった。そのすぐ後にCは、外側は綺麗だが、内側が腐っているカブの夢を報告しているが、それはこの芸術療法の時期になされたことを如実に示すものである。第25回で、彼女は依然消化しきれない抑うつを抱え続けていたが、それを言葉で包んで保持することが可能になっていた。Cの中の腐敗した汚れたものに表面が確かに生まれ出ていたのである。そのことによって、彼女はその後ゆっくりと未消化なものを消化して、自分自身と向き合うプロセスを歩むことになった。

第4節　結論——美的治癒と浄化・消化・昇華

イザナギは冥界へと降り、そこでイザナミの腐乱した死体を直視した。戦慄した彼は魔術的逃走によって現世へと上昇し、泉で汚れを清め、三貴神を産み落とした。

本論で取り組まれたのは、この神話の後半にある心理的プロセスである。従来、芸術療法は、冥界へと降り、そこから意味を汲み出すことに意義を見出してきたが、実はそこには冥界の腐乱したものを、浄化し、洗い清めることで、現世で形象化する「かたちづくること」のプロセスが内在している。

この芸術療法における美をめぐる治療機序を、本論は消化の視角から検討した。つまり「かたちづくること」が、地母神の腐乱した死体のような未消化物を消化することで、そこに表面をもたらす機能であることを検討したのである。この表面の生成によって、無意識の醜く不快なものは、現世的に形象化されて、取り扱いうるものに変形される。それはビオンの象徴化をめぐる心的メカニズムと関連するだろうが（平井、2011）、同時にそれは表面に関わるという点で本質的にこころの美的な働きでもある。生々しく無秩序な中身は、こころの表面に包まれることで初めて、「意味」として結実するということだ。

そして、本論はそのような消化を促進するものとして、芸術療法として劇化された治療者-クライエントの母子関係的な世話と依存について検討を行った。そこで治療者は未消化物を一旦抱え、消化し浄化する役割を肩代わりすることになる。重要なことは、それが全ての芸術療法に組み入れられたプロセスであるということである。少なくない芸術療法が、クライエントの語りが行き詰まったときに導入される。それは思いが言葉へとかたちづくられることが不可能になったときに、消化を助ける関係性の様式として芸術療法が劇化されることを意味している。

本事例のように無意識の中身が漏れ出す病態水準のクライエントの場合は、当然それをかたちづくることが芸術療法の課題となり、逆に神経症圏のように抑圧が強く、言葉と情緒が乖離しがちなクライエントの場合は、冥界に降りることが芸術療法の課題になるが、その場合でも冥界に存在する未分化な情緒・意味を現世的に形象化することが背景で常に機能していると言える。従来芸術療法における治療関係として指摘されてきた「自由にして保護された空間」「母子一体感」のような発達促進的な関係性は（Kalff, 1966/1972）、退行することで無意識的主題を表現することを助けるだけではなく、その主題をかたちづくるための、浄化し消化する関係性として機能するのだと考えられる。この意味で、芸術療法とはある種の劇化された関係性と言えよう。

ただ、それを純粋な二者関係というだけではおそらく十分ではない。そこには画用紙があり、クレヨンがあり、そしてスクイグルという遊びの形式があった。それは未消化な排泄物が往還する二者関係を包む第三者である。この第三者とは、治療者とクライエントが出会う前から存在している文化の次元に定位されるものではないか。つまり、絵を描くこと・箱庭を作ることという芸術療法そのものが、文化として二人を包み込むのである。ここには、欲望を文化に適応したものへと中和する昇華の問題系がある。そこで、剝き出しのサルは、表面を整え、文化的な存在としての人間になっていく。この表面の力動こそが、深層に眼差しを向けたフロイトが立ちすくんだ「詩人の秘密」であろう。

美的治癒とは消化し、浄化し、昇華する人間の心的メカニズムであり、それは芸術療法において劇化されている。ここに芸術療法のもうひとつの治療機序がある。そして、そこにこそ、芸術療法が日本のありふれた心理療法の重要な一部である理由がある。

芸術療法は、「見にくい＝醜い」ものを、「見える」ものへとかたちづくる。無秩序な中身に、「かたち」というこころの表面を与える。そうすることで、実はある部分を「見にくい」ままに残しておく。Cが最後に見たカブの夢のように、見にくいものを見ないでおくありようとしても、芸術療法は機能するのである。

ここにありふれた心理療法のひとつの形がある。腐った中身と綺麗な表面だ。それでも中身が露出せずに、表面に包まれていることは、日常を可能にする。生きることを支える。そういう貴重さを、私たちは知っているのだと思う。

第5章　「オモテとウラ」の裏
――パーソナリティ障害のありふれた心理療法 II

はじめに

前章に引き続き、本章でもパーソナリティ障害のこころの表面が扱われる。ただし、前章のような、中身が漏れ出す脆弱なこころの表面とは違って、中身を封じ込めすぎる硬化したこころの表面がテーマだ。それはまるで全身を覆う鉄の鎧だ。誰もその人のこころに触れることができなくなり、その人もまた誰のこころにも触れられなくなる。こころの表面の中へと引きこもってしまうからだ。

それは松木（2009）のいう回避制止型パーソナリティ障害のこころの表面である。不安なときに引きこもる彼らは、過剰にこころを覆い隠すがゆえに、他者との生産的な関係を築けず、表面的な関係しか得られない。それは病んだこころの表面のもうひとつの形だと言えよう。

私はここまで「覆いをつくること」の治療的価値を論じてきたわけだが、本章では「覆いをつくること」が過剰になってしまったこころを見ることで、「覆いをとること」の治療的価値を見てみたい。しかし、そのとき私たちが目の当たりにするのは、日本的な「覆いをとること」において機能している「覆いをつくること」である。それは逆説的な事態だ。それでも見ないようにしておこうとするものが、私たちにはある。

こころの中身はどう扱われたらいいのだろうか。

そのことを考えるための格好の材料になるのが、日本語臨床の基礎概念である「オモテとウラ」である。それはこころの表層と深層を語ろうとする概念であると同時に、「こころの表面」と「こころの中身」という対比とは微妙にズレたこころのありようを語ろうとしている。結論を先取りするならば、「オモテの顔」と「ウラの顔」という表現が成り立つように、「オモテとウラ」はいずれもある種のこころの表面を語ろうとする日本語であるということだ。

土居健郎の甘え理論に始まり、北山修が発展させた日本語臨床という思考法は、日本のありふれた心理療法のリアリティを提示しようとするものである。それは臨床で用いられる日本語をよくよく精査することで、日本人のこころを浮き彫りにし、日本的な病理や健康、治療のありかたを明らかにしようとしてきた。

その基礎概念である「オモテとウラ」がこころの表面を保全するよう機能していることを見ることで、日本のありふれた心理療法において、いかに根深く「表面を取り繕うこと」が求められているのかを検討したい。

第1節　問題と目的

1　日本語臨床における「オモテとウラ」

日本語臨床で扱われる日本語には日常語と理論語の二種ある。一方に「ありがとう」「かなしい」のような多義的で曖昧な日常語があり、それを意味論と語用論の両面から深めることで、私たちは臨床的な感受性と技術の向上を目論む（北山、2006）。そのような日常語のうちのいくつかは、「甘え」や「見るなの禁止」のように、人類学・民俗学・神話学・言語学・精神分析の諸概念を参照することで理論的彫琢を加えられ、理論語にまで精製される。この理論語が日本人のこころと日本的変容を遂げた心理療法を明示的に語る。

このとき、「オモテとウラ」は特異な位置にある。それは土居（1985）によってモノグラフ化されたように、日本語臨床にとって最重要の理論語のひとつである。しかし、それがいかなる心理学的メカニズムに基づいたいかなる心的現象であるのかは曖昧であり、十分な理論的彫琢が果たされているとは言い難い。実際、中井（2000）は、「甘え」研究が「エティック」（それ自体を単独で問題にする）に行われたのに対して、「オモテとウラ」研究は「エミック」（対比によって明らかにされる差異を問題にする）に行われたことで、土居の分析が平板なものに留まっていると評している。[*1] 一方で、それは臨床実践で頻繁に交わされる、人口に膾炙し、定着した言葉となっている。「オモテとウラ」は日常語と理論語の中間にいながら、日本的な心理療法を考えるうえで有効な語彙を提供してきたのである。

「こころを解き明かす心理学理論」という発想そのものが欧米由来であることを鑑みるならば、[*2]「オモテとウラ」の日常語と理論語の中間性とは、それ自体として日本語臨床的な現象だと言える。土居（1985）自身が、「オモテとウラ」を理論的に深化させることの困難をモノグラフの冒頭で述懐し、その困難がこの概念

＊1　この「平板さ」は、まなざしが表面を上滑りして、深層へと至っていかないという表面性を指摘するものだろう。「オモテとウラ」は表面的なものの言い方なのだ。

＊2　「心理学すること」は紛れもなく西欧で生まれたものである。それはキリスト教の告白の伝統を受け継ぎ、産業革命や資本主義の発明などによる近代社会の成立を受けて、発明されたものである。心のメカニズムを見るという「心理学」は、文化の産物なのだ。

自体に内在したものだと指摘していたように、この言葉には理論化されることを拒否し、曖昧で多義的な日常語に留まろうとする何物かが内在しているのである。

それは一体何か。「オモテとウラ」とはいかなる言葉であり、そしてそのような言葉を必要とする日本的な心理療法とはいかなるものなのだろうか。そう問うために、まずは「オモテとウラ」についてこれまで語られてきたことを確認してみよう。

2 「オモテとウラ」の表層性

古語にあってオモテが顔を、ウラがこころを意味していたように、日本人は場に応じて「オモテとウラ」の二本立ての態度をとることで、社会生活におけるアンビバレンスを捌き、器用に世を渡ってきた。土居(1976, 1985)はそう現象を記述する。ならば、それらはいかなる心理学的メカニズムに基づいているのか。そこには複数の説明が存在している。

第一に、土居(1976)は「オモテとウラ」が「甘えの許容度如何」に対応する場への態度の異なりだとしている。つまり、日本人は甘えにくい「外」に対しては「オモテ」を、甘えやすい「内」に対しては「ウラ」を出すのである。さらに土居(1976)は「オモテとウラ」が「現実適応と本能防衛が相補的な関係」にあるような「自我機能の分化と統合」によって成立する意識構造だと説明する。つまり、外界に対する自我のありようがオモテになり、エスに対する自我のありようがウラになるとされている。加えて、「オモテとウラ」を自身の理論的支柱に据える北山(2013)は、ウィニコット(Winnicott, 1965/1977)の「偽りの自己」「本当の自己」を参照しながら、「オモテとウラ」を環境の異なりに対応する「自分の二面性」だとしている。

これらの説明は「態度」「意識構造」「自分」と言葉を違えているが、「オモテとウラ」を個体が他なるもの（エス、超自我、現実、他人、環境）と「面」するところで示すこころのありようとする点では共通している。土居（1976）が「オモテがウラになり、ウラがオモテになる」と指摘していたように、オモテとウラはこころが場に応じて示す表面のありようという同じ成分で組成されているのである。

このような、場に適応するためのこころの表面については、精神分析では「偽りの自己」「第二の皮膚」などとして、ユング心理学では「ペルソナ」などとして（大場，2000）、概念化されてきた。しかし、ウィニコット（Winnicott, 1965/1977）の〝偽り〟という言葉に特徴的であるように、そこには微妙に負の価値づけが含まれやすい。「深層」心理学にあって、表層は脱価値化されやすいのだ。*3

これに対して、北山（2009）が「覆いをつくること」を強調したように、日本の精神分析は、表層を取り繕うことの治療的な価値を語ってきた。「オモテとウラ」とはそれを表わす最たる日本語だと言える。土居（1985）が『表と裏』という書物のなかで強調したのは、建前を立てること、秘密をもつことの意義である。つまり、中身を包み込み、見えないようにしておくことのできる、確かな表面の価値が、そこでは語られているのである。

すると、「オモテとウラ」はこころの表面について語るために、自分自身も理論的深化を拒む表面的なありようをしているのではないか、と考えることができる。「オモテとウラ」という言葉は、確かに日本人のこころのある部分をよく見せるが、一方である部分を周到に隠す。だから、そこにいかなるメカニズムが存在しているのか見えにくい。しかし、「見せる／隠す」という力動は、「オモテとウラ」という言葉の意味内容でもあるのだから、そこで生じているのは言行一致の振る舞いだと言える。

＊3　これが第Ⅱ部全体の問題意識だ。表層の治療的価値を正当に捉えなくては、日本のありふれた心理療法の価値を語ることはできないと私は考えている。

したがって、「オモテとウラ」の裏に何があるかを見て、そしてそれを裏に隠したままにしておくことの意義を明らかにすることが、この言葉の「深化」のために必要となる。これらの言行一致は言葉遊びなのかもしれない。しかし、そもそも日本語臨床とは言葉がこころを規定することを前提とし、そのような言葉遊びに深く沈潜していく営みなのだから、それは日本語臨床の正統な方法だと言えるだろう。

以上を踏まえたうえで、本研究で取り上げるのは、過剰にオモテが強調されて、ウラが見えなくなっていた女性との心理療法である。「オモテからウラへ」という治療の展開を、「オモテとウラ」という日本語の言行一致に巻き込まれながら考えてみることで、「オモテとウラ」の「表から裏へ」と理論的深化を試みたい。

第2節　臨床事例

1　事例の概要

クライエントは50代の女性で、名前を仮にDとしておこう。Dには息子がいたが、開始時には大学生で一人暮らしをしていたため、夫と二人で暮らしていた。

Dは私生児だった。母は結婚を許されないままDを生み、後に他の男性と結婚して5人の子をもうけた。その大家族のなかで連れ子であった彼女だけが名字が違った。幼い頃より、彼女はそのことを恥じ、母に迷惑をかけていると気に病んでいた。実際、義父と母はしばしばDを巡って口論になった。そういうとき彼女は、息を潜め、気配を殺した。

学校でのDは「いい子」であった。学業優秀で、教師を困らせることもなかったが、代わりに目立つこともなく、心許せる友人もいなかった。Dは誰にも迷惑をかけないが、誰とも深く交わらなかったのである。その後、Dは難関大学を経て、大企業に就職する。

X－25年、職場の先輩から猛アプローチを受けて、Dは結婚する。彼女曰く、夫は仕事のできる「スーパーマン」で、彼女は仕事上の不安をすべて夫に相談していた。すぐに長男を授かったDは、仕事・家事・育児全般を一人で引き受けた。オーバーワークではあったが、彼女はそうすることに葛藤をもたなかった。子は育ち、夫婦ともに仕事は順調だった。

X－10年ころから、出世した夫の帰りは遅くなった。彼女は夕食を準備する手間が省けたと、ひそかにそれを喜んだ。そして、彼女は幾度か夫からのセックスの誘いを断り、それから夫婦の性生活はなくなった。Dもまた、責任ある仕事を任されるようになっていた。気づけば丁寧な仕事ぶりと、周囲への配慮力が買われて、彼女も幹部候補生となっていた。ただ、そのような高評価は女性登用の風潮で買いかぶられているに過ぎず、夫こそが評価に値する人物だとDは考えていた。彼女は正体が露見することを恐れていたのである。

X年3月、彼女は幹部に昇進した。それは夫よりも早い出世であった。内示があったその夜、夫はセックスレスになった頃から不倫を続けていることをDに通告し、酒に酔って暴れた。そのときからDは夫が今どこに誰といるのか不安で仕方がなく、仕事では機能不全になり、夜は深刻な不眠に陥った。Dは私の勤務する精神科クリニックを受診し、睡眠薬の処方を受けたが、不眠が改善しないため、心理療法の導入となった。

まだ寒気の残る春、スーツで身を固めたDは、疲れ果てた表情で初回面接に現れた。「夫の浮気で、それ以来不安で仕方ない」Dは涙を浮かべて訴えた。「夫は自分の一部なんです、いなくなることを思ったら怖くて仕方がない」。

彼女は誰かに相談して、「そんな男とは別れろ」と言われることが恐ろしく、誰にも相談できないできたのだと語った。私に「別れた方がいい」と言われるのを恐れているようだった。

私はDが夫の不倫を契機として、幼少期以来の寄る辺なさを反復していると理解した。有能であり社会適応は果たされていたが、それが本人を支えるアイデンティティになっていないことと、夫に対する理想化などの防衛のありようから、彼女の不安をパーソナリティ障害圏のものと理解した。生育歴に由来する基本的信頼の困難が根底にあると考えられたため、その改善とそれに伴う心的な分離の達成が心理療法の目標となると考えた。だから、私が「行動する前に、別れることを思うとこれだけ不安になってしまうことについて考えませんか」と伝え、週一回の心理療法を提案すると、Dは心底安堵したように「ほっとした」と言い、心理療法の開始に同意した。

(1) 第1期「弱くて馬鹿な女」は考えられない

〔第1回〜第38回〕

心理療法が始まると、Dは「行動する前に考えましょうと言われたことで、本当にほっとした。不安が少しおさまった」と初回でのやりとりを涙ながらに語り、いかに自分が弱く、庇護される必要があるのかを切々と語った。彼女は夫の前で、泣いたり喚いたりを繰り返し、それに夫は暴言や暴力で応えていた。それでも彼女は縋った。「あなたが憎いと言っています。それでもあなたと別れられない、一緒にいたい、私は馬鹿な女なの」と。

スーパーマンである夫に頼ることができなくなったDは、私を皮切りにさまざまな人に助けを求めるようになった。上司に相談し、夫の友人に相談し、夫の行きつけのスナックのママに相談していた。ママは夫と肉体関係をもっていたこともあったが、Dは自分のことをわかってくれると相談することを躊躇しなかった。彼女は至るところで自分がいかに苦しく、弱いのかを訴えた。Dはこれまで周囲から「強い女」と思われてきたのだと言い、人生で初めて、弱い自分をオモテに出しているから、皆驚いていると語った。しかし、相手が彼女の訴えに対して少しでも共感性を欠いていると、「迷惑をかけている気がする」と一気に距離を取った。だからDは本質的に孤立しており、実母に対してさえも現状を話すことができなかった。兄弟の中で唯一安定した職につき、家庭を築いてきたからこそ、母に心配をかけたくないとのことだった。だから、Dは「ここだけが頼りです」と私に縋った。

しばらくして当初の混乱が収まると、Dは次第にアグレッシブになっていった。しかし彼女は夫から反撃されることを恐れていたので、その怒りは不倫相手に向けられた。夫が帰ってこない夜、彼女は車で1時間ほどの不倫相手の家にまで行って、車が置いてあるかを確認し、車がなければ相手が出るまで何度も電話をかけ続け、罵詈雑言を浴びせかけた。ただ奇妙なことに、Dは「あなたのせいで、私の人生は無茶苦茶だ」と自分がいかに苦しい思いをしているのかを訴え、不倫相手に対してまで共感を求めた。相手がそれに対してすげない態度を取ると、「なぜ私の気持ちがわからない」と腹を立てた。そして、そのように攻撃するとき、彼女は決まって酒を飲み、睡眠薬を飲んだ。「気づけばやっていた」と酩酊しながら攻撃することで、責任を逃れようとしているのだとDは自分で言っていた。

そして、彼女は盛んに夫が何を考えているかわからないと私に訴えるようになった。夫は出ていくのか出ていかないのか、夫は自分を愛しているのか、不倫相手を愛しているのかわからない。彼女は曖昧さに耐えることができなかった。その彼女にとって最も恐ろしいのは、夫が飲みに出かけて帰ってこない時間だった。その時間、彼女は眠ることができず、一人パニックになった。だから、彼女は夫から連絡があれば深夜だろうが、明け方だろうが、車で夫を迎えに行った。夫を車に乗せたときだけ安心するのだった。彼女には分離が恐ろしく、夫が家にいない時間は何も考えられない時間になるのだった。

だから、Dはただただ私に縋った。無論、「自分なんかがカウンセリングを受けていていいのか」とDは私に迷惑をかけることも恐れていた。彼女は面接で何を話せばいいのかわからずに困っていた。するとDは、事前に一週間に何が起きたのかをまとめ、それを時系列で私に報告するようになった。毎回のように同じ形式で、同じような内容の話が繰り返されることになった。そのような語りは、私をひどく退屈させ、眠気を催させた。

はっきりしていたのは、そうすることで彼女が面接でも分離を排除していたことであった。自分で考える作業そのものが分離として経験されるがゆえに、彼女は定型に固執したのである。私は幾度か、考えることの難しさについて伝えたが、彼女は「どうしたらいいですか」と具体的な指示を仰ぐしかなかった。自分は「弱くて馬鹿な女」なのだから、考えるのは私の役割なのだと。一年が経った頃には、私も考えられなくなっていた。

二人は表面で触れ合うだけになった。

(2) 第2期　奇妙な平穏

〔第39回〜第111回〕

年度が替わると、大学を卒業した息子が帰ってきて、3人の生活が始まった。息子は高校時代から抑うつ的になり、大学を卒業するも、就職活動もできないまま実家に戻ってきた。息子は父親を毛嫌いしており、Dの味方となった。そもそも二人の関係はきわめて密着したものだった。息子が一人暮らしをしていた4年間、Dは毎晩息子に電話をかけ続け、息子もそれを拒むことがなかった。彼女は夫との間で起きたことをすべて息子に話し、息子が「客観的な意見をくれる」と安心した。

「夫の代わりが僕になって、さらに息子がその代わりになった」と私は伝えた。

「最近はここに来る前に不安になる。こんなことで通っていいのか。自分を偽善者のように感じる」。Dは同意した上で不安を語った。会社では優秀な社員で、メンタルヘルスを病んだ部下の対応をしている自分が、実は隠れて通院して、こうして人に助けを求めていることに罪悪感をもっているとのことだった。

こうして心理療法には長く続く奇妙な平穏が訪れた。相変わらず、夫は不倫を続け、Dに暴言を浴びせた。Dもまた夫を責め、不安に苛まれ、息子に愚痴を言い、そういう同じ1週間を儀式のようにして私に報告した。それでも彼女は「落ち着いていています」と繰り返すようになった。結局夫は出ていかず、夫が不在のときには息子が家にいたからである。

この時期、私は深く退屈し、気づけば「夫は○○しようとしていますね」など「客観的」なアドバイスを言うようになっていた。Dはそれに対して「そうですか」と聞き流し、私もまたどうでもいいことを伝えているように思っていた。そういう自分に私は気がついてはいたが、立て直すことができなかった。私は何も考えることができなかった。Dもまた夫のいない時間が不安であり、自らを不幸と嘆いていたが、その不幸をどうにかしようとは思っていないようだった。

表面は取り繕われた。2年に及ぶ無風の時期に入った。それは毎回同じDと同じ私が反復される、動きのない不毛な時間だった。

とは言え、変化がないわけではなかった。Dの見捨てられ不安は確かに減じていた。彼女は「夫は結局家に帰ってくる」と言うようになり、不眠もほぼ消失して睡眠薬を服用することはなくなった。心理療法に通う不安も減じたとのことだった。

並行して、この時期Dはゆっくりと夫に幻滅していった。スーパーマンだと思っていた夫は、実は職場の評価がそれほど高くないことがわかり、今になってみれば家でも嘘ばかりついていたことを思うと、夫は英雄でも何でもないと彼女は感じるようになった。そのような幻滅は逆に、Dの自己評価を上げることになった。彼女はこれまで能力がないと罪悪感をもっていたが、今では夫のような専門的能力はもたないが、自分には調整能力があり、部下と上司を繋ぐうえで、組織にとって必要な人材なのだと感じるようになっていた。

その中で、心理療法が3年目の後半に入ってようやく、面接に微妙な空気が流れ始めていることが、私にも感じられるようになってきた。彼女は日々の報告とアドバイスの求めで面接を埋め尽くしていたが、私にはそれが時間を埋めるためだけになされているような感覚があった。面接は治療的な意味をもっていなかった。それは結婚後しばらくしてからのDと夫とのすれ違う生活のようであった。Dは安心感を得て治療者にも幻滅し始めているが、しかしそれに直面できないでいる、対決することの困難が家庭でも面接でも起きている、私はそう理解し、そこに問題があると考え始めた。

その中で、Dは自分なんかが面接に通っていてもいいのかと不安を再び語るようになった。しかしそれは以前とは異なり、アドバイスをくれないこと、不安の顕著な改善がないこと、毎週話を作りださないといけないことへの、Dの不満であった。だから彼女は、ある回で面接を二週間に一回にすることを考えていると漏らした。

すると次の回、Dは珍しく10分ほど遅刻して、ひどく不安そうに面接にやってきた。それでもいつものように滔々と一週間の経過を語った。何かを誤魔化しているようだった。だから私は尋ねた。

「僕に不満を言って、不安になった」

「何を話せばいいかわからなくなって、車の中で動けなくなった」

「対決するのは不安なのだと思う。行き詰まったままのほうがいい」

「その先に行くとどうなってしまうのか、わからない」。そしてDは絞り出すようにして恐る恐る私に訊いた。「ずっと訊きたかったのだけど、私のことをどう思っていますか?」

「どういうこと?」

「私の存在は……、ありなのか、なしなのか」

それはDが母親に対してずっと尋ねてみたかった問いだった。なぜ自分を産んだのか、と。そして当面やはり週一回で続けたいと彼女は言った。

（3）第3期　考えずに行動する

〔第112回～第141回〕

それからDは少し変わった。彼女は以前と違って、恐る恐るではあったがはっきりと私に、夫がいない時間の不安に変化がないことの不満を言い、それに対処するためのアドバイスが欲しいと要求するようになった。

「変化を求めるDさんがいますね」。私は伝えた。

「確かに、前はこういう話をするのは不安だったけど、今はそうではない」

彼女に新しい何かが芽生えてきているのは確かだった。Dは対決ができないことを課題だと自覚していた。そして、ある日夫と激しい衝突をしたことをきっかけに、彼女は初めて直接夫の不倫相手と会った。今までは電話で一方的にDが話をして終わりだったが、このとき彼女は相手の話を聞こうとした。そして、毎週のように二人が逢瀬を重ねており、きわめて親密な関係であったことを具体的に知った。彼女は今まで知ろうとしなかったことを知ろうとし始め、そのことに耐えられるようになっていた。そして、Dは変わろうとしない夫の姿を見て、調査会社に不倫の証拠を押さえてもらうよう依頼した。

事態は急速に動いていた。「このままではいけない」。膠着した3年間の分まで、彼女は様々に動いた。その最中、ある日彼女は唐突に、以前から尊敬していた男性Yと性的な接触をもった。Yに対する強い思慕の念を語るDは、まるで少女のようだった。Yは新たな依存対象となったようだった。様々な行動化が起こり、そのたびに彼女はそれを前に進むための決意とした。私にはそれは躁的に見えていたが、彼女は動くことを止めなかった。

心理療法が４年目に入るころ、Ｄは調査会社からの報告をもとに、夫と不倫相手に慰謝料を請求した。彼女はそのことを区切りとして、夫が自分のもとに戻ってくることを期待していたが、夫は初めてＤに刃向かわれたことに腹を立てて、逆に家を出ていった。

別居は速やかに行われ、彼女は久し振りに面接で泣いた。目を真っ赤にして、「自分は田舎の私生児だったから、いろいろ言われた。だから、恥ずかしくないように生きて、立派になったと言われたかった。でも、結局こうなった、……家庭が失敗したと思われるのが一番辛い」。未婚で子を産んだ母の失敗に、自分を重ねているようで、彼女は苦しそうだった。

「自分で始めたことだけど、後悔している自分がいます。でも、始めてしまったのだから……」

私に対決を迫られそれに合わせて大きく行動したことを、Ｄは後悔していた。私を恨めしく思っているようでもあった。

（４）第４期　新しい顔

〔第１４２回～第１５６回〕

別居後の彼女は平穏だった。寂しさこそ感じていたものの、夫が視界に入らない生活によって、彼女の不安は刺激されずに落ち着いたようであった。加えてＹへの思慕の念もあった。彼女は仕事に精を出し、そこで必要とされる自分を実感した。しかし、一方で彼女はＹが自分のことをどう考えているかわからないと戸惑っていた。彼女は母・夫・私との間にあった古い関係性をＹとも反復し始めていた。

平穏な日々によって、不安で弱い自分が影を潜めると、面接は彼女にとって急激に居心地の悪い場所になった。だから、Ｄは話すことがなく毎週の面接は苦しいので、二週に一回にペースを変更したいと提案した。

それに対して、私は尋ねた。

「何のために来ている？」

「大丈夫と言ってほしい」。Dは少し照れたように言った。

「大丈夫カウンセリングなら月一でもいいと思うけど、重要なのは自分で大丈夫と思えることでは？」

「確かに。ずっと自分で大丈夫というわけにはいかない。私は先生の前でも無意識でいい子でいる」

この回、目標が再設定され、自由連想の原則が確認された。

すると次の週、Dは「何も考えてきませんでした」とすっぴんに普段着でやってきた。[*4] そしていつものように一週間の様子を報告するのではなく、戸惑いながらも頭に浮かんでいることを話そうとした。「来る途中にふと思ったのだけど、カウンセリングを終わろうと思った。このまま自分は変わらない気がする」

「カウンセリングに期待していない？」

「していないです」とDは笑った。

「いい子にしていないDさんがいますね」

「小さいときから実は図太いところがあったと思う。両親は私のことでよく喧嘩をしていたけど、それでも私は大学に行った。母がそのために働いていたのだから、父が何を言おうと関係ないと思っていた」とDは自分が実はふてぶてしい図太い子だったと回想した。

その面接の中で、終結をめぐる話し合いが重ねられた。最後に彼女は、「どうしたらいいか」と私に判断を預けた。

「自分で決めるのではなくて、人に決めてほしいのだと思います」。私は伝えた。

＊4　オモテを装うことをやめたように、私には見えた。

しばらく考えて、Dは言った。「自分で決めないといけない。終わることにします、前に進みたい」。私は了承し、３ヶ月間を終結期とすることになった。

それからの彼女は目に見えて、図太くなった。夫から経済的な権利を獲得し、職場では大きな仕事に対しても今までどおりにしていればいいとサボタージュした。そして、彼女は面接でも終結について何も考えずに、ただただやり過ごすことを続けた。今までとの違いは、それが目に見えるということにあった。

「面倒くさいんです、だから自分はいままで深く人と関わってこなかった。早めに人を切り捨てていたのだと思う」

それはこれまでになかった彼女の新しい顔だった。弱くて馬鹿な女のウラには、ふてぶてしく他者を寄せつけないDがいた。その新しい顔は、終結期に対してサボタージュを行うという意味で依然分離の困難を示すものでもあったが、同時に明確に私と対決するという面ももち合わせていた。私とDはその二重性について話し合いを重ねた。その中で徐々に分かち合われてきたのは、そうすることで彼女が新しいことを試みているということであった。

だから、Dは次第に息子やYと対立して、気まずくなったときでも、経緯を見守ることができるようになった。以前の彼女ならすぐに関係を取り繕わなくてはならなかったが、今では「興味があるんです、どうなってしまうのか。なんとかなるとは思うから」と落ち着いていた。芽生えていたのは好奇心だった。Dは新しい事態に直面して、何が起きるのかと楽しむようになっていた。それは無論、終結へのDの取り組みでもあった。

「頼れなくなる不安もあるけど、自分がどうなるのかが楽しみでもある。今までも大丈夫だったし、たぶん大丈夫なのだと思う」。少し彼女は終結について考え始めたようだった。

終わりを前にして、不安と後悔と期待が揺れ動いていることを彼女は率直に語った。このまま終結するか、それともやはり心理療法を続けようか、彼女は迷い続けた。私もまた、残された課題があることを思うと、この終結で見過ごしているものがあるのではないかと、迷っていた。ただ終結を前にして、今までとは違う自分を実感したのだろう、彼女は若干躁的でもあった。そのようにして、私たちは終わりに向かっていった。

年末の訪れと共に、終わりの日は瞬く間にやってきた。最終回の彼女はうれしそうだった。

「今、わくわくしています。外から見たら自分は変わっていないのかもしれないけど、やっぱり変わったのだと思う。今は前に進もうとしている。最初に進まなくていいと言われたのが大きかった。あの3年がとても大きかったと思う。自分はカタツムリみたいにゆっくりしか進めない人なのだと思う」

最後彼女は、仕事の都合で早く帰らなくてはならないのだと言った。自分がいないと進まないことがあるということだった。分離の不安は躁的に処理されようとしていた。私は積み残されたものを思い、少し寂しかった。だけど、終結とはそういうものではないかとも思っていた。

彼女は礼を言って、10分を残して部屋を出ようとした。最後に彼女は少し逡巡した。ドアノブに手をかけ、それからこちらを振り返った。

「もしテレビに私の会社が出ていたら……」Dは恥ずかしそうに言った「私がそこで頑張っていると思ってください」。

彼女ははにかんでいた。

第3節　考　察

1　過剰なオモテによるウラの排除

本事例を特徴づけるのは、長い停滞と終盤の激しい動きである。ここにDの「オモテとウラ」の独特なありようが刻まれている。まず長い停滞を生んだDのオモテを見てみよう。

3年にわたる長い停滞は、Dと私が互いに同じ顔を差し出し続けることで成り立っていた。Dは一週間を時系列で報告するという形式に固執し、長らく同じ自分を提示し続けた。*5 そうして提示されたのは「弱くて馬鹿な女」という顔―オモテであった。このとき、Dの「弱さ」に対応して夫は「スーパーマン」とされ、息子、Y、私は庇護する人とされた。そしてDは「馬鹿」だから「考えること」ができないので、代わりに周囲の人が考えてアドバイスを行い、私は客観的な意見を言う立場に立たされた。「弱くて馬鹿な女」というDのオモテには「庇護するスーパーマン」という対象関係が含まれていたのである。それは自己を脱価値化し、他者を理想化するものであった。

Dのオモテの特徴は、ウラを執拗に排除した過剰な表面性にある。彼女は気持ちではなく起きた出来事の表面的な記述を続け、私は彼女の心情に触れるのではなく、行動のアドバイスを繰り返していた。そこでは語られることが字義どおりでしかなくなっていた。二人のオモテが表面同士で付着することで、奥行きとウラが締め出されていたのである。*6

このようなウラを排除する過剰なオモテは、Dの生育歴からもたらされたものであろう。私生児という出生、周囲からの好奇のまなざし、両親の不和は、普通得られるはずの環境の守りを損なっていた。そして、名字が個体を包み込む家族のオモテであることを鑑みるならば、家族の中で一人だけ名字が違った彼女が、人生の最初期から覆いの欠如した剝き出しの感覚を生きてきたことは想像に難くない。それらは、彼女に基本的不信と強い恥の感覚をもたらした。だからこそ、彼女は過剰にオモテにしがみつかねばならなかったのだろう。土居（1976）が甘えの許容度の低いところにオモテが生じるとしたように、オモテとは自己が不全な環境に直面して、環境から切り捨てられないよう適応するために作られる顔・仮面――つまり自己の表面なのである。*7

ただ興味深いことは、「弱くて馬鹿な女」がそもそもDのウラの顔であったことである。Dの適応は人生の最初期から素晴らしくよかったし、彼女は職場でも家庭でも「強い女」だと思われてきた。彼女は他者に迷惑をかけない「強い女」というオモテによって、環境に適応し、環境と一体となってきたのだと言える。だから、彼女の低い自己評価や激しい依存欲求は幼少期以来存在していたものだとしても、「弱くて馬鹿な女」という顔が形象化されたのは、夫の不倫と心理療法という新しい環境に直面したことによるものだったと言える。彼女は環境の激変に対して、オモテを付け替えることで対処しようとしていた。

＊5　硬いこころの表面がここにはあった。そこにはゆるみがなく、遊びがなく、したがって面接から動きが失われた。

＊6　メルツァー（Meltzer, et al., 1975）の言う二次元性や付着同一化とはこのことだ。そこには表面しかなく、奥行きがない。それは本来自閉症のこころの表面を指摘するものであるのだけど、ある種の自己愛的なクライエントとの面接では、似たような平板さが出現する。

＊7　こころの表面は内的なものであると同時に、外的なものでもある。エスが外界に接触した界面でこころの表面としての自我が生まれるというフロイトの議論の通りである。詳しくは第3章を見よ。

したがって問題は「弱くて馬鹿な女」というオモテの意味内容にだけあるのではなく、Dがその基本的不信から一貫して過剰なオモテを生きてきたことにあり、「オモテとウラ」を両存させることが困難だったことにある。環境との表面的な一体化を志向するDにとって、ウラが存在することは環境からの分離を意味するから危険なのである。実際、Dは職場での強い自分と夫や私の前での弱い自分という二重性に不安を覚えていたし、夫のいない時間—夫がウラを生きている時間は不安を掻き立てられるものであった。ウラが排除されているから、Dは他者と奥行きのある深い繫がりを作れず、基本的不信は潜伏し続けることになったのである。したがって、本事例ではこの長い停滞を生んだ過剰なオモテから、いかにウラが顔を出すかが課題となったのである。

2 ウラが顔を出す

ウラが顔を出し、終盤の激しい動きを生み出す土壌となったのは、過剰なオモテが転移になって不毛に陥った第2期である。この時期に信頼の獲得と幻滅の作業がなされた。

当初、見捨てられ不安に脅かされていたDは、第2期の果てることのない反復の中で、私との関係の恒常性を実感したようだった。それは私がDの中でスーパーマンでなくなっていく過程に付随したものだったと考えられる。つまり、スーパーマンを投影されることで機能不全に陥った私が、この時期に「失敗」(Winnicott, 1965/1977) を重ねることで、Dの理想化は時間をかけて破れることになり、逆に自己の脱価値化は緩まった。この幻滅のプロセスが見捨てられない自分の実感と、関係への信頼を生み、過剰なオモテを緩ませた。無論、それは夫への幻滅と同期していた。

そこから生まれたのは治療への不満であった。この不満は過剰なオモテによって長らく覆い隠されていた

Dの不信感や破壊性がかたちを得たものであった。それは第1期に不倫相手に向けられながらもDが自己のものではないと否認した破壊性であり、「弱くて馬鹿な女」という脱価値化された自己に向けられていたDの破壊性である。つまり、彼女が提示していた従順な「弱さ」のウラには、見えない攻撃性が存在していたのであり、それが不満としてオモテに出てきたのである。そして、この不満は終盤に至って、「図太い子」という顔を得るに至った。Dは、心理療法が変化をもたらさないと私と対峙し、変化を拒む自分を提示し、他者を排除してきた自分を振り返った。重要なことは、それが新しい顔であったのと同時に、実際には第1期・第2期を通じて行動化されていたものであったことである。「弱くて馬鹿な女」は見えない形で他者を排除し、変化を拒むことで、心理療法を不全に陥らせていたが、「図太い子」はそれを見える形で、主体的に行っていたのである。

終盤の激しい動きは、長い停滞のウラにあって見えなかったものが、オモテに出てきたことで生じた。それはDがウラの存在に耐えられるようになり、「オモテとウラ」の並存にもちこたえられるようになっていたことを意味している。実際、第3期に至って、Dは夫とその不倫相手がウラで何をしていたのかを知ろうとするようになり、第4期になって職場でも面接でもオモテでは普通に見せて、ウラではサボタージュするようになった。何より、Dは治療が終わった後の自分について好奇心を向けるようになった。好奇心とは本来母親の表面を超えてその内部空間を知ろうとする衝動であり、それは自己の破壊性に圧倒されないで、保持しておけるようになることで可能になる（Klein, 1931/1983）。Dはウラを保持することで、環境から距離を取っても「大丈夫」な自分を確保した。

このことを如実に示すのが、最後にDが「カタツムリ」と自己を譬えたことである。「弱くて馬鹿な女」も「図太い子」もともに字義どおりの自分を表わすものであったが、カタツムリの比喩には奥行きがあった。それは字義どおりノロノロと時間をかけた心理療法での自分を表現するものであると同時に、硬い殻の内部空間に住まう軟体動物としての自分を表わすものでもあった。つまり、内部を不可視にする過剰なオモテと、いまだ不定型であるにしても生命あるウラの二重性が示されていたのである。そして、そのような比喩がこころに機能していること自体がDのこころに奥行きが生まれたことを示していた。

3 「オモテとウラ」から「面・心・直面」へ

Dとの心理療法を「オモテとウラ」の観点から検討して、オモテだけに占拠された心的世界にウラが顔を出すプロセスを簡潔に論じてきた。しかし、「オモテからウラへ」という理解は実は錯綜している。その錯綜は、ここまで本論で多用してきた「ウラ」という言葉がブレを抱えていたことに起因している。ここから「オモテとウラ」の裏を見てみたい。

ウラには二種あるということである。ひとつは「弱くて馬鹿な女」の裏で蠢いていた性愛と破壊性であり（便宜的にウラⅠとする）、もうひとつは「図太い子」として見えるようになった裏の顔である（同様にウラⅡとする）。ウラⅠは見えにくいかたちで行動化されている無意識的な衝動であり、ウラⅡはそれが治療関係にコンテインされることで見えるように形象化されたものだと言うことができる。

「オモテとウラ」が相補的であり、それらが同じ成分から組成されていると言えるのは、オモテとウラⅡの関係においてである。哲学者の坂部（1976）は仮面の下に素顔が潜んでいるという想定を西欧近代に固有なものだと批判し、能面にあって仮面の下にあるのは直面に過ぎず、面とは連鎖しながら無限に後退していくものだと指摘している。オモテの下に控えていたウラⅡとは、本質的には裏のオモテなのである。

オモテとウラⅡが表面に現前する顕在的なものであるのに対して、ウラⅠは深層に隠れた潜勢的なものである。Dの場合、過剰なオモテが実は他者を排除し、繋がりを破壊していたように、ウラⅠはオモテの裏面にべったりと貼りついて、オモテの機能を規定していた。

翁や女、鬼という個性豊かな人格が広がっている能面の裏側には、漆が一面に塗られたノッペラボウが控えている。同じようにウラⅠは形象化されない非人格的なものとして裏に控えているのである。それはフロイトが精神分析という方法を通じて、症状の裏に探し求めた動物的な衝動である。ウラⅠこそが日本語の本来の意味での「ウラ―心」であり、「心」理学とはそもそも見にくいウラⅠを見るために始まったのである。欧米でウラⅠは症状・夢・機知の背景に潜んでおり、表層を剥ぐことで見えるようになることを待望されていたが、わが国の文化でそれはあくまで面と直面の中間に隠されている。つまり、「オモテとウラ」という二次元的なこころは、実は「面（オモテ）・心（ウラⅠ）・直面（ウラⅡ）」という三者構造に支えられている。ここに「オモテとウラ」の裏がある。

「オモテとウラ」という日本語は、ウラⅡを見やすくして、ウラⅠを見にくくするのである。実際、「弱くて馬鹿な女」と「図太い子」という「オモテとウラ」に目を奪われた本事例では、Dの動物的な衝動の部分は見過ごされた。Dが更年期を迎えていたこと、Yとの性的接触、そしてそれが私に向けられた性的な転移の行動化であったことはよく見られなかった。性は彼女の出生をめぐる恥と連結していたのであり、投影同一化を通じて、私もまた二人の間の性的な転移を見ることに羞恥を感じていた。「見るなの禁止」がかかっていたのである。

ここに本事例の限界があり、「オモテとウラ」の表層性があるのだろうが、「オモテとウラ」は心理療法を語る有効な語彙として機能してきたのだから、日本語臨床という思考の枠組みで問われるべきなのは、ウラⅠが見にくいことの文化的価値である。

動物的な恥ずかしいものを直視しないために、ウラⅠにウラⅡという覆いを装着させることは、確かに精神分析の本来的な価値観の中ではワークスルーの不徹底と言わざるをえない。しかし、日本の精神分析は、見えるものよりも見えないものが多くなる週一回の精神分析的心理療法というセッティングにおいて普及し、見ないことの価値を「覆いをつくること」という治療目標によって語ってきたのである。そこには独自のロジックがあり、それは本事例の終結で端的に示されている。

本事例の終結で、Dは確かに躁的だった。それは私との別れに直面して、「図太い子」というウラⅡを装着することでもたらされたものであった。そこでは、彼女の分離不安というウラⅠは十分に見られなかった。しかし、最後10分早く立ち去ろうと「粋がり」、最後に自分のことを思い出してくださいと語ったDは叙情的ではなかったか。別れの寂しさや苦痛は直視されるのではなく、ほのめかされていたからだ。

土居も北山も、「オモテとウラ」と言うときに、ウラⅡを主に語りながら、そこに時折ウラⅠを混ぜ込んでいた。見にくくて、ときに醜い動物的なウラⅠは剝き出しのかたちで明示されるのではなく、ウラⅡに覆われながらほのめかされ、垣間見られてきたのである。「オモテとウラ」が日本の心理療法を語る有効な語彙でありえてきたのは、その表層性が「見るなの禁止」を補強することによって、恥から日本人を守り、それでいてウラⅠがほのめかされることで、こころのはかない触れ合いを可能にしてきたからではないか。

日本語臨床を考えることには定点から離れるという不安がある。欧米から輸入された心理療法の治療観が、実は文化的に形成されたものだと相対化されるからである。[*8] Dとの終結期にあった深い迷いはその不安を反映している。よく見られていないものが確かにあるという認識があり、同時に見ないままにしておきたい思いが、Dと私の相互にあった。それはDからすればもう少し見せたかったのであり、そうすることで繫がりを築きたかった思いと、恥ずかしい思いをしないで分離を成し遂げたいという思いの迷いだった。それは私からすればもう少し見ることができたのではないかという課題と見なかったことの意義を巡る迷いであった。ここにこの文化においてこころを見る治療に取り組む者の抱える普遍的な葛藤がある。その葛藤を、ウラⅡによってウラⅠを隠し、それでいて同時にほのめかす「オモテとウラ」という言葉は包摂しようとしているのである。「見ることと見ないこと」あるいは「心理学することと心理学しないこと」、その両方を抱える臨床言語として「オモテとウラ」があるということだ。

最後に私が「終結とはそういうものではないか」と思ったのは、「オモテとウラ」が包み込む分離の余韻を思ってのことであった。終結は寂しい。そのことは互いにわかっている。だけど、それを言葉にしない。かといって、否認もしない。私たちはその寂しさを含みおく。だから、寂しさが垣間見える。そこに情趣がある。それが日本のありふれた終結ではないかと思う。

「オモテとウラ」という言葉がそうであるように、私たちは表層を取り繕う。だから、日本のありふれた心理療法は確かに表層的であるが、その表層性は皮膚のように深い。

＊8　この点は第Ⅲ部で真正面から扱われる。

第Ⅲ部　人類学的分析へ
——文化を考える

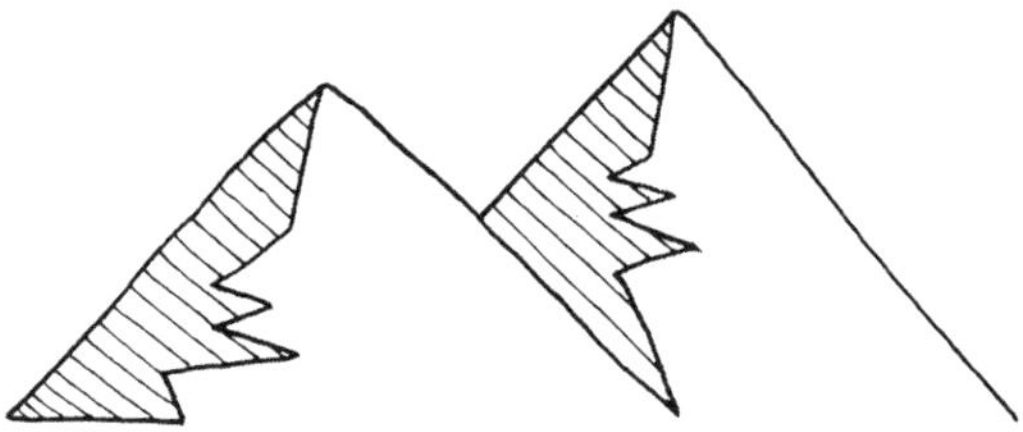

一つの教養の生命は、雑駁、異質な、それぞれの土地にからむ事情を、どこまで自分のうちに消化する能力があるかにかかっている。

高橋和巳『邪宗門』

第Ⅱ部では「こころの表面」と「覆いをつくること」についての心理学的考察が行われた。日本のありふれた心理療法のための心理学的説明モデルの拡張が試みられたのである。これに対して、第Ⅲ部ではより直接的に心理療法の人類学的分析に取り組もうと思う。心理療法を文化的営みとして捉え、それを文化の文脈から解釈し、理解する。それが第Ⅲ部の目的である。

したがって、以下の論文は今までの論文や一般的な心理療法関係の学術論文とは少し毛並みが違う。分析の視座は心理学ではなく、人類学に置かれ、その焦点はこころのメカニズムではなく、文化のメカニズムに置かれているからである。しかも、そういうことを心理療法から遠く離れたところから考えるのではなく、心理療法の真っただ中で考えることがここで試みられる。つまり、クライエントと会い、クライエントの文化に飲み込まれながら、心理療法という文化について考えてみたいのだ。

具体的には、第6章では心理療法という文化がローカルな文化の中で行われるときに、そこでいかなる文化的葛藤と文化的力動が生じるかを検討する。心理療法がローカルな文化によって変形していく局面をミクロに見てみる。さらに、第7章ではそのような文化的葛藤を通じて見えてくる心理療法という文化の正体を見極めようと思う。「心理療法とは何か」、それはいかなる治療文化であるのかを検討しよう。

そのようにして、本書で時間をかけて検討してきた、心理療法の医療人類学的分析をここで示す。それは新しい試みかもしれない。だけど、日本のありふれた心理療法のためには不可欠な試みだ。私たちの臨床は、ローカルな文化の中でしかありえないのだから、その文化について考える視座を確保することはとても大切なことだ。

第6章 文化の中の心理療法——文化的抵抗と文化的交渉

はじめに

本章では心理療法という文化が、ローカルな文化とどのように混じり合うのかを検討する。水に塩を投入すれば食塩水が生まれるが、レモン汁と牛乳であれば分離する。心理療法はローカルな文化に溶け入るのか、それとも分離したままキメラのような奇妙な接合をするのか。そのとき具体的に何が起きているのか。それを文化論的にどのように理解できるのか。そういった問題が以下で扱われる。

舞台となるのは沖縄である。何もわざわざ沖縄を選んだわけではない。偶然に私が働いていたのが沖縄の精神科クリニックであったから、そこでのありふれた心理療法を考えるためには、沖縄の文化を考えなくてはいけなかったということだ。だから、読者はそれぞれに自分の臨床の場の文化を代入してもらいながら、本章を読んでもらえると嬉しい。それは東北地方かもしれないし、ある地域の中での経済的格差のこともあるかもしれない。あるいは、企業文化もあるかもしれないし、児童相談所などの公務員文化ということもあるかもしれない。文化は無数に重なり合っているから、色々な焦点の結び方があると思う。

重要なのは心理療法が文化との間でいかなる相互作用を持ち、それを心理臨床家がどのように生きるのかということだ。そのために本章では沖縄で私が行っていたありふれた事例を報告する。それは5ヶ月程度で終わった、短い事例だ。だけど、そこでは文化がモザイク状になり、そうすることで「治療」が構成されていったプロセスを見ることができる。

第1節　問題と目的

1　心理療法の間文化性への問い

フロイトの精神分析は19世紀末ウィーンの文化から生まれ、普遍性を獲得して世界中に伝播していった。その過程で、アメリカで自我心理学に、イギリスで対象関係論に、フランスでラカン派精神分析に改訂され、日本で特異な展開を遂げた。近代（Modernity）に固有な「病むことと癒やすこと」の文化である心理療法は(Giddens, 1991/2005)、各地のローカルな文化と結びついて変形を遂げてきたのである。それは、現代日本でわれわれが実践し、経験している心理療法を「グローカリゼーション」(Robertson, 1992/1997）の産物として捉える視点だ。つまり、グローバルなものは、ローカルなものと結びつき、混淆して、独自の形になるのである。テリヤキバーガーがそうであるように、そのように変形することでグローバルな文化は私たちのローカルな生活に浸透していく。

このプロセスは現在進行形である。新たな領域・地域に心理療法は進出し、時代の文化的様相は絶えず変化するがゆえに、心理療法には新たな理論・技法が付け加えられ続けている。今日もまた、新たな文化的変形がなされていることだろう。

本章ではこの心理療法とローカルな文化の交流を見てみたい。それは文化と文化が出会い、交流し、混淆する「間文化性」の問題である（谷・松葉、2010）。心理療法という文化がローカルな文化と接触するとき、そこでいかなる交流が生じるのだろうか。心理療法はそのとき、どのように自分の姿を変えていくのだろうか。それが問いだ。

しかし、この間文化性の領域について、従来心理療法は正当な知をもちえずにきたと私は考えている。心理療法が文化を眼差すことには構造的な困難があったからである。そこで、まずは心理療法分野における文化研究を簡潔にレビューし、間文化性を心理療法が研究することの困難と可能性について検討したい。

2 「心理療法から見た文化」と「文化の中の心理療法」

心理療法はこれまでに文化を二つの方向に向かって研究してきた。

一方に自文化を対象とした、人間のこころにとって文化とは何かを探求した研究がある。例えば、フロイト（Freud, 1930/1969）は文化が人間の本能を抑制する超自我的審級にあることを示し、ウィニコット（Winnicott, 1971/1979）は文化が環境と個人のあいだ、つまり母子のあいだの「潜在空間」から生じることを示している。これらの研究は文化という次元を心理療法の心的構造論、あるいは発達論の中に位置づけようとしているところに特徴がある。

反対方向には異文化に向けられた研究がある。これはさらに三つの型に分類できる。

第一に、ユングのアフリカ・インドの旅や、エリクソンのアメリカ原住民の子育ての研究のように、欧米の心理臨床家が非欧米圏の文化を理解しようと、短期のフィールドワークを行った研究がある。これらの研究で異文化心性は自我発達の原始的な水準に固着したものと捉えられるか、あるいは自他に共通する元型が見出されるか、いずれにせよ異文化は心理療法の理論によって解釈され、その中に位置づけられることになる。

第二に異文化間心理療法の研究がある。つまり、共同体の文化的多様化を背景にした、移民・難民・留学生などの異文化から来たクライエントとの心理療法についての研究である。特に昨今、異質な文化的背景をもつクライエントに対応できる能力＝文化的コンピテンス（Cultural Competence）が注目され、異文化の理解や、治療者の文化的偏見による逆転移の問題、そして技法の文化的応用の研究が盛んになされている（Good, 1998; Nathan, 2001/2005; Sue, 1998など）。ここには間文化性の問題が確かに立ち現れているが、実は重点は個々の治療者の対応能力に置かれ、心理療法自体が既に文化的な刻印を受けており、異文化状況の中で変形を余儀なくされることについては十分検討されているとは言い難い。そこで心理療法は無傷にとどまっている（Kirmayer, 2012）。

第三に日本やインドのような非欧米圏における、自国の文化に適した心理療法の開発的研究が挙げられる。それらの多くはエディプス神話に代わる自国の物語を取り上げて、日本的自我やインド的自我のような文化的心性を明らかにしようとするものである（Kakar, 1982; 河合，1982）。この種の研究はローカルな文化に心理療法を移植する当事者が間文化性を体験する中で行われている。ただし、多くの場合、その研究の焦点は自国の心性を記述しうる心理学理論の応用に置かれ、それ自体文化的営みである心理療法が直面する間文化性については後景に退いている。

以上の先行研究には共通した傾斜がある。それは文化を心理療法の理論的枠組みから解釈しようとする姿勢である。つまり、フロイトが文化を超自我的事象として理解したように、異文化心性や多文化間コミュニケーションは、心理療法の発達論・心的構造論・転移論などを準拠枠に解釈されるか、そのバリエーションとして説明される。このとき心理療法自体はぶれることなく、観察し分析する視点として保持されて、文化という個人を包み込む外的な次元は心理学化されることで個人の内側へと回収されてしまう（Maiello, 2008）。このような研究を「心理療法から見た文化」と呼ぶことにしよう。

このとき盲点となっているのは、心理療法それ自体が文化の網の目に囚われていることだ。つまり、「心理療法から見た文化」では、心理療法は文化を対象化し、離れた位置から心理学的に分析しているが、間文化性の局面ではその心理学自体が文化的産物として、ローカルな文化の影響に巻き込まれる。心理療法は分析する主体の位置に甘んじてはいられないのである。ここに心理療法の間文化性を問うことの構造的な困難がある。

それゆえに間文化性の局面で必要とされるのは、文化を心理学理論によって解釈するのではなく、心理療法それ自体を固有の文化的営みとして、文化のコンテクストから解釈することである。この視座を「文化の中の心理療法」と呼ぶことができる。それは具体的にはいかなるものなのか。

3　問題設定――心理療法の中で文化を見る

これまで「文化の中の心理療法」を扱ってきたのは医療人類学や文化精神医学である。土着的治療から現代の心理療法まで幅広い治療文化の比較を行い、文化と心理療法にかかわる問題群を網羅的にレビューしたツェン（Tseng, 1999）、心理療法が近代個人主義の「Person」のコンセプトと深く結びついた治療文化であることを明らかにしたカーマイヤー（Kirmayer, 2012）など、少なくない研究者が心理療法と文化の関係性について研究を行っている。

これらの研究の特徴は、研究者がそのポジションを心理療法の外側に置き、離れたところから心理療法を見ていることにある。それは文化比較を可能にする人類学的なポジションであり、ここからは他の治療文化との比較研究や、歴史的研究など、心理療法を文化的営みとして相対化して理解する道筋が生まれる（江口、1993）。

この人類学的アプローチは、文化を心理学化する心理療法のアプローチに比べて、適切に文化の次元を取り扱いうるものではあるが、それはあくまで外部から心理療法を理解しようとするものである。しかし、問文化性とは文化と文化がしのぎを削る側面であるゆえに、それを把握する外部の視点と同時に、その状況に身を置く内部の視点が、事態を立体的に捉える上で必要であろう。

ここに本研究の問いがある。心理療法のインサイダーの立場から、「文化の中の心理療法」を理解することはいかにして可能なのか。それは換言するならば、ローカルな文化が心理療法の中にいかなるありようで立ち現れるのか、という問いである。

以上を踏まえて、私の経験した事例をここで提示してみたい。取り上げるのは沖縄におけるありふれた心理療法である。

第2節　臨床事例

1　沖縄本島の治療文化

文化の中で心理療法という文化を考えるための前提条件として、本論の舞台となった沖縄文化の特徴について、若干説明しておきたい。というのも、沖縄の文化的特性は心理療法の間文化性を考えるのに三つの点で有利であるからである。

第一に沖縄本島においては、シャーマニズムが活発に活動していることが挙げられる。沖縄では、「ユタ」などの霊的治療者が、病いに対する対処を提供している。「医者半分、ユタ半分」という俚諺《りげん》があるように、近代医学と並行する治療文化として、ユタは沖縄本島地域の「多元的医療体系」（大貫，1985; 下地，2002）を構成している。このような生きたシャーマニズムの存在は、異質な治療文化と心理療法の交流を見る上で格好の材料となる。

第二に、上記のシャーマニズムが地域の共有された人間・宗教観に基礎づけられていることが挙げられる。ユタは祖先信仰という宗教・家族・人間関係を規定する価値体系を背景としており、そこでは日本の都市部とは異なるローカルな文化が生きられている。したがって、ここでは心理療法は自らが前提としている近代的家族や自己とは異なる文化の網の目の中に参与することになる。

しかし一方で、当然のことだが「文化の中の心理療法」を見る上で、そこに心理療法のニードが存在する必要がある。この意味で、アフリカ奥地で研究を行うことは難しく、対象となるフィールドは心理療法を必要とする程度の近代化を達成している必要がある（Giddens, 1991/2005）。この点、那覇という都市部を有する沖縄本島は土着文化に加えて、歴史的に日本文化や中国文化、近代文化が交雑する形で存在している。モノレールが走り、テレビ局や銀行が立ち並ぶ地域に、精神科や按摩の開業がなされ、その傍の古民家でユタが治療を行っている。このような治療文化の雑居性が、沖縄本島では顕著であり、クライエントが心理療法にアクセスする機会が整備されつつある。これが第三点目である。

以上の沖縄本島の文化的状況は心理療法の間文化性を研究する上で有効だと私は考える。そこで次に沖縄本島における心理療法の事例を呈示し、ローカルな文化がいかに臨床実践に立ち現れるのかを検討したい。

2　ありふれた事例

（1）事例の概要

私の勤務していた精神科クリニックは、沖縄本島南部の都市圏から少し離れた郊外にあった。クリニックを訪れるのは、都市圏の住民だけでなく、近隣に点在する村落に住まう人々も含まれている。それらの村落では強い訛りの方言が使われ、旧正月などの年間行事が保持されているところも多く、沖縄独特の祖先崇拝や家族関係が色濃く生活様式に取り入れられている。

そのような村落で生まれ育った中学1年生男児のEは、激しい運動チックで身を震わせながら、祖母と近隣に住む叔母に連れられ来院した。産みの母は十代での出産後すぐに出奔し、Eは父方で育てられたが、その父もまたEが幼少の頃に、季節労働のために家を出た。Eは親戚達とともに自営業を営む祖母と二人で暮らすようになった。夫を早くに亡くしていた祖母が母代わりとなったのである。Eの幼少期の育ちはほぼ不明である。祖母も叔母も「普通です、ジョウトウデシタ（良い子でした）」と詳細を話さなかった。彼女らの様子は防衛的というよりは、そのようなことは考えたこともないといった感じであった。

チックが始まったのは、小学校低学年の頃、ちょうどサッカーを始めた時期であった。恵まれた体格をしたEはエースとなって期待に応え、親戚達の誇りとなった。特に祖母は「親がいないと言われたくない」と深くコミットした。それはEにとって強いプレッシャーになったのであろう。

チックについては幾度か小児科を受診して投薬を受けていた。気にならないほどに収まる時期もあったが、チックは微弱ながらも継続して現れてきたとのことだった。

中学校に入学すると、Eはサッカー部に入部したが、面白くないと夏前に止めてしまう。夏休みに入ると、髪を染め、夜も出歩くようになった。それに不満を抱いた祖母は体調を崩し、仕事に出るのをやめた。祖母が家でEに強く干渉するようになると、二人の諍いが絶えなくなり、Eが友人宅へと家出することがしばしば起こった。祖母はそのことで余計不安になった。このような衝突に伴い、チックは人目を引くほどに激化した。その中で叔母から勧められて、私の勤務するクリニックを受診し、心理療法の導入となった。

（2）面接経過

X年9月、厳しい日差しの中、インテークに訪れたEは、サッカーを止めたからなのか、白い肌をし、染め直した不自然な黒髪をしていた。音声チックはなかったが、身体の内部が断続的に爆発しているかのように、顔から四肢まで激しい運動チックを呈していた。Eは自発的に話すことはなく、体をひきつらせ受け身的に座っていた。私の問いかけに対して、Eは「わからん」「普通」と繰り返した。ただ部活を止めた理由については「つまらん」と語り、日々の様子を「ワサワサスル（変な感じがする）」と方言で語った。

ほとんど話すことがないEと対照的に、黒く日焼けした祖母は不安に駆られており、「チックを見るとワジワジスル（イライラする）」と激しい調子で語った。祖母が怒ると、Eは「ヤガマシ（うるさい）！」と言い返し、同時にチックが四肢に爆発した。家でも顔を合わせれば、炸裂するような喧嘩をしているとのことだった。祖母は「サッカーを止めたのがよくなかった。運動してほしい」とチックの原因を推測していた。面接は砲弾が炸裂する戦場のようであった。

私はチック症状の背景に、父母不在の環境がもたらした抜き難い不安によるEと祖母の母子癒合的な関係があると考えていた（森谷，1990）。Eは期待に応えることを続けてきたが、思春期に差し掛かってサッカーを止め、夜遊びを始めたように、攻撃性と分離のテーマを抱えている。それが祖母の不安を賦活し、二人に攻撃の応酬をもたらし、チック症状を激化させた。私はそう見立て、Eの心的課題としての分離に取り組むことと、祖母の不安をコントロールして発達的環境を作ることが心理療法の目的となることを伝え、[*1] Eと30分、二者同席で20分の週一回対面法の面接を提示した。感情にかかわる心理的な見立ては、二人にはピンとこないようであったが、「よくなるなら」と心理療法に同意した。

第2回でも状況は変わらなかった。祖母はEに対して神経質な不安をぶつけ、Eはチックを爆発させることでそれに応えた。二人にはすべて私に任せるという雰囲気があり、そのような魔術的な期待に応えることができない私には微妙な気まずさがあった。それはまだ心理療法以前の治療関係だったので、私は早い中断もありうるように感じていた。[*2]

しかし、第3回に来談したときには、祖母は憑き物が取れたように落ち着いた様子だった。私がそのことを尋ねると、祖母自身の様子をおかしいと感じた「サーダカー（霊感の強い）」の親戚に連れられ、男性ユタを訪れたという。ユタから祖先の霊が十分に供養されていないと言われ、Eとともに何ヶ所か聖地を拝んで回ったら、不思議なことに祖母は落ち着いた。祖母自身もそのことに驚いており、私も驚くが、変化しているのは事実であった。実際、Eも家出をやめて、家に戻っていた。ただし、祖母は不安が落ち着いてからも、「宿題しない」「部活しない」とEへの不満を以前と異なり穏やかな様子であるものの語り続けた。これに対して、Eは目を真っ赤にして、激しいチックを示した。その中で、しばらくして、祖母は話すことがないと訴え、合同面接は5分に短縮された。また、祖母は仕事に復帰したこともあり、毎週決まった時間に面接をするのではなく、その都度連絡を入れることで面接を設定することを希望した。私はこれらの提案が、微妙に心理療法を軽視するものであると感じながらも同意した。

一方、Eの様子は変わらなかった。彼は面接室では受け身的に座っているだけだったために、導入されたのが描画とゲームであった。特に、スクイグル・ゲームをEは気に入り、終結まで毎回行うようになった。最初のスクイグルで、Eは私の描線を鳩や餅、クローバーにしたが、それは外側の輪郭だけが描かれて、内部には何も描かれないのが特徴的であった。私は彼の内界が未分化であり、母子一体の状態にあることが表現されていると考えていた。ゲームではEは将棋を好んだ。しかし、私がいくら劣勢になっても、Eが王手することはなかった。彼の攻撃性は抑制されているようだった。

私は祖母とEへの対応を話し合ってきたが、徐々に家でEが叱責され、喧嘩状態になることは減っていった。第8回では家で怒られることが減り「楽になった」とE本人が語り、そしてサッカーではなく、テニス部に自らの意思で入部した。Eは祖母の高すぎる期待に対して妥協を打診し、自己主張をしたようであった。

その後、チックは漸減してゆき、Eも祖母も改善を実感していく中で、面接はおおむね二週に一回のペースで行われるようになった。スクイグルでは、ヒビの入った卵が描かれ、内部に線が描かれるように変わっていった。あるときにオタマジャクシが描かれ、そしてそれはヒヨコへと変わった。未分化なものの内部から、個体が生まれてくるプロセスが描かれているように私には感じられていた。将棋では、第11回で初めて戸惑いながらも王手をし、私の王を殺した。そしてEはテニスというルールの中で攻撃性を発揮できる営みに熱中していった。この時期になると、私には面接で表現されることの心理学的意味が理解され、それとEの生活との連関が見てとれていた。私は心理療法で心理的作業が行われていることを実感し、手応えを感じていた。

第15回では家での喧嘩もほとんどなくなり、チックもほとんど消失し、E自ら「いつまで通えばいいか？」と尋ね、終結を希望したため、次回で終結することになった。

＊1　もちろんそれは平易な日常語で伝えられた。説明モデルの提示は、専門家的思考から翻訳されることで、臨床的に機能するものとなる。

＊2　なんとも気まずい雰囲気が面接にはあった。それは主に、この心理療法が何のためになされ、いかなるメカニズムで期待される変化と結びつくのかが、共有されていなかったことによると思う。これが間文化性の重要な局面だと思う。

最終回、スクイグルでは、恐竜やウィンナーが描かれた。攻撃性のテーマとエディプス的なペニスが描かれていると私は感じ、母子癒合の状態から、自己を主張し、分離するプロセスが心理療法で取り組まれたと感じていた。一方、振り返りのための合同面接の時間を20分取るが、祖母もEも「よくなった」というのみで、その意味について特に振り返ることはなかった。祖母が話すと、Eは最後に少しだけチックを起こした。二人とも受け身的な様子は最後まで変わらなかった。話すことがなくなり、二人は10分ほど残して退室することになり、心理療法は終結した。この捨てられた10分が、この家族と心理療法の距離であったことを感じ、私は少し寂しくなった。それでも、この頃には部活で日焼けして真っ黒になっていたEは、白い歯を出して「ありがとうございました」と私に別れを告げた。

第3節　考　察

1　文化的抵抗——心理学の否定

本事例は沖縄本島にあって「ありふれた事例」である。第一に、初回に叔母が同席したようにEは沖縄固有の強い親戚関係の中におり、そのネットワークから紹介されたユタ治療を利用したこと、第二にEも祖母も心理学的次元をほとんど意識できず、それに伴い心理療法の基本的な設定に困難が生じたこと、第三にそれでも比較的短期のうちに彼らが納得するような変化、「癒やし」が生じたこと、このような事例は私の実感としてありふれたものである。徹底した心理療法的作業が行われた事例ではなく、ありふれた平凡な事例にこそ文化は宿る。なぜなら、心理療法の困難にこそ、文化と文化がしのぎを削る間文化性の局面があるからである。

ならば、本事例の中で間文化性とはいかなるものであったか。そのために事例の詳細な心理学的分析ではなく、ローカルな文化がいかように面接に姿を現したのかを検討しよう。

本事例で間文化性は二つの局面に現れた。その第一局面は、私とEたちの間に不協和音が響いていた瞬間にある。それはまずテクノロジーの水準で軋んでいた。つまり、本事例で面接が定期的予約ではなくオンデマンドでなされたこと、「自己を語る」行為の不全、生育歴聴取の不可能など、Eとその家族は心理療法の基本的なテクノロジーを否定する形で治療に参加した。それは従来心理療法が「抵抗」(resistance)と呼んできた事態である。本来抵抗とは、抑圧された内容を意識することの不快さから、クライエントが治療を妨害することを意味しているが、本事例の場合、抵抗は特定の心的内容ではなく、心理療法の基本的な設定に対して向けられていた。北山(2011)はこの新奇な治療文化に対して向けられる抵抗を、「文化的抵抗」と呼んでいる。

重要なことは、この文化的抵抗の背景に、「信念」(Good, 1994/2001)の次元での不協和音が響いていたことである。本事例で、祖母はチックという不随意「運動」を、部活を止めたことによる「運動」不足の結果と考えており、実際にEが部活を始めるとチックは緩和された。ユタは先祖への拝み不足に病因を見出し、実際に儀礼は祖母の不安を鎮静化させた。そして私はチックを分離の心理学的メカニズムから理解し、心理療法はそのプロセスを歩んだ。この信念をクラインマン(Kleinman, 1980/1992)が「説明モデル」と呼んでいることは既に再三述べてきた。祖母の「運動」解釈は、心理的問題を身体の問題として扱う非欧米圏での一般的な説明モデルであり(Kleinman, 1980/1992; 大貫, 1985)、ユタはシャーマニズムを背景とした霊的説明モデルを示し、私は力動理論を背景とした心理学的説明モデルを提示していた。それらがモザイク状になって治療プロセスは構成されたのである。

それゆえに抵抗は心理学的説明モデル――具体的には臨床の中で「心理学すること」に向けられていた。本事例は心理学的見立てが「よくなるなら」とやんわり拒絶されるところから始まり、振り返りがなされないまま終結したように、一貫して心理学的に考えることが否定され続けた。それは非欧米圏における「サイコロジカル・マインデッドネス（Psychological Mindedness）の欠如」として語られてきた事態である（Kirmayer, 2007）。

従来心理療法はこの局面で抵抗分析を行ってきた。フロイト（Freud, 1925/2007）は草創期に起きた「精神分析への抵抗」の背景に、無意識の発見によって傷ついた人間の自己愛を見たし、河合（1982）は日本化する心理療法について考えることで、日本的な女性的自我を見出した。「心理療法から見た文化」は、抵抗分析によって文化を心理学化して理解してきたのである。[*3] 本事例でも同じようにして沖縄文化論を生みだすことも可能だったかもしれない。例えば、治療の転機となった男性ユタを心理学化して、沖縄的父性・治療者像の理論を創造できたかもしれない。しかし、実際問題として臨床場面でユタについて心理学的に話し合われることはなく、私はただ驚くだけで、それが異物にとどまったことこそが重要である。心理学自体が否定される中で、文化は異物として姿を現すのである。

間文化性の第一局面が、クライエントと私の治療文化間の不協和音に生じており、その背景に心理学に対する文化的抵抗が存在することを検討した。このとき、北山（2011）が「日本の精神分析は日本文化という抵抗を行動化しながら取り扱っている」と指摘し、本事例でも最後までクライエントが心理学的な考えに与することはなかったように、ローカルな文化的抵抗は分析されることで解消されず、行動化することをやめないことは重要である。しかし、根深い心理学の否定と遭遇してもなお、本事例で心理療法は中断するのではなく、技法や治療構造を変形させながら生き残った。ここに間文化性の第二局面がある。

2 文化的交渉――異種混淆する心理療法

文化的抵抗によって心理療法の基本的設定は否定される。それでも心理療法が心理療法であり続けようとするとき、治療者とクライエントは「交渉（Negotiation）」をもつことになる。交渉とは治療者とクライエントが心理療法を始め、継続していく上で、治療構造から技法までさまざまな約束事を取り決めることを言う（Goldberg, 1987）。行動化され続ける文化的抵抗に対して、それを治療関係の範疇でいかに妥協するのかが交渉を通じて取り決められるのである。

本事例では実際に母子合同面接の提示とその時間の短縮、面接のペースとアポイントの方法、そして終結の時期などが逐一取り決められ、語ることの代わりに描画やゲームが取り入れられた。私とE、そして祖母は心理療法の形について交渉を行い、そこで大幅にクライエントの意見が取り入れられ、私の提案した心理療法は気づけば、異なる形へと鋳直されていた。心理学の否定に対して、妥協が模索されたのである。それは力動的心理療法では、治療者の行動化（Act out）と言われかねないが、一方でナタン（Nathan, 2001/2005）が示したように間文化性の局面では避けえない事態と言える。

重要なことはこの交渉の背景で、治療文化間の混淆が生起していたことである。例えば、面接頻度について、私は自らの治療文化のスタンダードである週に一回の定期的な面接構造を提示していたが、早い段階でそれは都合のよいときに電話をして予約を取るというオンデマンドの方式に変わった。オンデマンド法は「ニードのあるときに会う」という意味で陰性転移を覆い隠すものであり、治療場面では舵取りを私に全面

＊3　抵抗分析は、抵抗しているものを心理学的にイメージアップする。

的に依存するものである。そこには外来クリニックの治療文化や、当日の朝にアポイントを取るというユタの治療文化の影響がある。一方で描画やゲームの導入はプレイセラピーとして確立された技法であるが、Eにとっては「遊び」という文化の中で許容された行為でもあった。そこでEは「語る」ことを否定しながらも、間接的に自己表現という心理学的営みに参加することになった。治療プロセスの中で心理療法は他の治療文化の形式を取り込み、キメラとして構築されていったのである。この交渉を文化的抵抗に対応するものとして「文化的交渉」と呼ぶことができる。

忘れてはならないのは、この交渉が可能であった背景である。例えば高齢者などのようなより沖縄のローカルな色彩の濃いクライエントとの間では、しばしば交渉の余地もなく心理療法は中断する。本事例ではEが「ワサワサスル」と語ったように、心理的な情緒を語ることが可能であったことや、Eと祖母がともに私の提供する心理療法に対して一応の信頼を寄せ、一定期間通い続けるというコミットメントをなしたことは大きかった。そしてまた私がEの分離のプロセスを実感していたように、私はEや祖母の言動に対して、心理学的な理解をもち続けていた。心理学することは文化的抵抗の最中でも生き残っていたのである。ここに交渉の余地があり、否定されながらも心理療法が心理療法であり続ける柔軟性があった。

文化的交渉を通じて、心理療法は否定されながらも、他の治療文化の形式や方法を取り入れ妥協し、異種混淆していく。心理療法がローカルな文化にもち込まれるときに、この文化的抵抗と交渉がミクロな臨床実践の中で繰り返され、それをこなしていく総体の中で、心理療法は合金へと変形してゆく。このとき、治療のいかなる要素がEと祖母の改善に寄与したのかを弁別することは難しい。確かに類似した事例を積み重ねることで、治療においてユタの霊的儀礼が果たした役割と心理療法でなされた作業を弁別して、効果量を測定することは、統計学的には可能なのかもしれない。しかし臨床的事実は彼らの社会文化的環境にあってその両者にアクセスすることが可能であったということであり、彼らがそれらを自在に組み合わせて、自らの治療をクリエイトしたということである。クライエントはそのようにして癒やしを希求し、それに心理臨床家は応える。それはマニュアル化しづらいから、心理臨床家はオーダーメイドのための交渉に取り組んでいく必要があるのである。

終わりに

本事例は私が沖縄での実践を始めて2年目に出会ったものであった。それはオーソドックスな心理療法を志向しながらも、文化の中でそれが困難であることを痛感していた頃であった。だからこそ、心理療法の中で文化は異物として、飲み込めないものとして現れた。文化的抵抗は私の逆転移の中で感知されていたのである。しかし、その後私がクライエント達との間で文化的交渉を積み重ねる中で、逆に文化的抵抗を意識することは減っていった。身体技法の次元で、つまり「慣れ」や「習慣」の次元で、クライエントから提案される心理療法の変形を素朴に受け入れるようになったのである。私もまた文化の中に住まい、その水に親しんだのであろう。多くの異文化状況で仕事をする臨床家は、そのようにしてクライエントの文化に身を馴染ませ、そして混淆した治療文化を生きていく。

この意味で、本研究が焦点を当てたのは、間文化性の初期の局面であったと言えよう。そこでは、間文化性は心理学への否定として現れていた。私がまだ文化に埋没する以前のある種のアウトサイダーであったことによって、心理療法が「心理学」という固有の人間理解に根ざしたある種のテクノロジーであり、それが文化的に構築されたものであることが、この頃強く実感された。

しかし、文化の水に馴染む過程で、この再帰的な問いは薄らいでいかざるをえない。変形した心理療法が身に染みてくるから、そのような違和感は軽減していくのだ。それは、ありふれた心理療法を営むありふれた心理臨床家の醸し出す安定感でもある。

しかし、この問いを抱き続けることには意義がある。この問いは、不断に新たな理論と技法を生み出していく心理療法が、一歩立ち止まって自己を内省することを促す。それは決してローカルな文化の中で心理療法を実践する臨床家だけにとって意味があるのではなく、すべての臨床家にとって意味をもつリフレクティブなものである（江口、1993）。それは実はわれわれ皆が臨床を始めた頃に抱いていた問いであるからだ。

「心理療法とは何か」、この問いのさらなる探求を、次章で試みよう。

第7章　心理療法を再考する——霊から心へ

はじめに

ありふれた心理療法は、ローカルな世界における他の治療文化との折衷や混淆によって生じる。ここまでそういうことを論じてきたが、最後にそもそも「心理療法」という治療文化がいかなる性質のものであるのかをもう一度問いたい。そのことによって、心理療法が他の治療文化と混淆するときに、何を失いやすいのかがよく見えるだろう。

このとき、本章で取り上げられるのは、沖縄の霊的治療文化である。つまり、問題の所在を霊の活動に求め、対処を霊の処置に求めるような、霊的説明モデルの治療文化だ。

それは私たちの心理学的治療文化とどこまでが同じで、どこから違うのか。「霊」と「心」が出会うとき、何が生じるのか。そして、翻って、逆に心理療法とは何か。心理療法という文化、ローカルな文化、その二つの文化の関係性。この三つについて精査するのが、本章の目的となる。

ところで、本章の元になった論文は『心理臨床学研究』に掲載された。霊についての論文が臨床心理学関係の学術雑誌に掲載されるのは、福来友吉が霊の問題を扱って心理学を追放されてから、一世紀ぶりではないだろうか。それは私としてはなんだか少し嬉しい。

だけど、それだけではなくて、そのことには意味があるように思う。「心理臨床学」という学問にとって、霊の問題は避けて通れないことであるからだ。「心理臨床学」は多様な学派や領域で仕事をする心理臨床家が集う学問なのだから、「心理」とその外側に広がる「非-心理」を比較して、私たちのアイデンティティを議論することは最重要な課題の一つだ。そして、「非-心理」には生物学的精神医学や工学的教育学、福祉や企業人事など、様々なものが含まれるわけだが、もちろん霊的治療文化もそこに位置している。そういうものとの境界面で何が生じるのかを考えるのは、心理臨床学の使命だということだ。

そしてそれは、心理職の国家資格が出来た今、不可欠な議論だと思う。「心理学」とは何であって、何でないのか、そういうことが痛切に問われているからだ。まずはその議論から始めたいと思う。

第1節　問題と目的

1　心理療法とは何か――心理臨床学固有の「問題」

我々は本当に「心理療法とは何か」と問うてきたのだろうか。それは奇妙な言い方かもしれない。なぜなら、我々は精神分析、来談者中心療法、認知行動療法、家族療法などについて、それぞれが一体何であるのかを真摯に考えてきたからである。それは正しい。確かにこの30年で、各学派の治療についての理解は飛躍的に積み重ねられてきた。

しかし、それは必ずしも「心理療法とは何か」が問われたことを意味しない。それは各学派の治療ではなく、それらを包摂する上位カテゴリーを問おうとするものだからである。

ここに、この問いが抱える構造的困難がある。我々は何らかの理論的枠組み無しに思考することができないから、心理療法について考えるとき、自らが拠って立つ学派の理論的枠組みを用いざるをえない。すると必然的に、各学派の理論に内在した自己像が「心理療法」として同語反復的に提示される。だから、「心理療法とは何か」に対する答えは、人によって大きく異なり、得られるのは「色々な考え方がある」という凡庸な結論となる。

各学派の理論を用いて心理療法を語る以上、構造的に我々は差異を強調せざるをえないということである。そしてそれはマーケティング的にも、学派の凝集性を高める上でも確かに有効な戦略ではある。だから、各学派に特化した学会においては、それで問題はない。そのようにして理論と技法は発展し、高度な訓練が可能になるからである。

しかし、「心理臨床学」は違う。それは、臨床心理学、心理療法、カウンセリング（clinical psychology, psychotherapy, counseling）という欧米では分割されている分野が混淆し、多様な学派が集合した、学際的（Inter-discipline）な学問として現実に存在している。従って、各学派の自己像を相対化して語り合うところにこの学の固有性は存在している。実際、この学問はその初期において、学派を超えたところにある共通項の探究に情熱を傾けていた（河合・成瀬・佐治、1977）。

「心理療法とは何か」、この上位カテゴリーへの問いは、心理臨床学固有の「問題」なのであり、それが十分に問われていないことに、心理臨床学が今抱えている「問題」[*1]がある。

ならば、どうすればいいいか。この問いは各学派の理論的枠組み――各々がこころを語るための「心理学」[*2]――を拒む。既に述べたように、「心理学」の言葉は「心理学そのもの」という上位カテゴリーを語りえないからである。それは心理学の外側で語られるべき問いなのである。だからこの学問は「心理学」の範疇で思考する「臨床心理学」ではなく、心理臨床を対象とすることだけを示し、思考の枠組みを明示しない「心理臨床学」を名乗ったのであろう。特定の「心理学」に基づくのではなく、複数の心理学的説明モデルが並列しているのが見える場所にいることこそが、「心理臨床学」の学問的ポジションだと私は考える。

2 心理療法の医療人類学——霊・こころ・脳

実際、この問いは社会学・人類学・宗教学・歴史学という心理学の外部で問われてきた（例えば Rieff, 1959/1999; 鈴木・北中，2016）。それらは心理療法を前近代的な治療法と比較して、後期近代に生きる人間のありようをシャープに分析してきた。あるいは、生物学的精神医学との比較を行ってきた。そこには学際研究ゆえの観念的な心理療法理解や臨床的現実の看過という限界が確かにある。しかし、心理療法という上位カテゴリーを問おうとする本研究にとって、ここで取られている心理療法と非心理療法の比較という方法は示唆深い。なぜなら、そうすることで、我々は心理療法内部の差異ではなく、心理療法とその外部との差異、つまり心理療法の共通項と輪郭を見ることができるからである。

以上を踏まえた上で、本研究が着目するのは医療人類学の視点である。医療人類学とは、様々な時代や地域の異質な治療文化を等価なものとして扱い、比較を行うことで「治療とは何か」を相対化して問おうとしてきた学問である。なかでも、本書で再三取り上げてきたように、医療人類学者クラインマン（Kleinman, 1980/1992）が呈示した「説明モデル」理論は興味深い。彼はすべての治療文化に共通するメカニズムを抽出しようとして、各治療文化がそれぞれに「何が病いで、なぜ病み、そしてどのようにして癒やされるのか」を説明するモデルを備えていることを見出した。そして、クライエントと治療者が「説明モデル」を相互にコミュニケートすることで個々の治療が成立することを明らかにした。

この観点から見るとき、心理療法は心理学的説明モデルによって特徴づけられる治療文化だと言える（Kirmayer, 2007）。つまり、心理療法はクライエントの問題を心理学的に定式化し、心理学的な変化を狙って、心理学的な介入を行う。その上で、治癒を心理学的に評価する治療文化なのである。そして、例えば精神分析と認知行動療法が各々異なる枠組みを持っているように、この心理学的説明モデルが一つではなく多様であるから、心理臨床学はモザイクになっていると理解できる。

しかし、遠くから眺めれば、心理療法達は異なっている以上に、似ているのではないか。それらはいずれも心理学、すなわちこころの次元で思考し、介入を行う治療文化であり、脳内の神経伝達物質に注目する精神医学の生物学的治療文化や、祖先霊や神の意志に注目する霊的治療文化との間に大きな差異が存在しているからである（Rose, 2007/2014; 東畑、2015）。

したがって、問われるべきは心理学的治療文化が、霊や生物学による治療文化といかなる差異を持つのかということである。脳や霊ではなく、こころを見ることによって治療はいかに構成されるのか、心理学は人間から何を奪い、何をもたらすのだろうか。そこに心理療法の輪郭が立ち現れるはずである。

＊1　公認心理師をめぐる一連のプロセスで、私たちは自分たちの職業の根幹にかかわるところを、アカデミックに議論できなかったのではないかと、私は少なからず思っている。もちろん、ポリティカルな議論が悪いわけではないし、制度に関わるとはそういうものだと思う。だけど、このたびの深い葛藤は、何らかの知を生み出し、私たちが共有できるチャンスであったのではないかと思うのだ。

＊2　本書では、「こころ」は身体と精神の両方をあわせ持ったそれぞれの自己感覚を意味するときに、「心」は専門家によって構成された説明モデルとしての心理的メカニズムを意味するときに、用いている。

3　治療文化間の抵抗と交渉――本研究の目的と方法

以上を踏まえ、本研究は心理療法と非心理療法の差異を見る方法でこの問いに取り組みたい。このとき、それらを遠くから見て、形式的な比較を行う方法が可能であり、実際にしばしば行われてきた（例えば、Frank & Frank, 1961/2007）。しかしその場合、心理療法の理念型が比較されるがゆえに、従来の自己像を反復して提示する危険を抱えることになる。

したがって、本研究ではそのような形式的な比較ではなく、臨床的事実から考察を進めてみたい。このとき、本研究が注目するのは、異なる治療文化に馴染んだクライエントとの心理療法である。そのとき、クライエントは心理療法という治療文化に驚き戸惑い、自分なりに変形することを試みようとする。それらは心理療法の中での抵抗と交渉という形で現れる。[*2] 従来、抵抗からは病態水準や人格構造というクライエント側の特性が明らかになると理解されてきたが、実はそれは心理療法側の特性が浮かび上がる瞬間でもある。つまり、そのようなクライエントとの摩擦にあって、心理療法の何が受容され、何が拒絶されるのかに焦点を合わせることで、非心理療法との差異を浮き彫りにできると私は考える。

そこで本研究では霊的治療文化に馴染んだクライエントとの心理療法を提示する。周知のように、心理療法はシャーマンに連なる伝統を持つ一方で、社会が前近代から近代へと移行するその断絶にあって成立した治療文化である。従って、「霊から心へ」の移行は、心理療法の治療文化としての特性を明るみに出すものと考えられる。そのとき、この治療は何を失って、何を得たのだろうか。説明モデルの移行が問題となった事例における抵抗と交渉を検討することで、「心理療法とは何か」という古い問いに、医療人類学による新しい光を当ててみよう。

第2節　臨床事例

1　事例の概要

舞台は沖縄の都市部である。そこはいまだ、「ユタ」と呼ばれる霊的治療者が活動しており、霊感を持つと噂される人がどの親族にも一人は存在しているような地域である。30代女性のFもまたその一人であった。彼女は幼い頃より不思議な夢をよく見ており、親族から霊感の強い子と見なされていた。

Fは大企業のサラリーマンである父と、私塾を経営する母のもと、二人姉妹の長女として生まれた。両親が共働きであったため、Fは幼い頃より自身で朝食を準備し、一キロある保育園への道のりを一人で歩いて通うなど、自立を強いられてきた。加えて、Fには内臓系の身体疾患があった。小学生のときに長期入院を経験し、多くの活動を制限され、そのことでいじめを受けることもあった。しかし、中学校に進学してからは、体調も回復し姉御肌として周囲から頼られるようになり、友人もできた。

高校は父の希望で不本意な進学をし、すぐに中退する。同時期に、Fは父と揉め、家を飛び出し、一人暮らしを始めることになった。ただ、Fは夜の仕事をしたり、母の私塾を手伝ったりしながら、楽しい時期を過ごしたのだと言っていた。

＊2　第6章を参照。

彼女の困難は22歳のある日に始まった。その日、Fは米軍基地での友人の結婚式に出席していた。すると突如、「妹を殺せ」という声に襲われ、深刻な恐怖に陥った。Fはそれ以降、死者の夢を見ては、同じ死に方を苦しむという「霊的発作」に苦しむようになった。[*3] それは彼女に、自分がいつか愛する人を殺すのではないかという不安を抱かせた。

親戚のユタは、それを「カミダーリ」だと言い、沖縄にいる限り発作は続くと告げた。だから、Fは逃げるように別地へと移住し、老人関係の施設に勤めるようになった。しかし、そこは生き死にのある場所であるので、Fは霊的なものを感じすぎて仕事を続けることができなかった。結果、彼女は生活保護を受給するようになった。

この時期、Fは幾度か精神病院に入院している。そこで彼女は、統合失調症、うつ病、パーソナリティ障害などあらゆる診断を受け、投薬治療を受けたが改善はなかった。それどころか、薬の副作用が強く身動きできなくなったため、断薬入院までしている。最終的にFは外出すれば便を漏らし、家でもほとんど動けない日が続き、沖縄へと戻ることになった。

沖縄に帰ってくると、ユタはFに使命があるから逃げても無駄だと告げた。こうして、Fはユタになるための修行を始めた。[*4] しかし、彼女はどうしても神の声を聞くことができなかった。霊的発作は収まらず、金銭面の負担は重たかったから、修行は中断された。

その後Fは心療内科でデイケアを受けるなどを試みるもうまくいかなかったことから、心理療法を求めて転院した。[*5] しかし、転院先の病院が生活保護の患者を断るようになったため、私の勤務していた精神科クリニックに転院し、新たに心理療法を希望した。彼女は様々な治療文化を渡り歩いた果てに、心理療法と出会ったのである。

初回面接でのFは以前の治療を打ち切られたことについての不信感を露わにし、何も語ろうとしなかった。

そこで私が「初回なので経緯を聞かせてほしい」と尋ねると、彼女は「それは科学的な話、非科学的な話?」と応えた。Fは旧暦の特定の日に意識を失うと話し、霊的体験に苦しんでいることを語った。Fの語りにまとまりはなく、ひたすらに霊的体験と身体的な病いのことを語るため、私は心理的な問題を摑みづらかった。また、霊的訴えは、沖縄文化では許容されていたものだったので、私はそれをどう理解するのか判断に迷った。[*6]

しかし、アセスメント面接を通じて、彼女の語りがバラバラで理解しづらいことを勘案し、私は霊的訴えを精神病的体験[*7]の投影だと心理学的に理解することにした。したがって、脆い自我に支持的に関わり、孤立

＊3　これは「憑依」だ。先日訪れた韓国・済州島のネイティブ・ヒーラーである「ポサル」も同じような苦しみ方をしていると語っていた。そして、そのことによって人を癒やすのだと言っていた。そう言われてみると、共感と憑依はかなり似ているように思う。

＊4　カミダーリという霊的な病いの場合、ユタの治療はユタになるための儀礼としてなされる。癒やしは「ユタになる」という形でなされる（東畑、2015）。

＊5　「心理療法を求めた」というのは専門家である私の言い草であり、Fは「カウンセリングを受けたい」と言ったというのが正確である。専門家の「カウンセリング」という言葉への微妙なアンビバレンスは、それ自体として文化と心理療法の距離だと思う。

＊6　この迷いは実は結構深刻で、沖縄に住んでいると、「そういうこともあるのではないか」とどこかで本気で思っている私がいた。住宅地に森があり、その森の中には「ウタキ」と呼ばれる聖地があって、色々なところでユタと共に儀式をする人を日常的に見かけた。そして、沖縄のお盆の夕べには確かに死者が帰ってきている雰囲気があった。文化の水に馴染むと、そういう文化的リアリティに真正性が感じられたのである。だから、霊的な訴えをするクライエントに対して、心理学しようとすると、葛藤を感じた。沖縄を出て、東京に住むようになると、そういうリアリティを「文化的に構成された」ものだとメタな視点で思うようになったが、当時はそういう視点をもちつつも、どこかでそれを生身で生きている私がいた。

＊7　後述するように、この「精神病」という見立ては議論が分かれるところだと思う。解離性障害やヒステリーという見立てもありえると思うが、当時の私は「精神病」と見立てた。そして、その線で臨床的リアリティが構成されていった。この点は考察で議論されている。

してきたFが他者との間で援助的な関係を結べるようになることが課題と見立てた。つまり、「覆いをつくる」ための精神分析的心理療法が適当だと考えた。ただ、私はFに霊のことを精神病の投影とは言わず、「よくわからないものに振り回されています。それをコントロールすることを目指しましょう」と伝えるにとどめた。Fは「霊が治らないと自分は治らない」と私の援助を拒んだ。しかし一方で、「日中はテレビばかりで誰とも話をしない」と私との繋がりを求めており、結局、彼女は週一回対面法での心理療法の開始に同意した。料金は生活保護のため自己負担は無料で行われることになった。

(1) 第1期　霊は心理学を拒絶する

〔第1回〜第7回〕

当初から私は繋がり難さを強く感じていた。彼女が孤独で苦しい情緒を抱えていることは伝わってきていたが、そういうときに彼女は明るく笑い飛ばし、私を近寄らせなかった。私がそのことを指摘すると、「もっと辛いことを知ってますから」と彼女は霊的体験の辛さを語り、「人間関係的なことは大したことではない」と私をはね退けたのだった。

問題は霊なのだ、そう彼女は再三訴えた。実際第4回で、彼女はひどく苦しそうだった。その週、彼女は「刺せ、殺せ、首絞めろ」という感覚に襲われていた。そして「人を刺した感覚がある」と目を真っ赤にして訴えた。そういうとき、主語と述語は混濁していて、彼女の話はバラバラになっていた。私は彼女の抱える精神病的なものの難しさを感じると同時に、それでもそのことを彼女の言うように霊的な問題にしておいた方が安全なのではないかと思った。しかしそうなると、心理療法に果たして何ができるのかわからなかった。

一方で、彼女は生活保護であることの惨めさや、霊的発作によって人生の様々な可能性が失われてきたことの無念さを語ることができた。そのようなとき、私にはFの苦しさが素朴に伝わってきて、感情を共にすることができた。ここには確かに繋がりがあった。

私とFは霊の問題と心の問題の間で揺れていたのだった。彼女は一方で、霊的な問題は解決不能だと言って心理療法の無効さを語り、もう一方では日々の苦しさを聴いてもらうことを求めていた。だからFは様々な身体の不調を訴える中で、「片頭痛は霊の問題で、胃腸はこころの問題です」と言った。彼女の中には恐ろしい霊の問題と、孤独と惨めさという心理的な問題の二つが存在していたのである。

いささか歪んだ形ではあるが、そう整理されることで、私はFの治療者という役割を得たようだった。心の文脈で二人は素朴に繋がっており、霊の文脈ではわからないものに対して無力であるという点で繋がっていた。だから、あるときFは家族に自分の問題を説明してほしいと私に助けを求めた。さらに、生まれて初めて妹に自分の霊的問題のことを打ち明けた。その後、Fは「仏壇から助けてあげると声が聞こえる」という夢を報告した。Fの中に、他者から援助を受けようとする気持ちが動き始めているようだと、私は感じていた。

しかし、その直後の7回目でFは初めて面接をキャンセルし、予約されていた時間に電話をかけてきた。彼女はひどく酔っ払っていて、支離滅裂に喚きたてた。後で聞けば、霊的な発作があって、大量飲酒と大量服薬をしたのだと言う。「薬は効きません、あの怖さは絶対に変わりません」。それは服薬を勧める父や医師への当てつけでもあり、心理的援助の無効性を示唆する行為でもあるようだった。

Fと私との間に生まれた繋がりは、同時に彼女を脅かしていたようだった。そこがFの難しいところだった。だから、次の回、彼女は平然として「どうってことありません」と援助を拒んだ。

「それでも、今僕に助けを求めているのだと思う」と私は繋がりを確認する解釈を伝えた。

「期待すると悪いことが起こります」と彼女は恐ろしさを語った。

Fは他者に接近すると相手を傷つけてしまうと不安になってしまって、逃走したくなっていた。

（2）第2期　崩れる治療構造

〔第8回〜第20回〕

そして、Fは激しく動き出した。「生活保護から抜けないといけない」。彼女はそう言って、就職活動に奔走し始めたのだ。すると、心理療法の治療構造は脆くも崩れさることになった。Fは無断キャンセルを繰返すようになったのだ。そのまま連絡はなく、Fは忘れた頃に突然電話をしてきて、面接を求めた。「就職活動をしているから、予定が立たない」と彼女は弁明した。話し合いの余地はなかったから、私はそれを受け入れざるをえなかった。

Fはほどなくして福祉系の団体に採用された。しかし、そこはこれから事業所を開こうとしている段階にあり、彼女は給料が出ないままに様々な雑用をさせられた。加えて、その経営者には自己啓発系のいかがわしいところがあった。だから、Fは団体への不信感を募らせ、「いつもこういうことになる、アレのせい」とそれを霊による災厄だと言って嘆いた。

無断キャンセルは続いた。面接は平気で2週間、3週間と間隔が空いた。心理療法はオンデマンド方式で行われるようになっていた。心理療法は連続性を失い断片的なものになっている、と私は感じていたが、それに対処する術を見出すことができなかった。ただ、面接に現れたときの彼女はいつも苦しそうで、私に助けを求めていた。喘息を始め、様々な体の病が噴出していたし、霊的発作も続いていた。

それでも、徐々に分かち合われるようになったのはFが「休めない」ということだった。Fは職場に言われるがままに働き、身を削り続けた。Fは周囲に頼って、自身のケアをすることができなかった。だから、心理療法にも頼ることができず、治療構造をはねのけ続けていた。そういうことを話し合う中で、彼女は休めない自分を少し実感したようだった。

最終的に彼女は団体への不信感を募らせて1ヶ月ほどで退職した。すると、Fの実生活に保護してくれる人が現れた。Fは子供関係の事業を経営する女性Zと知り合い、彼女の仕事を手伝うようになった。ZはFと同じように霊感を持っており、Fの苦しみを理解してくれた。そのような保護的関係の中で、彼女は予知を体験した。驚くべきことに、霊はFに悪いことを避けるよう教えてくれたのだった。霊は悪意だけでなく、彼女を保護するものとしても感じられ始めているようだった。*8

しかし、人生は反復である。結局、FはZのもとでも身を粉にして働くようになった。喘息にもかかわらず子供を追いかけてグラウンドを駆け巡り、寝る間を惜しんで子供のことを考えた。彼女は子供の世話をすることにやりがいを感じていたのだが、体はついていかず、身体症状が頻発していた。心理療法には来たり来なかったりが続いた。だから、面接では彼女の繋がりたいけれど繋がれないありようが話し合われていた。

第18回は、Fが職場で倒れたことから急遽設定された面接だった。人手が足りないからと無理をし続けた結果だった。

「人の面倒を見過ぎて、自分の面倒を見られない。倒れたら、去るしかない」。私はそう伝えた。

「子供と関わりたい。自分は子供を産めない」。それに彼女はこう答えた。Fは愛する者を傷つけてしまうという確信から、一度中絶をしたことを語ったのだった。そして彼女は決めた。「仕事は辞めます」。

それから一ヶ月以上、Fからは音沙汰がなかった。しばらくぶりに心理療法に現れたときには、彼女は家に引きこもっていた。そして以前、内地で家に引きこもっているときに、親が心配して訪ねてきたが、Fは親を寝かさないほどにわがままを言ったことを語った。

＊8　良き霊が現れたのだ。

「僕に警告している、自分を助けるのは大変だと」
「そうです、私はどうなってしまうのか」
「面接をどうしたらうまく使えるかを話し合いましょう」
「体調が悪いと来られなくなってしまうのをわかってください」。
彼女は私にわかってもらいたいと感じていて、それを私に正面から伝えた。

(3) 第3期　心理療法に馴染む

〔第21回〜第31回〕

心理療法に変化が訪れたのは第21回だった。一ヶ月ぶりに連絡があったその日、彼女はひどく怯えていた。妹の子供が死ぬのではないかと不安がり、胸騒ぎがすると実際に身近な人が怪我をしたのだと言い、悪性の霊的予知に脅かされていた。霊的な不安が高まり、しかも語りは支離滅裂だったから、私は彼女の精神病部分が活発化しているように感じ、心配になった。

「頼りたい気持ちが強くなると、人を傷つけてしまうと不安になりますね」と、彼女の依存への不安を解釈した。

「どうしたらいいですか」と、彼女は縋るように聞いた。

それを受けて、私は治療構造を再設定した。無断キャンセルでも次の週の同じ時間が確保されている構造を提示し[*9]、心理療法に頼れることが面接の課題となっていることを伝えた。

Fのキャンセルの頻度は変わらなかった。しかし、彼女はキャンセルするとき、必ず連絡をしてくるようになった。そのことで、心理療法には連続性の感覚が生まれるようになった。そして、Fは私に対する頼りたい思いを素直に語るようになった。

すると、Ｆは近所のスポーツジムに通い始めるようになった。それは大きなことだった。というのも、彼女の住まいは母親の経営する私塾のそばにあったため、近隣住民の多くが知人であり、Ｆは彼らのまなざしをひどく恐れていたからだ。無職であること、生活保護であることが露見するのは強い恥を感じさせるから、Ｆは日中外出できず、家に引きこもっていたのである。しかし、スポーツジムは日中そこにいても変な目で見られないし、クーラーまで効いていたから、彼女は安心していられた。心理療法に対する居場所の感覚は、外界へと波及しているようで、私は貴重なことだと考えていた。

それからのＦは私に対する陽性感情を強めていった。彼女は面接で泣くようになり、面接でだけ自分の苦しい部分を外に出せるのだと語るようになった。彼女はそれでも人と一緒にいられないと嘆いていたが、私が「ジムでは人といられるし、ここでも人といられる」と彼女の他者と繋がれる部分の解釈を行うと、「好きな人がほしいです」と恥ずかしそうに言った。すると彼女は面接の終わりに「帰りたくない」「先生が心理士じゃなければよかった、専業主婦になりたい」と言うようになった。私は彼女の性愛感情に気づいてはいたが、解釈しなかった。貴重な依存が性愛化することは、Ｆの精神病部分を活発化させるように思ったからである。[*10] 危ういバランスではあったが、彼女は心理療法という文化に馴染み始めていた。

比較的静かな時期が続く中で、Ｆは趣味だったジムでのダンスで膝を痛めた。やり過ぎていたのだ。医師はダンスを止めた。「アレのせいです、いい場所ができても、こうやって倒される」。Ｆは独特の言い回しで

＊9　これは私の勤務していたクリニックの通常の予約システムを超えたことだった。毎回次の面接を予約するというのが基本的な形だったからだ。その意味で、これは私の行動化だったと思うのだが、Ｆとの心理療法ではそれは不可欠だったと思う。こういう変則的なマネジメントが、ありふれた心理療法をかたちづくっていく。

＊10　恋愛性転移が発展することにはリスクがあると判断した。非性愛的な陽性転移が、彼女を支持するものと考えていたので、この時点で私は彼女が語る以上にはそれには触れなかった。

霊の災厄を激しく嘆いた。そして、ジムから足が遠のいた。

すると第31回で彼女はリストカットをした。母親がわかってくれないことで混乱し、手首を傷つけたのだという。そして、父がピストルで頭を打たれる夢を見たから、そのうち父が怪我をするのではないかと不安そうに訴えた。私は反復されている傷つける不安を伝え、だからこそ心理療法も頻繁にキャンセルせざるをえないと伝えた。

「でも、先生はずっといてくれない。一番苦しい時を本当は見てほしい」と、Fは私に一緒に暮らしてほしい気持ちを語った。

だから、私は少しだけ、彼女の性愛感情に触れた。彼女は答えた。

「人と一緒にいて、わかってほしい気持ちと、わかられたら崩れちゃう気持ちの両方がある」

前者は心理的な苦しさで、後者は霊的な苦しさなのだということだった。そして、Fは「私は何の病気なのか」「私は一体何なのか」と自身の苦しみが何に該当するのかと問うた。私は世話してもらえる治療文化に身を委ねることができないのが彼女の苦しさだと伝えた。Fは深く頷いた。

（4）第4期　終わりと心理学

〔第32回〜第37回〕

Fとの心理療法は一年を超えて、徐々に心理療法的な関係が生まれてきている、そう私は感じていた。実際、毎月決まった日にあった霊的発作は起こらなくなっていた。話は霊から身体や心へと移ってきており、*11私は手応えを感じていた。しかし、3ヶ月後に心理療法は終わらなくてはならなかった。私が退職することになったからである。

第32回で私は退職することを伝えた。彼女は「また新しい人に話すんですか、どうせわかってくれない」

と強い反応だった。そして「泣き叫びたい、最近自分はアダルトチルドレンになった」と言い、幼い頃より妹ばかりが面倒を見てもらっていたと嘆いた。彼女は分離の苦しさを言葉にして伝えたのだった。

次の回、Fは父親を面接に連れてきた。私にこれまでの経過の引き継ぎをしてほしいのだと言った。私は彼女の終結に備えようとする思いを感じて承諾した。このとき、彼女は自分自身の理解として「22歳のあの体験のPTSDになっているんです」と語り、さめざめと泣いた。父親はFの扱いにひどく困っていたので、私は彼女自身が他者との距離の取り方に困っていることを伝えた。

それからの彼女はキャンセルを挟みながら、激しく動くようになった。Fは母親と共に除霊を行う病院を受診し[*12]、最初に霊的発作を体験した米軍基地[*13]を再訪した。彼女なりに私がいなくなった後に備えて、代替策を探しているようだった。しかし、Fはどこに行ってもその治療に馴染めなかった。「どれかに託すことができたら楽なのに」とFは嘆いた。それはもちろん、私に託すことができなかったという悲痛な思いだった。だから、Fは再び強い霊的な体験をするようになった。人を殺した感覚があると恐れおののき、土に埋められて殺された感覚があると極度に不安になっていた。そして、そういうことを支離滅裂に語り、「字が読めなくなった」「私は先週来てましたか」と訴えるなど現実検討も揺らぐようになった。彼女は支えを失って、ひどく不安定になっていた。「また誰かに一から話しても無駄です」Fは心理療法自体に対する絶望を強めていた。

＊11　霊から心への途中で、体が舞台となることは重要だ。仮面うつ病に代表されるように、非欧米圏では精神症状は身体症状として現れやすい。シャーマンもまた、まずは身体の問題に苦しむことが多い。

＊12　そういう病院があったのだ。

＊13　米軍基地というのはまさに異界だと思う。そこには死と暴力があり、性愛もある。そういう異界を内側に抱えながら、沖縄のローカルな生が営まれている。そして、そのような不純さを「日本人」はあまり見たくないのだと思う。基地問題の複雑性に対するシンプルな割り切りを見ていると、そのように感じる。

しかし、それでも最終的にFは心理療法への愛着を失わなかった。最終盤に至って、彼女は昔通信制の大学で心理学の授業を受けたことがあることを想起した。

「宇宙の始まりと心についてのレポートを書いて、優をもらったことがあるんです」

「心理学は宗教でも科学でもないから、あなたにとっては親近感があった」

「そうです。だから、ここでこうして話ができたのだと思う」

彼女は病院での心理療法は、脳も体も心も見てくれるから、安心できたのだと語った。Fは私との間にあった繋がりを確認しているようだった。

最終回は瞬く間にやってきた。Fと私は今後について話し合った。

「私は何ですか？　統合失調症ですか、人格障害ですか？」

「どれにもあてはまらないから、治療もなくて、あなたは頼れない」

「またそういうことを新しい人に話すんですか」。彼女は悲しそうに腹を立てて見せた。だけど続けて言った。「でも、ここで吐き出さないと、おかしくなります。親に話したら、親を壊してしまう」。

彼女は引き継ぎを決めたのだ。

最後、彼女は「先生は私をどう理解した？」と私に尋ねた。

「いろんな治療に当てはまらなかったあなたが、ここに希望をもって馴染もうとした、そういう時間だったと思ってます」と私は伝えた。

彼女は少しだけ微笑んだ。

「父に私のことを説明してくれていた時も思ったけど、先生はまとめるのがうまい」

「あぁ、僕はまとめる人だったんだ」

「そう、私は支離滅裂です。でも、それを先生が繋いでくれました。長い時間があったから、アレと言えばわかってくれる」。だけど、Ｆは言った。「私は本当に怖いことが何かを知ってる。でも、きっとそれはどうにもならない。だからここでも途中から諦めていました」。
霊のことには手がつけられなかった、そう言ってどこか怒っているようでもあった。
「わかりました」。私は色々な思いを飲み込んで、そう答えた。治療が途中で終わらざるをえなかった悔しさが、そこにはあった。

第３節　考　察

１　アセスメントという営み――その「正しさ」

Ｆは霊と脳を見る治療文化を彷徨った果てに、心を見る治療文化に辿りついた。そのとき、心理療法は霊を見る目に晒されたのだから、自明なはずの前提が揺るがされることになった。このとき、特に問題になったのがアセスメントという営みである。「Ｆは何を病んでいたのか」、この問いの自明さが失われたのである。

彼女は「カミダーリ」「統合失調症」「うつ病」など、霊的治療文化と生物学的治療文化から様々なアセスメントを受けてきたが、そのいずれも有効に機能してこなかった。それは過去の専門家たちがＦの本質を捉え損なったことを意味しているのだろうか。

そうではない、と私は考える。Ｆの問題歴はアセスメントの「正しさ」自体を宙づりにする。というのも、

Fが「カミダーリ」であったか否かは、霊的治療文化を共有していない第三者に判断することができないし、「統合失調症」も同様である。アセスメントとは各治療文化が現象を分類する枠組みであり、治療を構成する説明モデルとして機能するものである（Kleinman, 1980/1992; 東畑、2015）。だから、その「正しさ」は各治療文化内部の論理で保証されるしかない。しかし、Fの問題はいずれの治療文化にも包摂されなかったことにあったのだから、文脈や枠組みを超える素朴な本質主義的「正しさ」を想定することは難しい。[*14]

この理解は当然、私が抱いた「精神病に対する覆いをつくる心理療法」というアセスメントにも適用される（第3章を参照）。実際、Fを「解離性障害」とアセスメントすることも可能であっただろう。しかし、本研究ではそのいずれが「正しい」のかと問うのではなく、私のアセスメントがFとの治療をいかに構成したのかを問わねばならない。「正しさ」が宙づりにされるとき、アセスメントがいかに機能したのかが関心事となるからである。[*15]

本事例の場合、私の心理学的アセスメントは霊的説明モデルを抱くFに共有されないで治療が始まった。それは、二人で心を見る営みとしての心理療法が成立する以前の段階である。だから、心理学的説明モデルはまず拒絶され、それからある部分が受容されていくプロセスを辿った。本事例の課題は、私とFの間でアセスメントの「正しさ」を担保しうるような治療文化の共有がなされることにあったのである。それは「私は何ですか」と繰り返していたFに対して、「正しさ」の追求ではなく、相互に妥協しながら築かれる治療関係によって答えようとするものである。ならば、この異質な説明モデル間で何が生じたのか。

2 治療文化間の抵抗と交渉——Fは心理療法の何を拒み、何を受容したか

何より重要なことは、Fが説明モデルの齟齬にもかかわらず、心理療法を始めたことにある。「Fが語り、

私が聴く」という心理療法の様式を彼女は受け入れた。[*16] それは人口に膾炙したケアのありようであったから、その点でFは心理療法を「容認」したと言える。

一方で、Fは心理療法を「拒絶」した。インテークの段階から、Fは私の心理学的なアセスメントを「霊が治らないと自分は治らない」と言って拒んだし、心理療法が開始されると、Fは苦しい情緒を語ることを拒み、無断キャンセルを繰り返した。そうすることで、Fは「心」という自分の内側にあるものに照準を合わせることを拒み、それを表出することを拒んだ。だから、私は心理療法は無効ではないかという思いを抱くことになった。

それは心理療法の側からすると抵抗であり、ユタや精神医療、そして家族に対してFが反復していた「頼れなさ」の反復として心理学的に解釈できるかもしれない。実際、事例の中で私はそのように理解して、そのようなケアされる関係の機能不全が「覆いをつくること」を難しくしていると考えて作業を行った。しかし、抵抗に対する心理学的な解釈は、それ自体としてFにとっては既に異質な説明モデルに属しているのだから、抵抗は解釈によって突破されるのではなく、交渉されるしかない。[*17]

交渉は当初から始まっていた。そもそも私が伝えた「よくわからないものに振り回されています」というアセスメントは、微妙に霊の存在に配慮したマイルドな言い方であった。心と霊が互いを脅かさないような

＊14　ここにポストモダンの不安がある。それは共同体の機能が溶解し、複数の文化がモザイク状に生活世界を構築していることからもたらされる。
＊15　ポストモダン状況において、「じゃあ、なんでもいいじゃない」となるのは思考の放棄である。本質主義を排しながらも、思考を放棄することなく、臨床的思索が続けられなくてはならない。
＊16　第1章で示した「関係すること」の心理療法的形式を彼女は容認したということだ。逆に「心理学すること」を彼女は拒んだ。これは明治以来繰り返されてきたことでもある。
＊17　第6章を参照。

配慮と妥協が本事例には通底していたのである。

だから、Fと私は「隔離」という戦略を取るようになった。Fは自身の問題を霊と心理学に分割し、私もまた霊のことは脇に置き、Fの関係性を巡る問題に焦点を当てた。そうすることで、異質な説明モデルがひしめく治療を維持しようと試みたのである。

すると、心理療法の一般的な作法である定期的面接は、オンデマンド法へと「改作」された。重要なことはそれがユタや日本における一般外来クリニックの「いつでも利用できる」治療構造であったことである（大貫、1985）。Fは慣れ親しんだ治療文化の作法を心理療法に持ち込み、混淆を図り、私も一旦それを受け入れた。そして、第3期に至って、私は再度交渉を行い、無断キャンセルを包含するような定期的面接の再設定を行い、Fはそれ以降キャンセルの際に連絡をしてくるようになった。Fと私はそれぞれの異質な治療文化に対して妥協と折衷を試み、治療を成り立たせようとしていたのである。[*18]

以上の「容認」「拒絶」「隔離」「改作」はバーク（Burke, 2009/2012）が異文化遭遇における四つの典型的反応としたものである。ミクロな場で、異質な治療文化は交渉を繰り広げていた。

重要なことはそのように交渉する期間を通して、Fとの治療関係は確かなものになり、彼女が心理療法という文化に馴染んでいったことである。実際、Fは心理療法に安心感を抱き、「休めない」「頼れない」という心理学的な説明を受け入れた。そして、性愛感情などのパーソナルな情緒を感じ、語るようになった。霊的説明モデルを生きていたFは部分的に心理学的な説明モデルを受け入れ、治療で心理学的な作業を行うようになったということである。では、そのことによってFは何を得て、何を失ったのだろうか。

3　心理療法はFから何を奪い、何をもたらしたのか——心理学的人間

本事例は徐々に「心理療法らしく」なっていった。私とFの関係は一般的な援助関係に加えてパーソナルな要素が付け加わり、心理療法はこころの内奥を打ち明け、情緒を感じる場所になりつつあった。Fは心理学的治療文化に巻き込まれ始めたのである。

そのことによる顕著な変化は、Fの霊的発作が激減し、代わりに身体的不調が激増したことにある。医療人類学者ヤング（Young, 1976）は様々な治療を概観して、それらを外在化する（External）治療文化と内在化する（Internal）治療文化に大別している。前者は霊的治療文化のように個体の外に病因を求めるもので、後者は近代医学や漢方治療のように個体内部のメカニズムに病因を求めるものである。心理学とは内面的（Internal）なメカニズムを究明するものであるから、そこにFは巻き込まれていくことで、彼女の苦しみは個体の外側から内側へと場所を移したと言える。

だからこそ、彼女は自己を「アダルトチルドレン」などの心理学用語で語るようになった。そして、それは終盤になって「あの体験のＰＴＳＤ」という自己理解を生み出した。それは、驚くべきことに、霊と心理学が混淆して出来上がった説明モデルであった。[*19]

＊18　治療者がただ妥協するだけではなく、クライエントもまた妥協するのである。この相互に妥協するプロセス、それ自体が治療的な作業だと私は考えている。

＊19　このキメラのような説明モデルは、専門家を居心地悪くさせるが、クライエントと治療者が必死に治療を営んだ証左だと思う。それこそが共有された臨床的リアリティを可能にするからだ。その意味で、そういう不純なものを受容するような余裕が、専門家には必要だと思う。

無論、事例の中で私が「アダルトチルドレン」や「ＰＴＳＤ」という言葉を使ったことはなかった。それらは一般に受け入れられた心理学用語であり、Ｆはそれをブリコラージュして（Levi-Strauss, 1962/1976）、様々な出来事を自己の範疇に収めようとする心理学的な説明を作りだしたのである。このとき、それがＦに取り入れられた私の機能でもあったことは重要である。本事例の最後に、Ｆは私を「まとめる人」と表現していた。それは心理療法が個人内の諸要素を結び付けることで自己を説明する営みであることを示している。

重要なことはＦがそのようにして自らを心理学化することで、寂しくなったということだ。リーフ（Rieff, 1959/1999）が述べているように、フロイトの精神分析に始まる心理療法は、その背景に心理学的人間の倫理を備えている。心理学的人間は自己を見つめ、自己を制御しながら、近代という時代を生きていく。心理学的説明モデルを受け入れるとは、そのような「自律した個人」を引き受けることを意味している。これに対して、霊的治療文化は本来的に共同体や親族を巻き込む。彼女が祖先霊との関係を問題にしていたように、そこでは前近代的な他者との繋がりが濃厚に保持される。だから、Ｆが霊から心へと近づいたとき、彼女は私に性愛化された転移を抱くようになった。個人と共同体との濃密な関係が、個人と個人のパーソナル[*20]な関係に置き換えられたのである。

心理療法はＦが問題を自己へと収斂させ、陶冶させるテクノロジーを与え、その代わりに彼女が生きていた前近代的な親族関係を奪った。だからＦは長く心理療法を拒んだのだろうし、心理療法の終結を前に、Ｆは霊的発作を再発させ、父母を面接に連れてきたのだろう。治療とは生き方や生きる世界に深く関わらざるをえないのである（東畑、2015）。

したがって、ここで心理療法の「治療効果」もまた宙づりにされる。私自身は、本事例では心理療法開始のための準備がなされたと理解していた。Ｆは最終的に心理療法の引き継ぎを決めたが、それが可能になったのは希望がそこに芽生えていたからである。それはいかなる治療文化にもコミットができなかったＦにとって貴重な果実である。

しかし、そういった個人の内的資質を「治療効果」と考えることそれ自体が心理学的な発想でしかありえない。その上、それは「頼れること」が精神病部分の防衛を可能にするという当初の私のアセスメントに照らした「治療効果」であったとしか言いようがない。「治療効果」もまたアセスメントによって、つまり各治療文化の説明モデルによってしか担保されえないのである。霊的治療文化の立場からすれば霊被害の有無でしか「治療効果」の判定はされがたいだろう。そして、心理学的治療文化であっても、違う立場に立つならば、私が「治療効果」だと考えるものも、そう受け取られない可能性がある。ここに心理療法を人類学的眼差しのもとに相対化することの不安がある。「何が治った」であるのか、そういう定点を失う問いがそこに含まれているからである。

終わりに

本研究は「心理療法とは何か」を霊的治療文化との比較を通じて人類学的視点から問おうとした。その結果、アセスメントがあくまで治療者側から持ち出される説明モデルであり、それがクライエントの説明モデルと不協和音を立てながらも、交渉し妥協しあいながら治療を構築し、そのプロセスでクライエントが心理学的説明モデルを内在化することを示した。そのようにして、心理療法はクライエントを心理学的人間とし

＊20　パーソナルであること、それ自体が近代的文化の産物だということだ。心理療法は徹底的に近代的なものなのだ。

てかたちづくろうとする。そして、クライエントは逞しくもそれを自分なりに利用して、自らの新たな生き方を組み立てるのである。「心を見る治療」は個体を他から分かたれたものとしてまとめあげようとする点において、「霊を見る」治療とは違う。

以上の議論は、霊を比較対象としたということを除けば、実は我々が日常的に取り組まざるを得ない課題である。つまり、我々は医療という場で生物学的治療文化との比較を迫られているし、教育の場では教育学的治療文化との差異を考えざるをえない。心理学の範疇で思考を行っているだけでは、社会の中の心理療法は立ち行かない。我々は心理学の内部と外部を出入りしながら、この仕事を現実の中で成立させようとしているのである。「心理療法とは何か」、それはすべての心理臨床家の問題である。

だからこの問いには不安がある。そこではアセスメントも治療効果も定点を失くす。自らの前提が揺らがされる。それでも、心理療法をめぐる現実が大きく揺れ動いている今、我々は本質的な問いのもとで力強く思考を続ける必要がある。それはこの文化の中で心理療法という仕事を存在させ続けるために不可欠な営みだと私は考える。

本研究は「心理療法とは何か」に対して確たる答えを与えようとしたものではない。目的としていたのは、アセスメントや技法、治療構造、効果について再考を迫ることである。「心理療法とは何か」。この古くて新しい問いを「開く」ことこそが目指されたのである。そしてそこから、ありふれた心理療法を正面から見ることのできる視座が生まれてくる。

第Ⅳ部　方法について

一人の人の心に生じた重要な動機《ムーブ》が、他に伝わるとき、伝えられた人は自分の中で、それを意味あるものとして捉え、それを未来へとつなげてゆくであろう。それはその人のその後の生き方に影響を与えるはずである。

河合隼雄『心理療法序説』

ここまでで、本書は「日本のありふれた心理療法」がいかなるものであるのかについて語り終えている。だけど、もう少し続けようと思う。最後に方法について吟味を加えておきたいからだ。

本書の知見は事例研究を通じてもたらされたものであるわけだが、そのようにして語られた知とはそもそもどのようなものなのか、そしてそれを読者はどのように受け取ればいいのか、そういう方法をめぐる問題を吟味しておこう。

それはありふれた心理療法の裏側を見ようとする試みだ。なぜなら、ありふれた心理療法を営むありふれた心理療法家は、事例研究を読んで育つからだ。

私たちは日々のケースで困ったとき、迷ったとき、事例研究に手を伸ばす。それはまったく役に立たないこともあるけれど、ときに次の面接の強い支えになることがある。

他の人による他の人のケースなのに、なぜか自分のケースのことが書いてある。あるいは、シビれるようなケースを読むことで、自分もそういうケースをできるようになりたい、と思う。そして、そう簡単にはうまくいかないという体験を重ねる中で、それぞれのありふれた心理療法がかたちづくられていく。

しかし、そのようにして事例研究が機能するのはなぜなのだろうか。どのようにして事例研究はそれぞれの心理療法家の栄養になっていくのだろうか。そういう問いが第Ⅳ部では扱われる。そして、当然のことながら、それは本書の舞台裏を明かす試みでもある。

第8章　野生の事例研究論——ありふれた心理臨床家のための方法

第1節　問　題

1　ありふれた心理療法のための研究法

本書ももう終わりなのだから、方法について検討をしておきたい。他でもない、事例研究について、最後に考えておきたいのである。

「ありふれた心理療法とは何か」という問いは、事例研究を方法とする。それは既に議論してきたように、ありふれた心理療法が極めて個別的で、ローカルな事情から生じる心理療法であることに起因している。

それぞれの学派が規範とする心理療法のフォーマットは、それぞれの臨床現場のローカルな現実によって妥協を迫られる。もちろんそこには、それぞれの心理臨床家の資質や社会経済的な制約があり、それぞれのクライエントの置かれている現実的制約がある。

そのような無数の要素がわかちがたく絡み合って、規範となる心理療法はありふれた心理療法へと鋳直されていく。そこで生じることを、本書では交渉や混淆という言葉で検討してきた。

ありふれた心理療法は絶妙な塩梅の産物なのである。規範となる心理療法がお店（高級店もあれば、ファストフードもあるのだろう）でレシピに基づいて出されるメニューだとすれば、ありふれた心理療法は家庭料理と言えるかもしれない。その日、冷蔵庫にあったものによって、作ろうとしていた料理は変わってしまう。カレーを作ろうとしていたけど、ルーを切らしていたから、その日の夕飯はホワイトシチューになってしまうこともある。でも、結構おいしいし、お腹は満たされる。

事例研究はそのような複雑に絡まり合った要因を記述できる。ホワイトシチューに投入された具や調味料の塩梅を記述できるし、何よりその日、カレールーが家になかった事情を描くことができる。そして、カレールーを買い忘れるに至った、その日の母親について描くことができる。

若干比喩に溺れそうになっているが、言いたかったのはシンプルなことだ。事例研究によってのみ、私たちはありふれた心理療法を描くことができる。ローカルな事情からもたらされる個別の塩梅こそが問題となっているからである。

方法の話はこれで尽きているようにも思うのだが、実は以上の議論では大きな問題が回避されている。本質的に個別的なものであるありふれた心理療法を厚く記述することは、原理的に事例研究法にしかできない。確かにそうだ。しかし、我々はその厚い記述をすること、読むことから何を得ることができるのだろうか。この方法は一体何をもたらすのだろうか。そういう根源的な問題が回避されているのである。事例研究とは何か、まさにそれが問題なのだ。

周知の通り、それは日本の臨床心理学の中核にあり続けてきた問いである。日本の臨床心理学は自らの学問的アイデンティティを確立するために、事例研究についての議論を重ねてきた。そして、事例研究をいかに位置づけるのかが、そのときどきのドミナントな臨床心理学のありようを決定してきた。だから、それは学界のリーダーたちによって行われる高い水準の学術的議論であった。

しかし、私は、これまでの事例研究をめぐる議論は、ありふれた心理療法を営むありふれた心理臨床家にとっては十分なものではなかったと考えている。それはなぜか。このことを理解するために、ここで一度、わが国で行われてきた事例研究論の歴史を簡潔に振り返っておきたい。

2　事例研究論の三つのフェイズ

日本の臨床心理学はそれほど多くの論争を行ってきたわけではない。むしろ、直接的な論争に発展したケースは稀と言っていい。しかし、事例研究をめぐっては、珍しいことに激しい論争が積み重ねられてきた。多くの人が多くの意見を言ったわけだが、それらは時期によって違った問題を焦点としてきた。その歴史を三つのフェイズに分けることができる。

言うまでもなく、事例研究論の第一フェイズにおける最重要プレイヤーは河合隼雄である。1970年代、日本の臨床心理学が再生していこうとする時期、河合は臨床心理学の中核的な研究法に事例研究を据え、様々な論者と議論を行った（河合・成瀬・佐治、1977; 小川・小此木・河合・中村、1986）。

この時期に問題となったのは、事例研究の有効性と科学性の問題である。河合は臨床実践に「役立つ」方法として事例研究が有効であることを示すと同時に、臨床心理学を学問として位置づけていくために、事例研究がいかなる意味で信頼できる方法であるのか議論を行った。

このとき、河合隼雄が取った戦略は、事例研究法を近代科学のオルタナティブとして提示することであった。奇しくも、最初の重要な論文である「事例研究の意義と問題点」の最初の節は「科学論文の条件」と題されている。そこで河合（1976）は、科学を「客観的事実」に基づき、「それらの事実の観察によって帰納的に得た仮説を、事実に照らして検証する」営みであるとした上で、事例研究はそれとは異なる知のありようをしていることを指摘する。そして、「今までよくあったような、ひとつの症状について何例かをまとめ、それについて普遍的な法則を見出すような論文よりも、ひとつの事例の赤裸々な報告の方がはるかに実際に〈役立つ〉」と述べている。個を突き詰めたところに存在する臨床的有用性こそが事例研究の知であり、それは近代科学とは違った「臨床の知」であるとされたのである。

問題はこの臨床的有用性のメカニズムである。この点について河合は、それが「〈物語〉として提供されており、その受手の内部にあらたな物語を呼び起こす動機《ムーヴ》を伝えてくれるから」（河合，1992）と説明している。つまり、事例研究の本質に物語が存在し、主観において生きられた物語が読者の主観の中の物語を賦活すると説明がなされた。

それは『臨床心理学ノート』ではさらに抽象化される。事例研究は芸術のように内的感動を与えるものだとされ、そこには近代科学の「没主観的普遍性」とは異なる、「間主観的普遍性」が機能していると説明された（河合，2003）。

重要なことは、河合が辿りついたこの「間主観的普遍性」という概念が、心の深層には個々人を超えた「普遍的無意識」が存在するというユング派のアイディアと同型であることである。河合の事例研究論や臨床心理学論は、骨がらみで力動的心理療法の枠組みでなされたものであったと言えよう。しかし、河合自身がそれを「臨床心理学」や「心理療法」という一般名詞で呼んだことによって、事例研究は臨床心理学の中核的な方法として認知され、臨床心理学は近代科学とは毛並みが違うにせよ、人間科学の一つとしてアカデミズムの中に位置づけられることになった。

以上の河合の事例研究論に対するオブジェクションが事例研究論の第二フェイズとなる。そのときの主役は下山晴彦である。下山（2001）は、河合による臨床心理学を「心理学全体からも離れ、また社会からも離れ、深層心理学を中心とした個人心理療法に基づく臨床心理学の再構築がなされた」と理解する。そして、イギリスを範とした実証的臨床心理学を構築するために、事例研究の意義に疑義を呈し、再検討することを試みた。つまり、下山晴彦は、力動的心理療法の文脈を背景とした河合隼雄の事例研究論を、実証性を重視した心理学の立場から更新しようとしたのである。

下山晴彦の事例研究論は、事例が「一例」であるという認識を前提としている。「一例」は仮説を生成する素材となるが、そこで得られた知は一般性を欠いた準備段階的なものとしての位置づけしか持たない。したがって、下山（1997）は得られた仮説を他の事例、あるいは量的質的研究法による多数例によって検証することが必要だと主張し、それを「循環的仮説生成―検証過程」と呼んだ。河合隼雄が個を突き詰めるところに存在する知を説いたのに対して、下山晴彦は多数例による検証とモデル化こそが、知であることの条件だとしたのである。下山晴彦が大会長を務めた２０１３年の日本心理臨床学会秋季大会で、事例研究発表がすべて複数並列してなされるものとなったのは、この「一例」思想の具体的な実現であろう。[*1]

重要なことは、下山晴彦の研究論が研究の目的を「社会への説明責任」に置いていることである。例えば、効果研究においては、社会の中で心理的援助を適切に運用することが目的の大きな部分を占めている。それは研究の宛名を社会に向けることを意味している。このことは、臨床心理学や心理臨床を社会の中に位置づけていく上で重要な戦略と言える。[*2] しかし一方で、研究が専門家集団の実践を改善する目的でなされることが幾分軽視されてしまったように私には感じられる。

＊１　ちなみに私はその年に事例発表を行ったが、意外に悪くなかった。興味深かったし、面白かった。ただ、やはりいわゆる「事例研究」の徹底した議論に比べると、物足りない、という感想も残った

＊２　心理療法が医療や教育などの公共サービスの中でポジションを得ていくために、研究を通じて自らを説明し、政治家や官僚、他業種などを説得していくことは極めて重要である。イギリスではそのようにして、臨床心理士の地位は確かなものとなった。

いずれにせよ、下山晴彦は実証的心理学論を背景とした臨床心理学を構想し、心理学の規範に照らして事例研究の価値とありかたを議論したということだ。それは、従来の臨床心理学における力動的心理療法の色彩を脱色しようとするものであった。そのことで、臨床心理学研究における調査法や実験法などを含めた量的質的研究の意義が提起されることになり、現在も新しい研究メソッドや方法論が紹介されるなど百花繚乱の研究法論が行われている。すると、以前は特権的であった事例研究の位置づけは相対的に低下することになった。

第三フェイズは、ここから生じる。研究法としての価値が低下した事例研究を再評価しようとする議論が起きたのである。例えば、山川（2014）は既存の事例研究を丹念に読み直すことでその類型と意義を示すことを試み、野田（2014）は海外でなされている事例研究の新たなメソッドについて検討している。

それらの議論は現在進行形で続けられており、本章もまたそのひとつと言えるが、現時点での白眉となる業績が斎藤（2013）のモノグラフである。斎藤は昨今の心理学の新しい潮流、特に知識科学と物語科学の科学論を援用することで、事例研究の意義と限界について再検討している。そこから事例研究は効果を検証する研究法としては妥当性に乏しいが、心理療法の「質的改善研究」としては極めて有効であることが説得的に示されている。これは実証的心理学論よりも広い枠組みで、昨今の臨床心理学研究がなされていることを示すものであり、同時に事例研究が有効な範囲を、研究目的と照らして再定義した点で刺激的な議論だと言える。

第三フェイズの議論がどこに辿り着くのかは定かではない。現在、臨床心理学は様々な学派がモザイクになった多元的学問の方へと歩を進めており、事例研究論もまた様々な見解が並列で布置される事態になることが予想される。ただ、ひとつ確かなのは、これからも、それぞれの心理臨床家の事例研究論に対する態度が、臨床心理学に対する態度と深く関わるであろうということである。事例研究論は、「事実とは何か」や

「知とは何か」という根本的な思想と深く関わっているからである。

それがゆえに、事例研究論は常に臨床心理学論や科学論を背景に背負いながら、探究を行ってきた。そこにはもちろん、アカデミズム（とりわけ心理学）の文脈において臨床心理学のポジションを獲得する必要があったという事情もあっただろう。

しかし、私はここに従来の事例研究論の偏りがあり、ありふれた心理臨床家の不満があったと考えている。どういうことか。

事例研究はそもそも臨床心理学以前から存在してきた方法だからである。ありふれた心理臨床家が事例研究から何かを得るとき、それは臨床心理学の学問的妥当性に支えられているわけではない。あるいは科学論的妥当性があることによって、我々が事例研究から学ぶことができるわけではない。事例研究はアカデミズム以前から脈々と続く野生の方法であり、我々もまた野生のやり方で事例研究から学び、事例研究を書いている、そういう風に私は考えている。

だから、事例研究の価値や有効性を臨床心理学論や科学論の観点のみから論じることによって、事例研究は動物園に入れられたように、手足を拘束され、羽を折られてしまっているのではないだろうか。ありふれた心理臨床家が事例研究と触れ合うとき、そこでは科学的方法とは異なる野生の事態が生じているのではないか、そしてそれこそが事例研究論で扱われるべきではないだろうか。

3　野生の事例研究

野生の事例研究を考えようとするとき、河合（1976）が指摘した「事例研究は役に立つ」というテーゼが動かしがたい出発点となる。実際、事例研究抜きに心理臨床家のトレーニングは考えにくいし、実践で困ったときに私たちはやはり事例研究を紐解く。それだけではない。臨床心理学の理論的発展の少なくない部分が事例研究を通じて提示されてきた。事例研究に臨床的有用性が備わっていることは、否定しがたい（否定する人もいるだろうが、その人もそう感じている人がいることまでは否定しないだろう）。

この臨床的有用性のメカニズムを説明するために、河合隼雄は「間主観的普遍性」という概念に辿りついたわけだが、それは科学や心理学における「普遍性」を強く意識してのことであった。

しかし、事例研究は臨床心理学どころか、科学が成立するずっと以前から行われてきたものである。例えば、聖書はキリストの行ったことを記した事例研究集であるし、あるいは斎藤（2013）が指摘するように、ヒポクラテスは自らの医術の要諦を伝えるために事例研究を行っていた。あるいは医学史家ポーター（Porter, 1987/1993）は、近代医学が十分に成立する以前のロンドンで、資格を持っていないニセ医者が盛んに街頭で事例報告をして集客をしていたことを示している。さらには、それに対抗するように、資格を持った正規の医者も事例報告を行って集客を行ったと記されている。

それだけではない。現代の男性雑誌の裏表紙には、勃起不全が癒やされた人や薄毛が治った人の体験談が掲載されているし、女性雑誌ではダイエットの成功者の事例が示されている。東畑（2015）で示したように、占い師やスピリチュアル・ヒーラー、自己啓発などの民俗セクターの治療者たちは、過去の治療や自分自身の癒やしという事例を語ることそのものを、治療技法としている。

このように書くと、野生の事例研究は「学」ではなく、前近代的な「術」の世界のものに感じられるかもしれない。しかし、モンゴメリー（Montgomery, 1991/2016）が指摘するように、現在でも医療の場では事例研究が盛んに用いられた教育がなされている。

臨床心理学や心理学という文脈から離れるならば、事例研究が太古から様々な治療文化できわめて重要な意義を果たしてきたことが見えてくる。事例研究は集客のためのマーケティングに使われ、知の伝授という訓練に使われ、そして治療そのものの技法として使われてすらきたのである。

このように考えるならば、事例研究の意義を「普遍性」という学問的価値で語るだけは十分ではなかったのではないかと疑問が生じる。例えば、新興宗教の座談会では、参加者が自らの宗教的体験を物語る。いわば、当事者による事例研究である。それは確かに参加者に強い「動機」を与え、彼らの世界観や心的状態に強い影響を及ぼすものであるのだが、そのように受け取る人の範囲は基本的にその宗教の信者に限られる。それは決して特定の文化を超えうる普遍的なものではない。にもかかわらず、事例研究には確かに「有用性」がある。このことをどう考えればいいのか。

ここに事例研究の野生がある。それは古代の宗教家から、現代のありふれた心理臨床家にまで連綿と受け継がれている野生である。私たちもまた、日々のありふれた心理療法に取り組む中で、事例研究から学び取り、事例研究を書く。それは多くの場合、ある特定の集団の中でのみ流通可能なものである（とは言え、実は実証的心理学研究だって、ある特定の集団のみで流通しているのであるが）。そうやって、私たちは毎日の心理療法を続けている。問題は、明日の心理療法に役に立つか否か、その有用性にあり、その有用性のメカニズムにある。

この事例研究の野生の有用性こそが、本章で問題としたいことである。それは事例研究の知を科学論的に位置づけることではなく、実際にありふれた心理臨床家が事例研究をいかに運用しているのかを見ることで明らかになる。つまり、事例研究をめぐる心理臨床家の生態から、事例研究に備わった野生のメカニズムを見てみたいのである。

ありふれた心理臨床家が、日々ありふれた心理療法に取り組む中で、彼は事例研究から何を得ているのだろうか。そして、ありふれた心理臨床家がありふれた心理療法のために事例研究を書こうとするとき、彼はそこで何をしているのだろうか。そのようにして、事例研究で得られる知とは一体何か、そういうことを以下に検討してみたい。それは河合隼雄が提出した「事例研究はなぜ役に立つのか」という問いを、もう一度吟味しようとする試みである。

以上を踏まえて、ここで一つの事例を示そう。ありふれた心理臨床家が、そのキャリアの中で事例研究といかに付き合ってきたのかを示そうと思う。言わば、事例研究のための事例研究だ。

もちろん、素材は私自身のことになる。私がありふれた心理臨床家として生きてきた中で、事例研究がいかなる役割を果たしてきたのかを見てみたい。少し過去のことを書いてみよう。

本書ももう終わりが近いので、少し肩の力を抜いて書いてみようと思う。そう、論文ではなくエッセイとして、以下の部分を書いてみる。それは結論を先取りすることになるが、事例研究の本性に根ざした書き方である。

第2節　事例研究の事例研究

1　はじまりの事例研究──大学院進学

よく「なぜこの仕事についたのですか」と聞かれる。多くの心理臨床家がそういうことを聞かれていると思う。治療者という仕事には、そう聞きたくなるような何かがある。そこには憧れもあるだろうし、揶揄もあるだろう。畏敬の念と同時に、滑稽さが滲むのが私たちの仕事の特徴だ。

その問いに正直に答えようとすると、物語を語らないといけなくなる。さらに、多くの場合、その物語は誰かの物語を下敷きにしていたり、あるいは触媒にしていたりする。尊敬する治療者が語った物語があって、そこに自分を重ねることで、自分をかたちづくっていくということだ。広い意味での事例研究（つまり、誰かの物語）が、私たちの根底で脈々と生きている。

私の場合、高校生の頃には漠然と人類学者になりたいと思っていた。アフリカや南アメリカ、あるいはアジアの僻地の村で暮らしたい、と思っていたのだ。そういった村々の奇祭をテレビで見かけると異常に興奮した。謎の神々、悪魔、精霊、魔人、呪術師、魔法使い、そういったものが好きでしょうがなかった（今も変わらない）。だから、人類学者になって、どこかの謎の魔法使いに弟子入りしたいと思っていた。それはおまじないとか秘薬の世界だ。

今思えば、日常とはどこか違うところに行ってしまいたかったのだと思う。普段の生活で常識だとされているものが、違った場所では非常識になることが、私には魅力的だったわけだ。たぶん、なにか不適応だったのだろう。

そういうことを考えているときに、授業でユングの話を聞いた。私はイエズス会が経営している学校に通っていたから、修道士が倫理の授業を教えていて、その人がユング心理学の話をしてくれたのだ。

「アフリカの人も現代の日本人も、同じこころを持っているんだよ、すごくないか？」と彼は嬉しそうに話した。「こころの皮を何枚か剝いでみたら、太陽を拝んでいる部族と僕たちが同じ世界を生きてるかもしれないんだぜ」

私はその考えに魅了されてしまった。精霊とか魔人が、海の向こうじゃなくて、「いま、ここ」に生きているというのはあまりに魅力的だった。それなら、なにもアフリカまで行かなくても、日本で「カウンセリング」という仕事をしながら、神々について考えていた方がずっといい。なにより、恥を忍んで言うと、私はアフリカに行くのが怖かった。言葉もわからないし、伝染病もあるかもしれないし、なによりトイレが汚なそうだ。暑いアフリカよりも、クーラーの効いた部屋で人の話を聴いている方がいいに決まってるじゃないか。内心アフリカに行きたくなかった私にとって、ユングの教えはまさに渡りに船というやつだった。

ちなみに私が人類学者の夢から軟弱な転向を遂げたのと同じように、喜色満面でユングの話をしてくれた修道士も、その後神の道を捨てた。愛する女性ができて、修道会から出奔したとのことだった。今思えば、修道士なのにユングに夢中になっているというのは、危険な兆候だったのである。

さて、話を戻そう。私はユングを学ぶために、京都大学教育学部に入学した。そう、河合隼雄先生が教鞭を執っておられたユング派の牙城である。同級生の多くも、河合隼雄先生に憧れ、ユング的な世界観に惹かれていた。2001年のことだ。

その頃の大学というのは本当にやることが何もなかった。あったのかもしれないが、少なくとも私にはなかった(よって本来得られるはずだった物も得ていないのだと思う)。だから、私は本を読んで過ごすことが多かった。相変わらず、神とか精霊とか宗教とかそういうことに関心を奪われていたので、神話関係の本は楽しかった。河合隼雄先生の『影の現象学』は何度読んでも素晴らしいと思ったし、山中康裕先生の『絵本と童話のユング心理学』は傑作だと思った。私たちの日常のウラには神話的世界が蠢いている。そういうアイディアに魅了されていたのだ。

だけど一方で、臨床心理学本体にはあまり心惹かれなかった。大学では心理検査の授業もあったし、心理療法の技法や面接の実際についての本を読んだこともあったが、あまり面白いとは思えなかった。特に専門書を読むと出てくる事例研究には全く興味が抱けなかった。ひどく退屈なものに感じられたからだ。

神話や昔話の冒険譚に較べて、事例研究が描くような話はとてもスケールが小さいと感じていたのだ。話はごくごく日常的なことだし、多くの場合、面接室の中の話しか出てこない。夢や描画、箱庭といったイメージ技法が使われていると、エキゾチックでちょっとワクワクするけど、それが何を意味しているのかよくわからないし、解釈を読んでも正直ピンとこなかった。だから、この頃、たまには専門書を読むこともあったけど、事例研究については読み飛ばしていた。臨床経験がないと事例研究で描かれている風景がリアルに感じられないのである。そこでは明らかにリテラシーが必要とされている。

そんな私が初めて事例研究をまともに読んだのは、大学院進学を検討していた時のことだ。大学院に進学することは私の中で「骨太の方針」として決定事項であったが、私は実はこの頃、どこの大学院に進むかで悩んでいた。

当時ユングに対する関心はまだ非常に強かったので、京都大学の大学院はもちろん最有力候補であったのだけど、一方で実は東京大学の大学院にも心惹かれていた。東京大学では精霊とか魔人について研究する余地がないのはわかっていた（福来友吉のスキャンダル以来、東京大学ではそういう類のものは一切出禁なのだ！）。だけど、私にとって東京大学で教鞭を執っておられた下山晴彦先生はスターだった。

当時、下山先生は臨床心理学を時代に合わせてアップデートしようとして、きわめて精力的に活動されていた。イギリスの状況に照らしながら、日本の臨床心理学を実証性を欠いたものだと批判し、新しい臨床心理学を切り拓こうとしていたのである。標的は明らかに河合隼雄の臨床心理学だった。下山先生は臨床心理学から力動的心理療法を脱臭しようとしていたわけだ。

これは私にとっては新鮮だった。京都大学で教えられているような臨床心理学とはまた別の形の臨床心理学が存在しているということは、私を自由な気持ちにさせてくれた。よく考えれば「いま、ここ」じゃない世界に憧れるという、高校生の頃の反復がここでも起こっていたと思うのだけど、当時の私には下山先生が旧体制と戦う革命家のように見えていたのだ。

すると、こころは引き裂かれる。河合隼雄先生が垣間見させてくれた神話と物語の世界と、下山先生が切り拓こうとしている科学の世界と、どちらで生きていこうか、青年期的な問いの前に立たされたのである。

事例研究と本当の意味で初めて出会ったのは、この頃だ。大学院入試や卒業研究の準備を始めながら、私は貪るように本を読んでいた。教育学部の図書館には本当によく通った。黴臭い階段を通って地下の書庫に下りた。お気に入りは、フォン・フランツや、グッゲンビュール・クレイグ、マリオ・ヤコービや、エーリッヒ・ノイマンと言ったユング派の本だった。そこには、馴染みの神話の世界が、魅力的に描かれていた。そういう本を借りるときに、冊数に余裕があれば、その周辺の本を適当に借りた。その中に、皆藤章先生の『生きる心理療法と教育』という本があった。タイトル以外には装飾がまったくなされていない白い本だ。

皆藤先生は京都大学教育学部の教員であったから、授業を取ったことはあったはずだが、ほとんど記憶には残っていなかった（というより、当時受けた授業の記憶がまったく残っていない）。だから、大学院進学を考えるためにも、一応読んでおくかという程度の軽い気持ちでその本を借りた。

しかし、結局のところ、私の人生の道行きはその本で決まることになった。『生きる心理療法と教育』という本は、私を変えてしまった。

確か、平日の3時過ぎに図書館から家に帰ってきて、狭いワンルームで読みだしたのだと記憶している。冬のことだ。ページを開いてすぐに、私はこの白い本に大事なことが書いてあることがわかった。そういうときに、人は動揺してしまう。私は何度か気を落ち着けるために、タバコを吸ったと思う（確か、あのときはまだ部屋の中で吸っていたはずだ）。

食事をするのも忘れて、夢中でこの本を読み耽った。簡潔に要約すると、皆藤先生は「心理療法とは何か」という問題を原理的なレベルから問おうとされていた。価値観が多様化するポストモダンの時代には、「何が健康で、何が病気か」が不確定になるわけだが、そのとき解のない世界を「いかに生きるか」に取り組む営みとして、心理療法を考えようとしていた。

そういう問いの立て方は衝撃的だった。心理療法とかカウンセリングというものを、一旦不確実なものにした上で、一から考え直そうという徹底した思考を私は感じたのである。それは下山先生とはまた違うロジックで、臨床心理学や心理療法の新しい体系を創り出そうとするものに私には感じられた。なにより、皆藤先生のオープン・マインドなロジックを真正面から受け止めたとき、私には心理療法は謎に満ちた不思議な営みに見えた。アフリカの魔術を見るように、現代日本における心理療法について考えることが許されるように思った。それは私の当初の好奇心そのものだった。

そういった学術的な好奇心を刺激されたのは確かだ。だけど、それだけではなかった。最終的に私を打ちのめしたのは、巻末に示されていた事例研究であった。

その本の終盤に「樹」と名付けられた少女との事例研究、「考える葦」が載せられている。そこには、そこまでのパートで描いてきたことを、確かに生きている皆藤先生の姿があり、そして切実に自分の人生を生きようとしているクライエントがいた。ぜひ一読をお薦めするが、危うい世界で、それでも「生きる」ことが試みられていたのだ。

部屋のカーテンを閉め忘れて外はもう暗かったけれど、そのことに気付かなかった。私は事例研究というものを、初めて読み飛ばすことなく、最初から最後まで読んだ。そう、夢中で読んだ。そして、そこに描かれている世界に心奪われ、本が終わりに近づくことが悲しい、そういうことすら思った。それは、まるで小説だったのだ。

とうとう読み終えたとき、自分の考え方が変わっていることに気付いた。こういう心理療法の世界があったことがとても嬉しかった。そして、憧れた。

それから直ぐに大学の学内メールで皆藤先生に連絡を取って、会いに行った。京都大学教育学部の3階にまだ先生の研究室があった頃だ。私が感動を語り、サインをねだると、皆藤先生は快く応じてくれた。「恵存」。先生はそういう言葉を扉のページに書き入れてくれた。

あのとき、何を話したのかはまるで覚えていない。だけど、先生の研究室を出たときには（いや、入る前からだろうが）、こころは決まっていた。皆藤先生の描いたような世界で自分も生きていきたい。下山先生への憧れは消えてはいなかったが、人生を賭けるならば、「樹」の事例にあったような世界だと思った。京都大学の大学院に進めば、そういう世界に辿りつけるのではないか。その事例を読んでそう思ったのだ。

結局私は、皆藤先生のような心理臨床家にはいまだになれていないし、これからもなれないかもしれない。だけど、それでも「樹」の事例は、私の根底で生きている。現在に至るまで、心理療法について何かを考えようとするとき、それを前提にしたり、それと論争したりという形でしか、私の思考はありえない。

このことは、私が心理療法の実践を始めるはるか前の話だ。思い返してみると、宗教的な熱情に近いものがあるのだが、青年期の葛藤とはそういうものだろう。そうやって、自分をかたちづくっていくのだと思う。少なくとも、私にとっての最初の事例研究とはそういうものだった。そしてそうやって、私は心理療法の世界に分け入っていくことになった。

2　魔法使いたちのケース・カンファレンス——解釈のルール

大学院に進学後しばらくして、円形脱毛症になった。髪の毛が抜け落ちて、十円玉くらいのハゲが出来たのだ。初めての経験だったので、驚くと同時に、「あぁ、やっぱり俺もちょっと参ってるんだな」と思った。学部生から大学院生に身分が変わったとは言え、周囲は大学時代の同級生ばかりで、環境はほとんど変わらなかったのだけど、私は根本的に不適応に陥っていた。

思っていた以上に、大学院は謎に満ちていた。学部時代から臨床心理の大学院を「謎の世界だ」と思ってはいたので[*3]、それなりに覚悟はしていたのだが、実際に自分が大学院生になってみると、理解しがたいことがあまりに多すぎた。院生同士の人間関係のありようも、今までと違ったし、大学院生としての習俗も独特なものがあった。今思えば、それらは十分理解できる大人のマナーであるわけだから、ただただ自分が子供だったということだろう。そう言えば、ツイストパーマをかけて学校現場のバイトに行って先輩から怒られた記憶もある。大学院生というのは普通なら一応働き始めている年齢なのに、どうかしていたのだと今では思う。

だけど本当に謎だったのは、大学院で始まった心理療法の訓練だった。とりわけ、ケース・カンファレンスは、謎に満ちていた。私はケース・カンファレンスで交わされている話をまったく理解できなかった。なんの話をしているのかわからないし、なんのために皆が言葉を発しているのかわからない。そして、言葉の意味についてもまるでわからなかった。大人の世界に迷い込んだ幼児のようだった。

最初に参加したケース・カンファレンスのことは今でもよく覚えている。一学年上の女性の先輩が、プレイセラピーのケースをプレゼンしてくれた。毎回の面接で先輩がクライエントとしていたことの記録が淡々と語られた。子供は何をした、なんと言った、セラピストはどう思った、どう反応したなどなど、今思えばごくありふれた事例発表だ。

参加者たちは「ふんふん」と頷いたりして聴きいっていたのだけれど、私はあまりの退屈さで死にそうだった。まるで意味がわからなかったからだ。その事例の子供はただ漫然と遊んでいて、セラピストもまた漫然とそれに付き合っているだけに見えた。もちろん、「遊びを通して象徴的に自己を表現する」のがプレイセラピーだということは知っていたけれど、プレゼンされる遊びには何か意味があるようには思えなかった。レジメには、ただただ無意味なエピソードの連なりが無秩序に書き散らされているように感じた。

＊3　なにせ院生室は地下にあったので、無意識の世界に下っていくようなおどろおどろしさがあった。

ケース発表が終わると、「じゃあ、何か事実関係の質問ありますか」と教員が言って、皆しばしのあいだ沈黙した。思いを巡らせているようだった（これはいつもお決まりの作法だった）。事例をもう一度、時間をかけて咀嚼するための時間だったのだ。しかし、無粋な私は、すかさず手を挙げて、質問をした。

「すいません、これ、子守りとどこが違うんですか」

場が凍りついた。それから、ざわつき、失笑が起きた。「誰か！　この子をつまみ出して！」と聞こえた気がした（もちろん、私の主観の世界で）。

痛恨の思い出だ。確かに私は真剣ではあった。プレイセラピーという名目でなされてはいるが、それがただ子守りをしているのとどこが違うのか、まるでわからなかったからだ。だけどこういうときは黙って様子を見ておけばよかったのに、すぐに口に出してしまって、不興を買うのが、私のもっともよくないところなのだ。

そういう頓珍漢な私に、先輩と教員は何か言ってくれた気もするけれど、全く覚えていない。当時の私には理解できなかったのだと思う。

最初のケース・カンファレンスで感じた不可解さは、その後も長いあいだ続いた。発表者が報告している事例は意味をなさない文節の連なりに聞こえていたし、それに対する参加者のコメントも、事例とどう関係あるのかわからない呪文のように聞こえた。

当時の京都大学では現象学的なアプローチが主であったから、決してケース・カンファレンスで専門用語が連発されたわけではなかった。むしろ「落ちることへの恐怖」「何かになる、それ自体が難しい」などというような日常語を用いた事例の理解が行われていた。しかし、それは日常語であるだけに、余計に意味がわからなかった。クライエントである母親が実際に困っているのは子供が学校に行かないことなのに、ケース・カンファレンスでの議論を経ると、クライエントは別の次元の聖なる問題に取り組んでいるように聞こえて、余計に意味がわからなくなった。

正直に言えば、魔法学校にでも間違えて入学してしまったのではないかと思ったくらいだ。*4 そこでは私だけが、まだ魔法のルールを開示してもらっていないので、意味がわかっていないように思った。同級生の中には、早くもこの魔法のルールを理解しているように見える人もいたので、余計に私は混乱した。魔法の種明かしの授業を受けた記憶なんてないのに！

今思えば私が理解できなかったのは、ケースを理解するということそのものだったのだろう。様々な心理学理論については、本を読めば一応わかった。「なるほどね、そういうものなのだね」とは思った。しかし、ケースを理解するとなると、話は別だった。

どうやらケース・カンファレンスでは、クライエントを理解しようとしているということはわかったのだが、先輩や先生が言っていることがなぜクライエントの理解になるのか、皆目見当もつかなかった。なんでそんなこともわからないのだと言われそうだが、クライエントが語っていることや行動していることからその人を理解するということが、そもそもどういうことなのかがよくわからなかった。だから、本当にマジカルな呪文を聴くように、事例提示とコメントを聞いていた。そうしたら、十円ハゲが出来た。

あまりに不可解なのが辛かったので、皆藤先生に相談しに行くことにした。

「ケース・カンファレンスで何をしているのかわかりません」。思い詰めた顔をしてお尋ねした。「意味がわからないのです、あれは何のためにやっているんですか？」

最初は哲学的な問いかけだと思われたようだが、よく聞いてみると、私が本当に意味がわかっていないの

＊4　よく考えれば、私はもともと呪術師に弟子入りしたいと考えていたわけだから、本願を遂げたと言ってもいいかもしれない。いや、そういう願望があったから、大学院が魔法学校に感じられたという方が真実に近い。

で、先生も驚かれたと思う。現在の私のところに、大学院生が同じような悩みを深刻な顔で相談にきたら、何のための大学院入試なのか、入試制度に不具合があるのではと疑い始めると思う。しかし、皆藤先生は優しかった。

「焦るな、ゆっくり考えろ」と言われた。しかし、私は不確実性に耐えられなかったので、性急に答えを求めた。考えても答えが出る気がしなかったのである。

「とは言え、皆あそこで何をしているんですか。僕は一体何をしたらいいんですか」

「そうやな、クライエントがどんな世界を生きているのか、それを考えてみたらどうや」と、先生は言われた。

これには少し納得がいった。私の感じていた不可解さは、他者の主観的世界を見ることの不可解さだったのかと、そのとき思った。そこで、そういう風に見てみようと思った。

そのときからポツポツと、ケース・カンファレンスで発言をするようになった。習うより慣れろだ。とは言っても、ケースを理解するということがどういうことかわかっていない以上、取れる手段は模倣しかあり得ない。私は注意深く周囲を観察した。特に教員が何をコメントしているのかを、よく見て、そのロジックを学んだ。

そうこうしているうちにわかってきたのは、同じ人は、同じようなコメントを繰り返しているということである。表面上は違ったケースでも、ある先生がコメントし始めると同じような課題やメカニズムを抱えていることが明らかになったし、ある大学院生は特定の教員の言っていることをまねるようなコメントを繰り返した（もちろん、私もそうした）。そして、同じケースであっても、教員同士でまったく意見が合わないと言うこともよく目にした（東畑，2015を参照）。

ケースのコメントにはルールがあることがだんだんわかってきたのである。そこにはある種の解釈のルールがあった。それぞれの人がそれぞれのルールをもっている。そして、それを事例に適用して、ケースを「読む」。

そう、ケース・カンファレンスでは大量の情報を、ある一貫した物語に落とし込んでいく作業がなされる。情報を取捨選択し、ある種のモデルを用いて（まさに「心理学すること」だ）、それらの情報を繋ぎ合わせる。すると、物語が生じ、それがケースの「理解」になる。

そして、その物語の質は、いかに事例全体を包括的に説明できるかによって評価される。そこに事例のコメントの説得力が生まれる。自分が発表したときに思ったのだが、そのような強い説得力をもったコメントに触れると、ケースへのコミットメントが高まる。だから、その説得力は非常に重要だ。

そういうルールが少しずつわかってきて、私はケースを「読む」ようになった。なんだかもっともらしいことをカンファレンスで言うようになった。今思えば、怪しいやつだったと思う。なぜなら、私はカンファレンスでコメントしているようには、実際のケースの中で考えることができなかったからだ。

だけど、そうやって私は魔法使いの修業に突入していった。あまりに不可解な世界ではあったけど、本気で取り組むだけの価値があるものだと感じていたから、その世界にしがみつこうとしたのだと思う。目に見えるもののウラに、見えないロジックがあって、それを人は「心理学」と呼ぶのだと、私はケース・カンファレンスを通じて学んでいったのである。

3　達人の事例研究を読む——文体とリアリティ

私の迷走は続いた。修士課程を出て、博士課程に進学してもいまだ迷いの森の中にいた。相変わらず心理療法というもののごく基本的なところがわからなかった。しかも、自分が一体何をわかっていないのかが、当時わからなかったのが問題だった。

今でもよく覚えているのが、当時助手だった先輩とした会話だ。心理療法は自己実現を助けるということが、当時おおむね共有されていた理解だったのだけれど、私が先輩に「自己実現の結果、自殺するとするならどうするんですか？」と聞いたら、「僕は絶対に止《と》める」と返ってきた。

「自己実現の邪魔をするってことですか？」

「でも、止《と》める」

今思えば、いかにも素人談義である。思考実験だからだ。だけど、私は釈然としなかった。だとすると、心理療法はクライエントの価値観を尊重するものではないのではないか。ならば心理療法の中の善悪は何によって決定されるのかわからなかった。そうすると、自分の事例で、自分がどう機能することに意味があるのかわからなくなってしまった。

だから、私は臨床そのものに傾注していった。これ以上、理屈で考えても、私の頭では歯が立たないと思ったのだ。ならば、実際にやってみるしかない。ちょうど担当するケースが増えた時期でもあり、その中には難しいクライエントも多かった。すると（詳しくは第2章の論文で書いたのだけど）、本に書いてある理念的なこととは別に、実際の臨床でどうすればいいのかという具体的なことに困るようになった。というか、凄まじく苦しむようになった。

そういうときに、事例研究を読むようになった。もともと私は事例研究が退屈で苦手だったのだけど、この頃になると事例研究をとても面白いと感じるようになっていた。なぜなら、そこには私がそのとき困っていることと同じようなことが描かれているからだ。そして、それを熟練の心理臨床家がどう解決していったかが描かれているのだから、こんなに勇気の出るものはない。

クライエントをどう理解していいかわからなくなったとき、クライエントにどう対応していいかわからなくなったとき、そして見通しが立たなくなったとき、私は事例研究を読んだ。面接の苦境を脱し、よりよい面接をしたい、そういう思いで事例研究を紐解く。今思えば、私の場合、何が「よい」のか自体がわからず不確実だったのが問題だったのだけど、それでも当時は明日の面接のために、事例研究を読んでいた。

だから、境界例のケースで困っていれば境界例の事例研究を読み、自己愛のクライエントのことで難渋していれば、自己愛者の事例研究を読んだ。かなり直接的で単純だと自分でも思うのだけど、訓練中の心理臨床家というのはそういうものではないかと思う。

私の場合、一人の著者が書いた単行本を読むことが多かった。雑誌論文も読まないことはないけれど、ちょっと高度に感じてしまって敬遠した。単行本は理論の解説があって、それから事例が載せられているので、読んでいると自分もそういうケースができるような気分になってきて元気が出る。一瞬、自分にも著者と同じような世界が見えて、著者のような臨床ができると錯覚するからだ。それはもちろん、単なる錯覚なのだけど、苦悩を抱えて絶望しがちなケースの中で、そういう希望は貴重なものだった。

理論書としては海外の翻訳書を読むのも面白かったけれど、事例研究ということになると日本人の書いたものがよかった。例えば、カーンバーグやマスターソンを読むと、理論は明晰だし骨太で感動するのだけど、事例はリアリティを感じにくかった。クライエントは赤裸々に自分のことを語ったり、心理学的洞察を得たりしていて、かっこよすぎるのだ。文化差の問題も大きいのだろうが、なんだか作り物のように感じてしまうのだ。

その点で、日本人が書いた事例研究を読むと、ありありと情景が浮かんでくる感じがあった。もっと言えば、自分が会っているクライエントの姿がダブって見える。生活感が容易に想像がつくのだ。だから、著者の感じている苦悩や体験に素朴に共感できた。そこには私がケースで抱えている葛藤が描かれていて、そういう葛藤がケースのプロセスの一部だと説得力をもって語られていた。そこに私は自分を重ね合わせて、次の面接に臨んだ。だから、ケースで難渋しているときに事例研究を読むのはある種の癒やしになっていたと思う。

様々な事例研究を読む中で（本当にいっぱい読んだ、それくらい当時の私は困っていたのだ）、もっとも勇気づけられたのが松木邦裕先生の事例研究だった。

松木先生の『分析空間での出会い』という著作は衝撃的だった。その副題が「逆転移から転移へ」であるように、この本で松木先生は逆転移として生じていることをモニターし、それをクライエントの理解に繋げていくありようを示していた。そういうアイディア自体は、ハイマン以来、精神分析にあっては基本的な考え方であるし、ユング派でもヤコービが転移と逆転移の相補性を語っており、私も知識としてはそれを知っていた。

しかし、「当たり前」の知識であることと、それが臨床で生きられることとは違う。知っていたところで実践できないのが、臨床心理学の知識の特徴だからだ。この点で、松木先生の事例研究は、確かに異質だった。説得力が違うのだ。

何が違ったのだろうか。松木先生の事例研究で提示される物語の骨子は、心理療法の王道の物語である。治療者がクライエントと関係を深める中で、自分を見失うのだが、治療者はある段階で気づきを得て立ち直り、そしてケースは進展していく。それは典型的な英雄物語のプロットだ（Cambell, 1949/1984）。異世界へと旅立ち、そこで惑い、傷つき、死にかけるけど、土壇場で復活して、貴重な宝を手に入れて、元の世界に帰還する。すると、英雄は成長を遂げている。そういう物語だ。

だけど、松木先生の事例研究は何かが違った。リアルなのだ。松木先生の本を読むと、自分のケースがそこに描かれているように思った。全然違う設定で行われ、違うクライエントと松木先生が登場人物であるのにも関わらず、だ。それだけじゃない、松木先生の事例研究を読むと、自分のケースのことが今までと違ったように見えてくるのだ。それまでには見えなかったものが見えてくることもあった。

松木先生の事例研究が特別だったのには、もちろん様々な理由があると思う。それだけ深い理解と豊富な経験、治療者としての力量に裏打ちされていることは言うまでもない。加えて、松木先生の文体が特別なものであったことをここで強調したい。

松木先生の文体は、逆転移を入念に、そして濃密に記述する。クライエントとの間で生じる治療者の不安や不快感、あるいはほのかな好意を、その文体は浮かびあがらせていた。その文体はケースで行われていることのリアリティを、迫真性をもって表現していたのである。そして、言葉にされた感情は慎重に吟味される中で、クライエントの理解へと繋がり、それが二人の間で新しいものを生み出していった。松木先生の文体は、ケースの中のはかなくて脆いものをしっかりと摑まえて、それを確かなものへと編み上げていくプロセスを描いていた。

面白いことに、それは私自身の臨床場面での認識を広げてくれた。松木先生の文体が提供する語彙によって、私自身がしっかりとは自覚していなかったケースの中での感情が認識され、面接室の中での微細な空気に気が付くようになった。もちろん、全面的な変化があったわけではない。おそらく、それは萌芽のようなものでしかない。だけど、それでも、松木先生の文体をなぞらえることによって（それはケースの記録において、あるいは面接中の内言において）、いままでには見えなかったリアリティが、ほの見えるように、私は感じた。

マホーニィ（Mahony, 1982/1996）という精神分析家は、『フロイトの書き方』という本の中で、文体のことを「世界についての情報を受け取り、処理し、そしてコミュニケートするための個人的方法の組織化された形態」であり、「認識のスタイル」だと述べている。「何を書くか」ではなく「いかに書くか」に、著者の見えている世界が宿るということだ。松木先生の文体は「転移と逆転移」の世界がいかなるものであるのかを開示するものだった。それは、まさに「転移と逆転移」によって難渋していた私にとって、自分が体験していたリアリティを主体的に生きることを可能にしてくれるものだったのだ。

このことは、おそらく私だけのことではない。それは少なくない事例研究論文で松木先生的文体が採用されていることからも理解できる。松木先生の文体によって、開示されるこころのリアリティが確かにあり、それに基づいた臨床が多くなされているのである。そういう模倣しうる業績のことを、科学哲学は「パラダイム」と呼ぶのである（Kuhn, 1970/1971）。

すこぶる幸福なことに、私が博士課程にいた最後の年に、松木先生は京都大学の教員に着任された。私は憧れのスターに直接会えるような、そんな気分だった。そしてその期待は裏切られることがなかった。松木先生は事例研究で描いていたように、コメントし、指導をしてくださった。あの文体は、確かに松木邦裕という臨床家そのものであったと私は思う。

大学院を出た後、沖縄に行くことにしたのは、松木先生の影響を抜きにはありえない。長年病院で臨床をされていた松木先生を見て、私もフルタイムで臨床の仕事をしたいと思った。松木先生の事例研究に憧れ、その臨床に憧れたのだ。シンプルな同一化なのだろうけど、でもそういうことが私たちの世界ではよく起こるのだ。

4　初めての事例研究を書く——心理学的連続性

博士課程3年目、通称D3にまでたどり着くのには5年かかる。5年も大学院にいると、いいおじさんになる。大学院に入ったとき、D3の先輩を見て、恐れをなしたものだ。髭がボーボーの人もいたし、顔にも年輪が刻まれていて、偉い人たちなんだろうなと思った。もう臨床心理士資格も持っているし、しっかりと臨床経験も積んでいるし、なんだか自信が漲って見えたのである。

だけど、自分がD3になってみると、ただただ時間だけが積み重なって、オッサン臭くはなったけれども、本質的には魔法学校入学時とあまり変わっていないのに気が付いた。本章では、ずっと私が心理療法が何なのかわからなかったという話を書いていて、読者は辟易しているのかもしれないけど、私はD3になっても不確かさの感覚の中で生きていた。

その象徴が、事例研究を書けないことだった。京都大学では早い人では修士2年目くらいから事例研究を『臨床心理事例紀要』という学内の紀要に書く機会があるのだが、私は書けなかった。

紀要に事例研究を書くことは、大学内では通過儀礼のひとつに位置づけられていたように思う。魔法使いの弟子が次のステージに進むために、大魔法使いから与えられる試練みたいなものだ。

自分がやってきた事例をコンパクトにまとめて、それに考察をつける。それだけのことなのだけど、論文は紙になってずっと残るし、その論文についての合評会なんぞというものがあったから、事例研究を書くことはひとつの取り組まなければいけないイベントだった。長い心理臨床家人生を考えれば、この時期の訓練で一人前も何も本当はなかったのだと思うのだが、博士課程の最終学年になっても事例研究を書いていない自分は半人前だと感じていた。同級生たちは皆早くに事例研究を書いていたから、余計にそう感じていた。

事例研究を書けなかった理由はシンプルだ。自分のやっている心理療法について自信をもてなかったのである。「俺はこういうことやってんだ！」と言い切ることのできない不確かさに苦しんでいたのだ。

それは本書の言葉を使えば「心理学すること」が十分に機能していなかったということかもしれない。もちろん、全く何も考えずに心理療法をやっていたわけではない。そのときそのときには、私なりに理解を持ち、方針を立てて関わっていた。だけど、例えばケース・カンファレンスなどで発表をして違った方向のコメントを受けると、自分の見解が揺らいでしまうということが少なからずあった。私には心理療法が十分に機能している状況というのがどういうものなのかがまだよくわかっていなかった。

だからこそ、大学院を修了するにあたって、事例研究を書こうと思った。既に博士論文を提出して、沖縄のクリニックに就職が決まっていた2010年の冬のことだ。やり残していたイニシエーションに取り組もうと思ったのだ。

このとき、京都を離れることは確定していたから、担当していた心理療法はすべて終わろうとしていた。すべてのケースが様々な形で終結期に入っていたということだ。私とクライエントたちは、短くない期間行われた心理療法で何をしていたかを正面から問う時期に入っていた。

終結期には色々なことが生じた。つらい終わりもあったし、感謝に溢れた終わりもあった。いずれにしても、それまでの心理療法のプロセスで何に取り組んでいたのか、その心理療法がどのように役に立ち、そして何が課題として残ったのかが、終結期には象徴的に示された。ミステリー小説にあっては、終わりに至って、それまでの様々な伏線が回収されて、ひとつの物語が浮かび上がるように、私もまた終結を経験する中で、自分の心理療法が心理学的な次元で何をしていたのかを実感するようになった。教科書に描かれているような理想的な展開を遂げなかったとしても、それでも心理療法の中で心理学的作業がなされていたことが確かに感じられたのである。

これは私にとっては大きな出来事だった。博士論文よりもずっと意義があることだった。5年間積み重ねてきたことがなんだったのかが、確かなものとして実感されたからだ。そして、そういう目で過去のことを見返してみたときに、ケースには心理学的な連続性が見て取れた。それを記述するとケースは物語になった。そうやって記述された物語の心理学的なメカニズムを考察に示すと、それは事例研究になった。

論文は書き始めたら、あっという間だった。なにせ全部自分が体験して、それまでに自分で考え続けてきたことなのだ。ほとんど迷うことなく、事例の物語が書かれ、考察がなされた。それは終結したときにクライエントとの間で語り合われたことから、逆算してそれまでのプロセスを描いたものであった。

そうやって初めての事例研究は書かれた。それは私が初めて書いた「ありふれた心理療法」の論文であった。つまり、不完全であるにせよ、私とクライエントとの間でなされたこと、なされなかったことを吟味し、様々な制約のある状況化でなされた心理療法の価値を論じようとしたのである。そのようにして、その当時の私なりの説明モデルを得たのだと思う。「心理療法ってこういうもんだ」、そういうものが書かれることで実感されたということだ。

その論文を書き終えたとき、大学院を卒業する準備ができたと思った。長く続いた不確実感に、自分なりの答えを得たように思ったからだ。つまり、心理療法というものがなぜ役に立つのか、どのように役に立つのかが自分なりに実感され、さらにどうしたらもっといい心理療法をできるのかという課題が明確に見えたのである。そういうことを言葉にし、書き記すことで、私は長く続いていた不確実感に少し折り合いをつけることができた。このことを基礎として、これからの仕事をしていこうと思ったのである。同級生が係長になりかねない年齢まで、大学院にいてよかったと思った。ようやく、小魔法使いになれたように思った。

5 事例研究を書き続けること――ありふれた心理臨床家の方法

大学院を卒業して沖縄に引っ越す直前、私は大学の研究室や図書館に置いてあった本をコピーする日々を過ごしていた。手あたり次第本をコピーし、穴を空け、ファイリングする。背表紙に本のタイトルを書き込み、段ボールに放り込む。そういうことを3週間ほど続けていた。それはもう、冬眠前のリスのようであった。

不安だったのだろう。京都から離れることで学問の世界からも離れてしまうのではないだろうか、沖縄に行っても研究を続けられるだろうか、自分は野生化してしまうのではないだろうか、そういう不安があったのだと思う。だから、資料を一杯溜め込んで、沖縄でも研究を続けようと思っていた。

最終的に、段ボール二箱が満杯になったので、沖縄に送った。それは今でも、私の研究室に所蔵されている。だけど、現在に至るまで、ほとんど一つもそれらのファイルを開くことはなかった。結局、私はある意味であのとき夢見ていたような研究者にはなれなかったのだと思う。

というのも、沖縄に行ってからの私は「ありふれた心理臨床家」の生活をするようになったからだ。月曜日から金曜日まで、朝8時半から夕方18時半まで働いた。そこは小さなクリニックだったから色々なことをした。出勤したら草花に水をやり、トイレの掃除をする。看護師たちとミーティングを行い、その日のデイケア・プログラムの打ち合わせを行う。午前中、心理療法を数件やり、空いている時間で猛烈に記録を書く。

昼休み、そそくさと食事をした後は、本当は昼寝をしていたかったけれども、ゴリラのような男性看護課長に怒られたりしたので、デイケアのメンバーさんと野球をしていた。近くの公園に行き、まずキャッチボールをした後に、ノックをしたり、フリーバッティングをしたりする。終わったらガジュマルの木陰で39円のコーラをメンバーさんに配り、自分も一本飲んで、クリニックに戻る。ひどく汗をかいているのだけど、クーラーに当たると汗がひくので、Yシャツに着替えて午後の心理療法に臨む。

火曜日と水曜日の午後は、デイケア・プログラムを担当していた。メンバーさんたちをハイエースに乗せて色々なところに行くのだ。糸満市西崎の体育館に行ってバレーボールやバドミントンをよくやっていた。ときには名護のオリオンビール工場にまで行くこともあった。沖縄の観光地のほとんどは、デイケアで行った。

勤務が終わっても仕事は終わらない。ケース会議を行うこともあったし、クリニック全体の問題を同僚で話し合わないといけないことも多かった。それに心理士と言ってもサラリーマンであるから、付き合いもしないといけない。嫌な上司におべんちゃらを使い、仲の良い同僚とよく飲みに行った。そういう付き合いの中で、臨床の話もして、多くを学んだ。看護師からは「なんくるないさ、様子を見よう」という困ったときの金言を学んで、今でも信条にしている。

一日中働いて疲れているので（炎天下の中、毎日、野球をやっているのだ）、家に帰ったら、ビールを飲んですぐ寝てしまう。すると、また次の日がやってくる。

土日は土日で、研修会や学会があり、地元の臨床心理士会の集まりもあった。あるいは家族を始め、人付き合いをすることだって、人生の時間の一部だ。

おそらくありふれた心理臨床家の働き方ではないかと思う（楽な方なのだろうが）。先述したように、そういう生活の中で、研究をすることは非常に難しい。実験計画を組んだとしても、被験者を探すのははっきり言って至難の業であるし、実験をできる場所などどこにあるのだろうか。質問紙を印刷することすら簡単にはできない。回答者だって簡単に見つかるわけではない。回収した質問紙を統計的に処理するための統計ソフトを持っていないこともある。文献研究をしようにも、資料はそんなに潤沢には手に入らない。時間も足りないし、もちろん研究費なんて存在しないから、研究をしようとすれば持ち出しだ。研究をしたとしても、職場での評価が上がるわけでもない。なにより周りに研究の話をする人もいない。口を開けば、私たちは高校野球沖縄代表の話ばかりしていたのだ。

もちろん、そういった中でもパワフルに研究を行う心理臨床家もいるだろう。だけど、ありふれた心理臨床家はそうではない。私たちは毎日の臨床にほとんどの力を注ぎ切って、日々を送っている。そして、その臨床がとても険しいのである。

そういう環境で研究をしようとするとき、ありふれた心理臨床家に残されているのは事例研究しかない。本来私は調査研究や文献研究を方法として美の研究をしていたのだが（博士論文はそうやって書かれた）、沖縄に行ってからはもっぱら事例研究によって論文を書くことになった。なにせ、毎日のようにケースに取り組んでいて、それについて真剣に考えているのだ。そういう中で、思い浮かぶアイディアだって少なくない。それを書くことは、朝に少し早く起きれば不可能ではない。

だけど、いくつか問題があった。まず都合よく美をテーマとした展開がケースで起きるわけではない。だから、今までの研究の蓄積をストレートに事例研究に活かすことは難しかった。

加えて、沖縄のクリニックで行っていたケースは、学術誌に発表するためにはいかにも不十分なもののように思えた。途中で課題を残したまま終結したケースや、設定自体がイレギュラーなケースなど、とても外で発表できないと思った。私が読んできた事例研究論文には、もっと立派な心理療法が描かれていたのだ。

それでも私は事例研究を書き続けた。二つの助けがあった。ひとつは一連の北山修先生の研究だった。北山先生は美しさや醜さということを臨床的に取り扱うような理論モデルを提示してくれていた。その観点から見るとき、心理療法でなされていることやクライエントのことをいままで語られてこなかった風に理解できると思った。机上で行われていた研究が、臨床と結びついていくのを感じた。そして、そういう研究を発表する中で、北山先生本人と知り合う機会に恵まれることにもなり、それはその後の私の方向性に大きな影響を与えることになった。事例研究を書いていると、知り合いが増えて、それはときにスペシャルな出会いになるということだ。

もうひとつは、本書の軸になっている医療人類学であった。未熟に思える心理療法がそれでも役に立っているという事実を、社会や文化の観点から理解することを医療人類学は助けてくれた。それを私は今では「ありふれた心理療法」という言葉で理解するようになった。

沖縄にいる間、私はずっと事例研究を書いていた。書くことで毎日行っているケースを理解することを続けていた。そのことにお金はかからないし、場所もいらなかった。毎日の仕事があり、そして若干の時間を捻出すればよかった。心理療法では本に書かれていないことが，いつも起こっていたから，書く材料に困ることはなかった。教科書と違うことが毎日生じるのが，私たちの臨床実践なのだ。そして，そのように書くことが日々の心理療法を支えていたと思う。

朝5時くらいに起きて，インスタントコーヒーを淹れて2時間ほど論文を書いてから，出勤する。そういう生活のリズムは，毎日の心理療法に影響を与えていた。「ありふれた心理療法」について，先人の考えと格闘しながら毎朝書くことによって，その日の「ありふれた心理療法」がなされていたと思うのである。

もちろん，早朝に書いているケースは，すでに終結したケースだ。だから，論文で書いていることがそのままその日のケースに適用されるわけではない。だけど，そのとき書いている心のモデルや心理療法のモデルは，実は毎日の別のケースの中で参照され，検証され，ときに修正された。そして逆に，そのようにして書いている説明モデルが，その日に行う心理療法での私の態度や介入を左右していた。例えば，「かたちづくること」の論文を書いていた時期には，やはり他のケースでもかたちづくることのテーマに取り組むことがあったし，そのような見立てを立てることが多かったように思う。

これは実はスーパーヴィジョンを受けているときにも思った。ヴァイザーがある時期に複数のケースで似たような見立てを話す時期があって（それは的確ではあるのだが），「何か今そのテーマについて論文書いているんですか？」と尋ねたら，「実は本を書いている」とおっしゃったことがあった。

そういうものなのだと思う。論文や本を書くこと，とりわけ事例研究を用いて臨床的な事柄について吟味を行うことは，「心理学すること」を使用し，鍛えることであるから，その思考の形式は日々の臨床の中でも発揮されるのである。そういう意味で，研究と臨床は切っても切れない関係にあると思う。だから，研究にコミットする臨床家は，そういうケースに巡り合うのであろう。そしてまた，臨床によって，研究は広がり，深められ，ときに方向転換されることになる。

そのようにして書いたものを、私の場合、年に一回、日本心理臨床学会で発表した。学会が終わると、発表原稿を書き直して論文として投稿することを、沖縄にいた期間は毎年続けていた。

これもまた私が沖縄で臨床を続ける上で不可欠なことだったと思う。心理療法という仕事は最終的に密室でなされるので孤独なものであるけれども、その密室の背景に臨床心理学という文化が存在していることが心理療法と心理臨床家を支えるからだ。

私のように僻地で仕事をしていると、なおさらだ。学会で発表をしたり、人の発表を見に行ったりすることは、自分が臨床心理学とか精神分析とか、そういった学問的な母体と繋がりながら仕事をしている感覚をもたらしてくれた。発表に対してコメントを受けたり、あるいは論文を投稿して査読を受けることは、様々な葛藤を引き起こすものであったが、それは葛藤する価値のある問題であることがほとんどだった。そのようにして、自分のしていること、考えていることについて、時間をかけて吟味することができるからだ。偏ったり、緩みがちだったりする臨床は、そういう機会に是正され、再生する。事例研究によって、私はかろうじて心理療法という治療文化と結びついていられたのだと思う。

気がついてみると大学院を出てから7年が経っている。あっという間だ。その間に書いた論文がこの本のもとになった。問題意識はそのときどきで変わっていったのだけど、ようは毎日の心理療法で実際には何をやっていたのかを書いてきた。それをまとめたら「ありふれた心理療法」というテーマが浮かび上がった。そういう論文をいくつかの学会は学会誌に掲載してくれた。その繰り返しが私の臨床をかたちづくった。

事例研究を書くことで、私は「ありふれた心理臨床家」になったように思うのだ。大学院を出るときには、もっとスペシャルな臨床家になりたいと思っていた気もするけれど、でもそれでいいのだと思う。「ありふれた心理療法」を書こうと思ったから、私は「ありふれた心理臨床家」になった。それだけで十分だと思う。

第3節　考　察

1　エッセイとしての事例研究のオモテとウラ

「臨床心理学にとって事例研究とは何か」ではなく、「ありふれた心理臨床家にとって事例研究とは何か」が本章の問いであった。そのために、事例研究についての私の体験史を提示した。そのようにして、事例研究の学術的意義ではなく、古《いにしえ》から連綿と続く事例研究の野生のメカニズムを明らかにしようとしたのである。焦点は「なぜ事例研究は役に立つのか」ということだ。

河合（1992）はこの問題に対して、「それが〈物語〉として提供されており、その受手の内部にあらたな物語を呼び起こす動機《ムーヴ》を伝えてくれるから」だと論じていた。私の場合を振り返るならば、事例研究の物語はときに人生の道行を決定するように働いたし、その文体は心理療法で見えるものを変えてしまった。それは、事例研究の知がしばしば主観のありようを変容させることを意味している。

このことは心理療法の事例研究に限らない。モンゴメリー（Montgomery, 1991/2016）は医学教育における事例研究を取り上げている。そこでは、医学生たちが事例研究で示されるある種の物語を内面化し、その物語に基づいて解釈を行う技能を身に付けていくことが描かれている。事例研究の知に読者は同一化し、取り入れを行っていくのである。

問題は、このとき同一化されて摂取されるものとは一体何か、ということだ。それはいわゆる「文学」的物語だけではないように思う。ここが事例研究と小説の違う所だ。もちろん、私の体験が示す通り、事例研究が人を楽しませ、感動させることは確かにある。しかし、それが本来の目的ではない。事例研究にはウラがある。それは事例研究の書かれ方に反映されている。

事例研究論文は純然たる科学論文の形式ではなく、同時に文学的物語の形式でもないやり方で書かれる。その両者が混然一体となり、ある主題を比較的自由に吟味していく形式で書かれているのである。そう、フロイトがそうであったように、臨床論文と言われるものの多くが「エッセイ」と呼ばれる形式で書かれているのである（北山，1998）。

グロードとルエット（Glaudes & Louette, 1999/2003）は「エッセイ」には本来的に「試す」という意味があり、そこでは何かの正体を見極めるための、試行錯誤がなされることを指摘している。そして、物語と異なるエッセイの特性を「物語や劇の上演における筋を模倣することではなく、真理への参照作用と読者を説得しようとする配慮とによって二重に特徴づけられている言説の中で、任意の題材に関する省察を提出する」ことだと表現している。ここに事例研究のオモテとウラがある。指摘されている「説得」と「真理への参照」は、事例研究の二つの機能を如実に示すものだからだ。

実際、すべての事例研究は二つのパートから成り立っている。ひとつは体験談であり、それは物語の形式をしている。いわゆる「事例」の部分だ。もうひとつはその前後に配置される「問題」と「考察」であり、そこでは省察が展開されている。それはケース・カンファレンスや、大学院生の書く紀要型の事例研究ではしばしば分離されている。つまり、一方に治療者による事例の報告という物語があり、他方に第三者による心理学的解釈があるということだ。

いずれにせよ、ここに事例研究の構造がある。オモテには文学的とも言える物語があり、それは物語と文体によって読者を巻き込み、「説得」する。これに対してウラには知的な探求がある。心理学的な主題について省察を行い、なんらかのモデルを見出そうとする。それは人間の心のモデルだったり、心理療法の作用機序とプロセスについてのモデルだったりする。クラインマン（1980/1992）が「説明モデル」と呼んだものだ。

私がケース・カンファレンスを通じて事例を解釈する枠組みを学び、事例研究を書くことで心理療法の治療機序を実感したように、事例研究によって私たちは説明モデルを実感する。このとき、それが「生きた」説明モデルであることが重要だ。説明モデル自体は教科書に記載されているにもかかわらず、それを暗記することでは臨床実践は成り立たない。だから、スーパーヴィジョンがあり、ケース・カンファレンスがある。つまり、生きた説明モデルを得るために、事例研究はなされるのである。換言すれば、野生の事例研究は、このオモテとウラの双方を通じて、読者を特定の世界観、あるいは治療観へと巻き込んでいくということだ。オモテの物語が読者を惹きつけ、そのことでウラの説明モデルが血肉化されていく。

2　生きた著者——考える文体

「いい」事例研究の場合、オモテとウラは循環し、分かちがたく結びついている。物語から心理学が導かれ、心理学が物語を構成していくのだ。それはいかにして可能なのか。事例研究の生きた循環はいかにして可能になるのか。

この点について、再び事例研究の書かれ方に注目したい。マホーニィ（Mahony, 1982/1996）はフロイトの書き方を「考える考え」と呼んだ。フロイトは既に結実しているアイディアを理路整然と書き下すのではなく、対話を行いながら、考えながら書いている。そういう風にマホーニィは言っている。この再帰性——つまり自己対話性は、グロードとルエット（Glaudes & Louette, 1999/2003）がエッセイの本質を「知は前進しながら同時に自分を見出していく」と言ったことにも現れている。エッセイは論文のように論理にしたがってまっすぐ進んでいくのではなく、寄り道をしたり、道に迷ったりしながら、考えることを続けていく。そして、そのように進んでいく思考のありように、知を見出していくということだ。

事例研究にはそういう思考の運動がある。書いている著者の主観性が、生きたものとして現れるのである。だからこそ、私にとって、「皆藤先生の」あるいは「松木先生の」事例研究は特別なものだったのだと思う。著者は固有名を持った存在として、読者の前に現れる。そして、読者は著者に同一化する。そのようにして、生きた説明モデルが読者へと手渡されるのである。

野生の事例研究がもたらすのは、この「人」への同一化である。もちろん、その同一化はある部分で幻滅され、解消されていかねばならないのだろうが、それでも個々の心理臨床家に痕跡を残し続ける（少なくとも私の場合はそうだ）。

事例研究が教育や訓練から、布教、マーケティング、治療に至るまで、幅広く用いられてきた理由はここにある。福音書という事例集は、それぞれの読者に生きたキリストをもたらし、生きたパウロをもたらす。スピリチュアル・ヒーラーが語る体験談にクライエントは自らを重ね合わせ、同一化を果たす。ガマの油売りのパフォーマンスは、自己治癒力を賦活し、膏薬による治癒を可能にする。それが治療を受けるきっかけになり、治療における変化を促す。さらには、治療者になることを決意させ、治療者としてのアイデンティティをかたちづくっていく。

ここに事例研究の抱える野生がある。それは読者と著者の間に「関係」をもたらすのである。そこには同一化があり、師弟関係や治療者‐患者関係が生まれる。それが読者のこころに影響を及ぼす。河合（2001）が事例研究の本質を「間主観的普遍性」という言葉で表現したのは、この事例研究における著者と読者の関係を指摘してのことであろう。

ただし、そこには残念ながら普遍性はありえない。人間関係は匿名ではありえないからだ。人間関係というからには、そこにどうしても固有名が必要とされ、そのことによって普遍性は損なわれることになる。ここにアカデミズムとしての臨床心理学の悩ましさがある。

かといって、クライエントと生きた関係を営むプラクティショナーとしての私たちは、固有名を放棄することはできない。そこで生じるのは個別的なことだからだ。だからこそ、乾いて干からびた説明モデルではなく、湿っていて体温のある説明モデルが必要とされる（それは固有名が生きている説明モデルなのだ）。そういうものをもたらすために関係を通じた知の伝達が必要とされ、そこに野生の事例研究の存在根拠があると私は考える。

このとき、そういうものとしての臨床心理学とはいかなる学問なのかという先達たちが取り組んできた問いが再び、姿を現すわけだが、それについてはまた違った思索の時間が必要になるわけだから、唐突ではあるけれど、本章はここで終わる（だけど、実はこの後に、補章も残っている）。

補章

ありふれた事例研究執筆マニュアル

前章で事例研究論を書いたら、その勢いでどうやって事例研究を書いたらいいのかのマニュアルを作ってしまいたくなった。言わば、野生の事例研究論の実践編だ。

マニュアルと言っても、私の場合の話でしかないので、もしかしたら役に立たないかもしれないけれど、私は事例研究にはお決まりの書き方があると思っているので、それを書いてみようと思う。少なくとも私の場合は、このマニュアルにしたがって論文を書いているので、役に立ったと思ってくれる人もいるかもしれない。もし、ありふれた心理臨床家がこれを読んで、自分のありふれた心理療法を論文にしようと思ってくれたなら、これ以上嬉しいことはない。

マニュアル1　頑張ってケースに取り組もう

しょっぱなから最終奥義を開陳してしまおう。事例研究道9段の白髪の仙人に、「マスター、事例研究ってどうやって書けばいいのでしょうか」と尋ねたら、こう返ってくるはずだ。

「喝！　喝！　喝！」。遠い目をして事例研究マスターはボソッと言う。「面接室に戻るんじゃ」。

そう、身も蓋もないのだけど、事例研究を書くために不可欠なのは、普段のケースにきちんと取り組むことである。きちんとエネルギーを注ぐことだ。そこからしか、事例研究は始まらない。

もちろん、個人心理療法である必要はなく、精神科デイケアでもいいし、適応指導教室の指導員のような構造の緩いものであってもいいと思う。むしろ、そのような従来、事例研究の対象とされなかった臨床を書くと希少価値があるので、論文掲載のチャンスだと思う。

注意すべきは、そういう臨床を論文にするために、あとから振り返るというのは実は結構難しいということだ。なんだかんだで私たちは忙しいし、日々はすごい勢いで過ぎ去っていくから、細かいことまでじっくり思い出して検討するというのは、なかなかできることじゃない。途中で気持ちが折れてしまって、「やっぱりいいや、明日やろう」を繰り返して、そのまま放棄しちゃうことも多いだろう。

だから、事例研究はまずは臨床の中で行われる。それが事例研究のアルファでありオメガなのである（ごめんなさいね、当たり前の話で）。つまり、面接でクライエントを「心理学すること」を重ね、手堅く心理学的理解を積み重ねていくこと、そしてそれを記録として残しておくこと、それが事例研究の材料を揃えていくということなのだ。これがなくては何も始まらない。

だけど、そうやって真面目に取り組んでいたとしても、全てのケースが事例研究論文になるわけではない。

ここが一番、人から聞かれるところだ。

「どんなケースを論文にすればいいのかな?」

確かにこれは大問題だ。でも、この点について、私には明瞭な答えがある（珍しいことだ）。

論文にすべきは、あなたが何かを学んだと感じたケースだ。私たちはクライエントから学ぶ。「こころとは何か」「心理療法とは何か」を学ぶ。そういうときに、「面白い」と感じる。そして時折、「こんなことどこにも書いていない」と思うことがある。

これが事例研究の予兆だ。だけど実は、この予兆の感覚を掴むためには、下準備が必要だ。それが次のマニュアル２になる。

でもとりあえずはマニュアルその１。まずはちゃんとケースに取り組もう。ケースの中でこころについて知り、理解することを重ねよう。喝！　喝！　喝！

マニュアル２　先行研究を把握しておこう

あなたが何かを学び、「こんなことどこにも書いていない」と思ったケースが事例研究になると、先に書いた。でも、そのことをわかるためには、これまでに「何が書いてあって、何が書いてないのか」をわかっていないといけない。きちんと先行研究を把握しておかないとならないのだ。

もちろん、ありとあらゆる文献に通じている必要なんて全然ない。だけど、現在の臨床心理学における一般的見解については知っておく必要があるし、自分の専門分野については研究の流れを把握しておく必要がある。そうすると、私たちはケースの中で「新しい」ことが起きているときに、それを知ることができるのだ。

だから、修士論文はとても大切だと思う。別に素晴らしい修士論文を書きなさいと言っているわけではない。そんなこと言ったら、「どの口が言ってるんダ！」って、きっと色々な人から怒られる。そうではない。調査や実験で、どんな結果を得たのかは、あまり大したことではない、と私は思う。それは多くの場合、あまり臨床の役に立たないし、心理臨床家としての長いキャリアを考えれば、出生時の記憶みたいなものだ。実際、私たちは修士論文のことなんて、すぐに忘れてしまう。

それよりもずっと大切なのが、自分の研究分野で今までにどんな研究がなされてきたのかをしっかりとレビューしておくことだ。これは現場に出てから財産になる。あなたが修士課程で関心を持っていたことに、臨床で再び出会うときがやってくる。それが事例研究のチャンスだ。

だけど、もし今これを読んでいるあなたが、これまで先行研究のレビューを怠ってきたとしても、心配はいらない。それでもあなたは自分が関わっている臨床についての本を読んでいるだろう。不登校でも、アルコール依存症でも、学生相談でも、なんでもいい。自分の仕事についての概論や教科書を一冊くらい持っているはずだ。ちゃんとした著者であれば、その最初の40ページくらいで、いままでの先行研究をちゃんとまとめてくれているはずだ。それを読めば、簡単に何が言われていて、何が言われていないかがわかる。できれば、他に数冊、教科書を読んでみて、必ず出てくる文献については、原典を当たってみてもいいと思う。そうすると、普通のみんなが、今どのように物事を考えているかがわかる。

ちょっと時間とお金はかかるけど、そうやって先行研究を把握することには、必ず見返りがある。臨床がもっと面白くなる。あなたはまだ誰も書いていないような現象と、昨日の面接で出会っているのかもしれないのだ。

ということでマニュアル2。先行研究を把握しておこう。そうすると、あなたは「新しい何か」（etwas neues）に出会ったときにピンとくる。そういうケースから学んだことを、事例研究にしてみようと思えるはずだ。

マニュアル3　三段論法で問題を書こう

さて、論文にしたいケースが定まったら、次にするべきは「問題」の執筆だ。実は事例研究論文にとって、「問題」はとてもとても大切だ。問題をうまく書ければ、その事例研究はほとんど成功したようなものだ。ボウリングで言えば、「アプローチ」だ。助走がうまくいけば、あとはボウルが自動的に転がってくれる。事例研究の問題部分は、その後の事例記述と考察で何を書けばいいのかを決定してくれるのだ。

だから、「問題」が短いと、論文を書く難易度は上がってしまう。ケースの何を書き、何を書かないか、あるいはそれをどのように解釈するかには、無限の可能性がある。だから、「問題」をしっかり書くことで、視点をはっきりと定めないと、文章をどのように進めていけばいいか途方に暮れてしまう。初めてボウリングに行った小学生が、立ち止まってからボウルを投げるようなものだ。ボウルはあさっての方向に向かっていき、ガーターレーンへと消えて行ってしまう。もちろん、ものすごく頭のいい人なら、短い「問題」で十分に面白い論文を書くのだろうけど、そういう人はこの補章を読む必要がないだろうから、ここでは除外しておく。

ストライクを狙うための確かなアプローチをするために、私がお勧めするのは、「問題」を三つの節に分けて書くことだ。そう、三段論法だ。

一番最初の節では、問題を提起してみよう。いま、テキトーに架空の論文を捏造するならば「餃子的身体は心理臨床では最重要な課題である。なぜなら、現代社会において、青少年は自己の身体感覚を変容させており、そこでは従来SFに登場するに過ぎなかった餃子的身体がアクチュアリティを得始めているからだ」というような感じだ（「餃子的身体」という部分に、あなたの関心事を入れてください）。

つまり、最初になぜそのテーマの研究を行う必要があるのかを力説する。ここは若干誇張しがちで構わない。あたかも自分が宇宙開闢の秘密に取り組んでいる孤高の科学者のようでもいいと思う。それくらいやる気がないと、わざわざ論文を書くなんておっくうなことはできない。だからとにかく、ここはテンションを上げて書くといい。

次に先行研究をレビューする。詳しくはさっき書いたように、この論文のどこが「新しい」のかを示す必要があるからだ。ここは冷静沈着、クールに行こう。今までにそのテーマについてどういう意見があったのかをざっとまとめよう。色々な論文や本の言葉を直接引用するよりも、自分の言葉で咀嚼して書いた方がいいと思う。

このとき、時系列で書くことを心がけるといい。先人達がどういう歴史的経緯をたどってきたのかを示し、最後に現在臨床心理学ワールドではそのテーマについて、どのような見解が多数派になっているのかを示すとうまくまとまる。

「最初期には餡にこそ餃子的身体の本質が宿るとされていたが、1995年以降の日本料理のグローバル化を経て、皮こそが餃子的身体の平衡を支えていることが、おおむねの理解になっている」、ってな感じだ。

このとき、あまり神経質になりすぎないのが大事だ。文献は探せば探すほど出てくるので、どこかで「えいや！　ここまでじゃ！」と断ち切って、手持ちの先行研究でこの部分を書いてしまうのをお勧めする。足りない文献があれば、査読者などが教えてくれるだろう。

そして、三節目。ここはシャープに決めよう。先行研究を批判するのだ。いままでの問題の捉え方のどこに難点があったのか、そしてどのように考えたらその難点を克服できるのかをバシッと示すのだ。言わば、自分が主張したいことの枠組みを提示する部分だ。

「餃子的身体はこれまで不当に餡と皮に分離されてきたのではないだろうか。本来、餡だけ、皮だけでは餃子にならない。餡と皮の不即不離こそが、餃子的身体を把握するための基本的な視座になるのではなかろうか」。

この部分がいわゆる「目的」になり、その後の事例を見る観点となる。ここまでくれば、アプローチは成功だ。もうボウルが転がる方向はしっかりと定まっているからだ。アルファとオメガに加えて、シータとパズーくらいも定まったはずだ（ギリシア語はよく知らないですけど）。

ということで、これがマニュアルその3。問題を三段論法でバシッと決めよう。

マニュアル4　お決まりの物語と文体を模倣して、事例を編集しよう

さて、いよいよ事例を書くときが来た。問題をしっかりと書けたのであれば、事例の「何を」書きたいのかがはっきりしたはずだ。その設計図にしたがって、事例を書いてみよう。

事例を書くときには、ドキュメンタリー番組の編集マンになったと思えばいい。番組のコンセプトとメッセージはもう決まっていて、素材となる膨大なビデオテープは目の前にある。あとはそれを切ったり貼ったりして、説得力のある物語にするのがあなたの仕事だ。

慣れた編集マンは、お決まりの手続きにしたがって、映像を繋いでいく。始まりはたわいもない日常なのだけど、そこに伏線を張る。徐々に山場に向かうように盛り上げていく。ついに事件が起きて、緊張は極点に達する。最後にすこしホロっとさせて、余韻を残す。彼らはやり方を知っている。

事例研究だって同じだ。そこにはお決まりのプロットがいくつかあるので、それを利用しよう。このあたりについては、前章で述べたキャンベルの英雄物語などが参考になる。だけど、読んでいる暇などないと思うので、以下にかみ砕いて示しておこう。

事例研究のプロットを書くときには、まずは起承転結か序破急、あるいは三幕構成で、事例の局面を並べてみるといい。

私の今までの経験だと、事例は大体4期くらいに分割するとちょうどいい。事例がスタートし、だんだん苦しくなってきて、「あること」で復活して前進し、あとはその後。そういうプロットが大体うまくいく。

そして、ちょうど第3期くらいで、その論文で主張したかった内容、その事例で学んだ「新しいこと」（etwas

neues）が明確になると最高だ。「新しいこと」が最初はうまく見えなくて，それが第2期では見えていないがゆえに事例を難局に陥らせ，第3期でそれが言葉になり，知として結晶化する。第4期はエピローグのように，「新しいこと」がクライエントと心理臨床家をどう変えていったかが書いてあると読みやすいし，何より説得力がある。もちろん，他の物語の型もあると思うのだが，私はこの型で事例研究を書くのが一番書きやすいし，なにより事例から何かを学ぶ時って，そういう風に学んでいるように思う。

だから，いつでも事例全体を書く必要はない。「新しいこと」が生じた局面を第3期に配置して，それに合わせて前後を調整するといい。事例の一部でもいいし，一セッションでもちゃんと事例研究論文になる。

プロットが出来ればあとは執筆である。このとき，重要なのは文体であり，レトリックだ。と言われても，多くの場合，文章術の訓練など受けていないのだから，どのように書いていいかわからないかもしれない。そういうときは，誰かの文体をまねてしまうのが手っ取り早い。私は一時期，松木邦裕や藤山直樹の文体を真似ていたし，劇的効果を演出したいところでは遠藤周作の文体を真似ていた。最近書いた『野の医者は笑う』では高野秀行の文体を真似した。その後，筒井康隆の真似をしてみたりもして，現在は迷走状態にある。

ともあれ，文体は臨床のリアリティを描き出すものであるので，自分の描きたいリアリティを過去に描き出していた論文や本の文体を真似るところから始めるのが，やはり王道だろう。そのうち自分の文体が見つかるかもしれないし，ありふれた心理臨床家にとっては，自分の文体が見つからなくても，それほど困ることはない。重要なことは主張したいリアリティ－心的世界を描き出すことの出来る文体で文章を構成することだ。

それさえできれば，事例部分は意外に一気呵成に書けてしまうと思う。実際，書いてて一番楽しいのがここだ。自分が登場人物の一人だし，なにより自分の経験してきたことだから，ブログを書くような楽しさがあるのだ。

ということで，マニュアル4。お決まりの物語と文体を模倣して，事例を編集しよう。

マニュアル5　事例を心理学用語に翻訳して考察にしよう

もう終りは近い。「問題」と「事例」が書けたら、最後は考察だ。でも、ここまでちゃんと書けていれば、あとはもう自動機械のように書ける。断言していい。だって、あとは事例の物語を心理学用語に翻訳すればいいだけなのだから。

だけど、その自動翻訳をうまくやるためには、ちょっとしたコツがある。それは、「考察」部分をお決まりとなったフォーマットにしたがって書いていくことだ。以下の三つの手続きで、考察部分を書くとうまくいくことが多い。

まずは最初の節で、クライエントのアセスメントを示す。クライエントがどういう心理的メカニズムで機能しているか、そしてそのことがクライエントの抱えている問題とどのように関わっていたのかを示そう。

大切なのは、その論文の主題を扱う上で、なぜこのクライエントの事例を選んだのかの必然性を示すことだ。例えば、クライエントの心理的メカニズムが、まさに「餃子的身体」の問題を露呈していることを示すと（あぁ！　またもやアイツが出てきた！）、一気に論文はまとまりを持ち、ミステリーの種明かし的な感じになってくる。

次のステップは、事例のプロセスを扱うことだ。ここでは三つ書くことがある。一つはクライエントのいかなる心理的メカニズムがケースのプロセスを決定したのか（例えば、難局へと至らせたのはクライエントのどの部分なのか）、もうひとつは心理臨床家のいかなる介入が、いかなる心理的メカニズムを通して、ケースの前進を生んだのかということ。最後に、事例全体を通じてなされた変化を心理学的にアセスメントすることである。

どういう変化が生じたのか、それはなぜなのか、まさに事例研究で主張したいことはここにあるはずだ。以上の三つのトピックを、その論文で主張したいこととうまく絡ませて書いていこう。

したがって、事例で示した各期と、考察の節を対応させる必要は必ずしもないのだけれど、対応させた方が読みやすい。だから、考察で展開したい論理に合わせて、事例提示の際の各期を分割したらいいと思う（これは後から書きなおすのもいい）。ただし、これらは意図的に事例を編集しているというよりかは、事例に対する心理学的理解がきちんとなされていて、問題部がしっかり構成されているならば、おのずと対応するものだと私は思う。

これらを例示すると、こんな感じになるだろうか。

「クライエントの餃子的身体がいかにして、面接を中華料理風にしてしまったのか、それに気が付いたセラピストはパイ包み的ありように変化することで、面接は気づけばボルシチ的になり、クライエントもまた水餃子的になったのである」。

いや、ちょっとわけがわからない。すいません、よければ、この本の各論文の方を参照にしてください。同じやり方で書いていますから。

さて、注意点は、ここで効果的に先行研究の引用を挟むことだ。「考察」部分は、自分のケースの理解を示せばいいというものではない。自分のケースから、「問題」で示した臨床心理学全体に貢献できる新しいアイディアを出さないといけない。だから、自分のケース理解を、広い臨床心理学の文脈に乗せることが必要なのだ。そのためには、引用は不可欠だ。これらは言ってみれば、事例提示で描いた物語を、心理学用語に翻訳して、より広い文脈に乗せていくことだと言えるだろう。

さて、それらの事例の考察を終えたら、最後の最後に「問題」で提示した問いに答える一節を「おわりに」で設けると、話がうまくまとまっていく。「以上示したように、餃子的身体とは……」。

もういいですね。餃子のことはもうやめよう。ただ、さっき餃子を食べたから、出てきただけの比喩なのだ。ということで、マニュアル5。事例を心理学用語に翻訳して考察にしよう。

マニュアル6　発表したら、相手を正気の人間だと思って対話しよう

ここまで書けたならば、最後に残されたのは事例研究を発表することである（もちろん、参考文献と要約をつけることはお忘れなく）。

特に若手のうちは、事例研究を発表するのは結構恐ろしい。事例を発表してみると、自分が見当違いのことを考えていたと暴露されることがあるからである。これは大学院の事例検討会ではよくある（私の場合はよくあった）。学会発表でだって、少なからずつらい思いをすることがある。我々の業界は人が集まると、道場的な雰囲気が出てくるのが特徴だ。ここには様々な事情があるのだが、今は一応マニュアルのつもりで書いているので、そのメカニズムではなく実質的な対処の方を書くことにしよう。

事例発表で恥ずかしいことになることは確かにあるし、本人としては非常につらい思いをすることもあるが、大したことではない。なぜなら、30分もすれば、誰もそんなことは覚えていないからだ。確かに、人が大恥をかいたことをいい思い出として後生大事に覚えている人もいないことはないが（私のことである）、それはごく一部の偏った人間に限られる。

確かに恥をかいた本人のこころの痛みはしばらく続くかもしれないが、それならそれでしばらく引きこもってしまえばいい。自分の職場に戻って、何食わぬ顔で日常業務をしているうちに、つらい気持ちはだんだんおさまっていく。顔で笑って、こころで泣いて、というやつだ。私の場合は、何週間も相手を呪うけど、まあ、

こころの中で何をしてようと自由だ。

そして、そうやって引きこもっている間に、恥をかいた原因についてじっくり考えるならば、自分の臨床家としての成長がもたらされる。自分に何が足りなかったのかを見直す機会になるからだ。

ちょっと、綺麗事を書いてしまったが、でも、やっぱりそれだけじゃない。事例研究を発表することに損はない。適量の自己愛の傷つきは成長をもたらすし、多くの場合は「頑張ってるねぇ」とほめてもらえるのでやる気が出る。自分の普段の臨床について多くの人がコメントをくれるし、夜にはインフォーマルな場で（まあ、飲み会のことだが）知り合いと話が盛り上がる。もうちょっと頑張ろうと思える。

だから、書いた事例研究はまずは学会などで発表するのがお勧めである。このとき、発表原稿はすぐに投稿できるレベルで準備するのがなにより大切だ。「まだ途中なんで、へへへ。みなさんのご意見をいただいて、えへへ、それでより良い方向にね、いひひひ」なんて言ってると、せっかく発表して意見をもらっても、「ははあ!」と偉い先生にひれ伏すだけになってしまって、もったいない。自分の意見をしっかりと持って、それを否定されたり、肯定されたりするから、対話が生まれるし、葛藤が生じて、成長と創造がもたらされるのだ。やるときにはやってやらなきゃならんのだ。

こういうことだ。問題から考察まで、一度仕上げてから発表をしコメントを受けることで、自分の考えのどこが理解されないのか、あるいは自分は一体何を考えていたのか明確になる。まだ考えをまとめ切れていない中で発表して得るものは多くはない。これはとても大切なことだ。

学会発表でのコメントを一度目の査読だと受け取るといいと思う。ただし、その査読は無視することもできるという意味で執筆者としては自由度を確保できるので、論文を投稿したときの査読よりもずっと気が楽だ。

学会発表では的外れのコメントをされることもあるが、重要なのはそれを「なんもわかっていないやつだ」と捉えて無視するのではなく、そのような的外れなコメントを引き寄せる要因がどこにあったのかを見直すことである。そうすることで、誤解を招く表現や弱い論理構成を修正することが出来る（これは臨床でも同じですね）。

学会発表が終わったら、もうひと踏ん張りだ。原稿をもう一度書き直して、査読のある雑誌に投稿しよう。このとき、どの雑誌に投稿するかは、取り上げている問題にもよるし、読んでいるあなたが将来どのようなコミュニティで生きていきたいかによる。精神分析のコミュニティで生きていこうと思っているのであれば『精神分析研究』が良いだろうし、ユング派のコミュニティで生きていきたいなら『箱庭療法研究』や『ユング心理学研究』が良いだろう。私自身は『心理臨床学研究』が好きだ。読者が多いし、どの学派からもはみ出てしまうありふれた臨床実践に価値を置いてくれる雑誌なのだ。

大切なことは査読の難易度で最初に投稿する雑誌を選ばない方がいいということだ。事例研究論文を書いて得られる一番いいことは、コミュニティの中で知り合いが出来て、職業的人間関係が広がることだからだ。それは社会経済的な見返りに結びつくことも少なくないし（就職に影響することもあるし、クライエントの紹介にもつながる）、仲間ができたり、尊敬していた人とのつながりが生まれたりして新しい人間関係をもたらしてくれる。それは臨床心理学の文化の中に、自分の居場所をつくってくれる。

論文を書くことはキャリアを作っていくことでもあるのだ。自分がどういう問題の専門家で、どういう臨床をしているのかを示していると、ありがたいことに色々な人が新しいチャンスのお世話をしてくれる。応援してくれるのだ。だからこそ、自分が将来描いている働き方にそぐうようなコミュニティの学術誌に投稿するのが一番だ。

さて、論文を投稿すると査読が返ってくるが、ここで重要なのは全面的に査読結果を尊重することである。私の場合は、査読コメントを神の託宣のように扱って、修正原稿を送っている。特に力を入れるのが修正箇所を明記した文書である。ここで私は査読者という神に向かって、捧げものをするかのような手紙を送る。「あなたは全面的に正しいです」「私は愚かな民なのです、しかし、民なりの限界があって、こういう感じになってしまったのです」「ですから、神の御意志の通りに振る舞いたいのですが、地を這いつくばる民の限界で〇〇のようにしかできませんでした」「いずれは神のおっしゃるような義人になりたい、それが今後の課題です、アーメン」という雰囲気だ（ちょっと誇張しすぎたが、私はそういうテンションで手紙を書いている）。

私は査読者をやったこともあるのでわかるのだが、修正原稿で自分の意見を無視されていたりすると、がっかりしてしまう。無視するならするで、その根拠を書いてくれないと、もう一回査読する意欲をなくしてしまうのだ。

これはよくない。査読者の機嫌を損ねてはいけない。論文を投稿する目的は、自分の正しさを証明することにあるのではなく、雑誌に論文を掲載してもらうことにあるからだ。自分が正しいと思うことを言いたいならば、Twitterで十分なのだ。

それに、査読コメントを「鋭い」「正しい」と捉えて、修正を行う方がずっと論文が良いものになる。それは論文に他者性を入れる行為だ。つまり、査読者を正当な対話相手と捉えることで、論文は十分に吟味され、議論に耐えうるような質のものになる。実際、私の場合、いままで受けた査読はとても良い経験になった。そもそも査読者ほど、私の論文を真面目に読んでくれる人もいない。自分の文章について、悪いところも含めて、丁寧に読み込んでくれるなんて、こんなありがたいことはないし、これほどに私の考えを鍛えてくれる人もいない。

そう思うと、査読者を神だと言ったのは言い過ぎだったかもしれない。むしろ、正気にして、善意の人だと捉えて、対話をすることが大切なのだ。それはあなたを鍛えてくれるはずだ。

マニュアル6。発表したら、意見をくれた相手を正気の人間だと思って対話しよう（丁重にね）。

事例研究論文を書こう

事例研究論文の書き方についてマニュアル的に書いてきた。そうやって査読コメントに対する修正を行い再投稿を続ける果てに、論文の掲載がある。あきらめてはいけない。何度でも修正して出そう。もし不幸なことにリジェクトされてしまったら、他の雑誌に出そう。とにかく、最後まで努力を続けるのが大事だ。でも、もう見込みがない時は、いさぎよく諦めるのもひとつだ（私も今までに1本だけ諦めたことある。それは諦めて良かった。泥沼にはまるところだった。あ、嘘です。他にも諦めたのがあったのを思い出した）。

さて、論文が掲載されても、多くの場合、何の反応もない。寂しいものだ。人はそんなに他人の論文を読まない。多くの場合、雑誌の表紙だけをチラ見して、掲載されている論文の著者名を一覧して、そのまま本棚にしまい込む。もし、知っている名前があれば、当該ページを開いてみることはするかもしれない。「あ、職場替えたんだ」と思う程度だ。超暇だったりすると、タイトルや要約をちらっと見ることもあるかもしれない。今度会う予定があれば、話のネタにと思って、内容を読むこともある。あるいは、「あいつ、論文書いてやがったのか」とジェラシーが芽生えるので、ちゃんと読まないということも多い（これは私の場合だけかもしれないが）。

そういう意味で、論文を書くというのは、結構空しいものだ。思っていたよりも、反響はないし、読んでほしいと思っていた人はたいてい読んでくれない（私も人の論文を読むよりかは、マンガを読んでいるのだから仕方がない）。

だけど、たまにちゃんと読んでくれている人がいる。同じ関心をもっている人たちだ。あなたがまだ会ったことのない人に、論文は確かに届く。知らないところで、あなたの論文は誰かに何かを手渡している。

すると、そういう人たちが、機会を捉えてあなたを探して、感想をくれる。つながりが生まれる。それがキャリアを作っていくし、仲間を増やしていく。なにより、議論を通して私たちの考えを深めてくれる。

心理療法は最終的に一人で決断をしなくてはならない孤独な営みだと思うが、実はその決断の背景には先人や同僚が積み重ねてきた文化がある。私たちは誰かが語ってくれた物語のおかげで、新しい物語をその変奏曲として語ることができる。そういう物語を準備してくれる文化に参与することで、私たちの心理療法は支えられる。論文を書くと、そういう文化が前よりも近いものとして感じられる。そうすると、また論文を書こうと思う。

それに、論文を書くのって結構楽しい。採択の知らせが来ると、今でも私は嬉しい。私だけではない。超偉い先生が、論文採択のメールを受け取った瞬間に偶然居合わせたことがあるが、「よっしゃ！」と言って、ガッツポーズをしていた。私まで嬉しくなるようなガッツポーズだった。何歳になっても、自分の考えを認めてもらうというのは嬉しいことなのだ。

さあ、事例研究を書こう。「ありふれた心理療法」を書いてみよう。あなたの経験は、あなたがまだ会ったことのない人の手元に届いて、その人を知的に刺激し、励ますはずだ。それは巡り巡って、きっとあなたを励ますことになる。私たちは「みんな」でこの仕事をしている。だから、「みんな」から何かをもらうだけでなく、ときには「みんな」に向けて、自分の体験したことを与えてみよう。人に与えると、数倍になって返ってくるのが、社会的動物たる人間の最大の特徴ではないか。

健闘を祈る。と、私の傍らにいる白髪の事例研究マスターが言っている。喝！　喝！　喝！

文献

序章

Ellenberger, H. F. (1970) *The discovery of the unconscious : The history and evolution of dynamic psychiatry.*〔木村敏・中井久夫監訳（1980）『無意識の発見――力動精神医学発達史』弘文堂〕

皆藤章（1998）『生きる心理療法と教育――臨床教育学の視座から』誠信書房

春日直樹（2011）『現実批判の人類学――新世代のエスノグラフィへ』世界思想社

第1章

Appelbaum, S. A. (1973) Psychological-mindedness: word, concept and essence. *International Journal of Psychoanalysis.* Vol. 54, pp.35-46

東斉彰・加藤敬・前田泰宏（2014）『統合・折衷的心理療法の実践―見立て・治療関係・介入と技法』金剛出版

Berger, P. & Luckmann, T. (1967) *The Social Construction of Reality: A Treatise in the Sociology of Knowledge.* Anchor.〔山口節郎訳（2003）『現実の社会的構成』新曜社〕

Blacker, C. (1975) *The Catalpa Bow.* Allen and Unwin.〔秋山さと子訳（1979）『あずさ弓』岩波現代選書〕

Bion, W. (1967) *Second Thought.* William Heinemann Medical Books.〔松木邦裕監訳、中川慎一郎訳（2007）『再考：精神病の精神分析論』金剛出版〕

Cooper, M. & Mcleod, J. (2010) *Pluralistic Counselling and Psychotherapy.* SAGE Publications Ltd.〔末武康弘・清水幹夫監訳（2015）『心理臨床への多元的アプローチ』岩崎学術出版社〕

Davies, J. (2009) *The Making of Psychotherapists: An Anthropological Analysis.* Karnac.

土居健郎（1971）『甘えの構造』弘文堂

Ellenberger, H. F. (1970). *The Discovery of the Unconscious: The History and Evolution of Dynamic Psychiatry.* Basic Books.〔木村敏・中井久夫監訳（1980）『無意識の発見――力動精神医学発達史』弘文堂

Engel, C. (2002) *Wild Health: Lessons in natural wellness from the animal kingdom.* Mariner Books〔羽田節子訳（2003）『動物たちの自然健康

法』紀伊國屋書店〕
福来友吉（1906）『催眠心理学』成美堂
Foucault, M.（1976）*Historie de la Folie à l'âge classique*. Gallimard.〔田村俶（1975）『狂気の歴史』新潮社〕
Frank, J. & Frank, J.（1991）*Persuasion and Healing: A comparative study of psychotherapy*. John Hopkins University Press〔杉原保史（2007）『説得と治療』金剛出版
藤原勝紀（1994）『三角形イメージ体験法に関する臨床心理学的研究――その創案と展開』九州大学出版会
藤原勝紀（2001）「日本における臨床心理学の独自性」下山晴彦・丹野義彦編『講座　臨床心理学１　臨床心理学とは何か』東京大学出版会、九九-一一九頁
藤原勝紀（2003）『からだ体験モードで学ぶカウンセリング』ナカニシヤ出版
Fuller, Robert C.（1989）*Alternative Medicine and American Religious Life*. Oxford University Press.〔池上良正・池上冨美子訳（1992）『オルタナティブ・メディスン――アメリカの非正統医療と宗教』新宿書房〕
Furedi, F.（2003）*Therapy Culture: Cultivating Vulnerability in an Uncertain Age*. Routledge
Gergen, K. J.（1995）*Realities and Relationships: Soudings in social construction*. Harvard University Press.〔永田素彦・深尾誠訳（2004）『社会構成主義の理論と実践――関係性が現実をつくる』ナカニシヤ書店
Giddens, A.（1991）*Modernity and Self-Identity–Self and Society in the Last Modern Age*. Polity.〔秋吉美都・安藤太郎・筒井淳也訳（2005）『モダニティと自己アイデンティティ――後期近代における自己と社会』ハーベスト社〕
Goffman, E.（1967）*Interactional Ritual: Essays on face-to-face behavior*. Pantheon.〔浅野敏夫訳（2002）『儀礼としての相互作用』法政大学出版局〕
Grant, A. M.（2001）Rethinking Psychological Mindedness: Metacognition, Self-reflection, and Insight. *Behaviour Change*. 18(1). 8-17.
Hanson, N. R.（1958）*Patterns of Discovery: An Inquiry into the conceptual foundations of science*. Cambridge University Press.〔村上陽一郎訳（1986）『科学的発見のパターン』講談社学術文庫〕
原田隆之（2015）『心理職のためのエビデンス・ベイスト・プラクティス入門――エビデンスを「まなぶ」「つくる」「つかう」』金剛出版
Healy, D.（1998）*Anti-Depressant Era*. Harvard University Press.〔林健郎・田島治訳（2004）『抗うつ薬の時代』星和書店〕
一柳廣孝（2006）『催眠術の日本近代』青弓社
池見酉次郎（1979）『続セルフ・コントロール――交流分析の日本的展開』創元社
井村宏次（2014）『霊術家の黄金時代』ＢＮＰ
井上円了（1904）『心理療法』南江堂
井上亮（2006）『心理療法とシャーマニズム』創元社

伊藤絵美（2016）『ケアする人も楽になる　マインドフルネス&スキーマ療法』ＢＯＯＫ１、医学書院
伊藤絵美（2016）『ケアする人も楽になる　マインドフルネス&スキーマ療法』ＢＯＯＫ２、医学書院
岩崎徹也編（1990）『治療構造論』岩崎学術出版社
皆藤章（1998）『生きる心理療法と教育――臨床教育学の視座から』誠信書房
苅谷剛彦（2016）『ひとびとの精神史第８巻――バブル崩壊：１９９０年代』岩波書店
樫村愛子（2003）『「心理学化する社会」の臨床社会学』世織書房
加藤隆弘（2015）「日本語臨床における「先生転移」の功罪」北山修監修『北山理論の発見』71-94頁
河合隼雄（1969）『箱庭療法入門』誠信書房
河合隼雄（1970）『カウンセリングの実際問題』誠信書房
河合隼雄（1982）『昔話と日本人の心』岩波書店
河合隼雄（1995）『ユング心理学と仏教』岩波書店
河合隼雄（2003）『臨床心理学ノート』金剛出版
木村元（2015）『学校の戦後史』岩波書店
Kirmayer, L. (2007) Psychotherapy and the cultural concept of the person. *Transcultural Psychiatry*. 44(2) 232-57.
Kirmayer, L. & Robbins, J. (1992) *Current Concepts of Somatization: Research and Clinical Perspectives*. American Psychiatric Press.
Kitanaka, J. (2012) *Depression in Japan*. Princeton.
北山修（1997）『悲劇の発生論』金剛出版
北山修（2009）『覆いをとること・つくること――〈わたし〉の治療報告と「その後」』岩崎学術出版社
北山修（2011）『フロイトと日本人』岩崎学術出版社
Kleinman, A. (1980) *Patients and Healers in the Context of Culture: An exploration of the borderland between anthropology, medicine, and psychiatry*. University of California Press.〔大橋英寿・遠山宜哉・作道信介・川村邦光訳（1992）『臨床人類学』弘文堂〕
Kleinman, A. (1988) *Rethinking Psychiatry: From cultural category to personal experience*. Free Pres.〔江口重幸・下地明友・松澤和正・堀有伸・五木田紳訳（2012）『精神医学を再考する――疾患カテゴリーから個人的経験へ』みすず書房〕
栗原彬（2016）『ひとびとの精神史第９巻――震災前後：２０００年以降』岩波書店
Lambert, M. (1992) Psychotherapy Outcome Research: Implications for Integrative and Eclectic Therapists. In Goldfried, M. & Norcross, J. (Eds) *Handbook of Psychotherapy Integration*. Basic Books, 94-129.
Larson, M. (1987) *New Thought Religion*. Allied Books Ltd〔高橋和夫・井出啓一・木村清次・越智洋・島田恵訳（1990）『ニューソート』日本教文社〕
Latour, B. (1986) *Science in Action*. Open University Press.〔川崎勝・高田紀代志訳（1999）『科学が作られているとき――人類学的考察』

産業図書〕
Lock, M. (1980) *East Asian Medicine in Urban Japan*. University of California Press.〔中川米造訳（1990）『都市文化と東洋医学』思文閣出版〕
Luhrman, T. (2001) *Of Two Mind: An anthropologist looks at American psychiatry*. Vintage.
前田重治（1978）『心理療法の進め方——簡易精神分析の実際』創元社
Maiello, S. (2008) Encounter with a Traditional Healer: Western and African Therapeutic Approaches in Dialogue. *Journal of Analytical Psychology*, 53, 241-260.
丸山和昭（2015）『カウンセリングを巡る専門職システムの形成過程——「心」の管轄権とプロフェッショナリズムの多元性』大学教育出版
松沢哲郎（2011）『想像するちから——チンパンジーが教えてくれた人間の心』岩波書店
Mcleod, J. (1997) *Narrative and Psychotherapy*. Sage Publications Ltd.〔下山晴彦監訳（2007）『物語としての心理療法——ナラティヴ・セラピィの魅力』誠信書房〕
Merchant, J. (2012) *Shamans and Analysts: New insights on the wounded healer*. Routledge.
Metzl, J. (2003) *Prozac on the Couch: Prescribing Gender in the Era of Wonder Drugs*. Duke University Press.
宮家準（2001）『修験道』講談社学術文庫
Moodley, R., Gielen, U., & Wu, R. (2013) *Handbook of Counseling and Psychotherapy in an International Context*. Routledge.
森真一（2000）『自己コントロールの檻』講談社選書メチエ
森田正馬（1928）『神経質ノ本態及療法』吐鳳堂書店
森田正馬（1983）『迷信と妄想』白揚社
村瀬嘉代子（2003）『統合的心理療法の考え方——心理療法の基礎となるもの』金剛出版
妙木浩之（2010）『初回面接入門』岩崎学術出版社
永尾雄二郎・ハーディング、K・生田孝（2015）「〈鼎談〉仏教精神分析〔3〕——古澤平作先生を語る」『精神療法』41巻5号
中井久夫（1990）『治療文化論——精神医学的再構築の試み』岩波書店
波平恵美子（1984）『病気と治療の文化人類学』海鳴社
日本カウンセリング・センター（2009）『友田不二夫研究』日本カウンセリング・センター
小田晋（1998）『日本の狂気誌』講談社学術文庫
尾形守（1996）『ニューエイジムーブメントの危険』プレイズ出版
大橋英寿（1998）『沖縄シャーマニズムの社会心理学的研究』弘文堂
岡昌之・妙木浩之・生田倫子（2013）『心理療法の交差点——精神分析・認知行動療法・家族療法・ナラティヴセラピー』新曜社
岡野憲一郎（2002）『中立性と現実——新しい精神分析理論2』岩崎学術出版社

沖浦和光（2004）『陰陽師の原像――民衆文化の辺界を歩く』岩波書店
沖浦和光（2007）『旅芸人のいた風景――遍歴・流浪・渡世』文春新書
小此木啓吾・北山修編（2001）『阿闍世コンプレックス』創元社
大石繁宏（2009）『幸せを科学する――心理学からわかったこと』新曜社
大貫恵美子（1985）『日本人の病気観――象徴人類学的考察』岩波書店
大澤真幸（2008）『不可能性の時代』岩波新書
大塚義孝（2004）『臨床心理学原論』臨床心理学全書1、誠信書房
小沢牧子（2002）『「心の専門家」はいらない』洋泉社
Pinsker, H.（1997）*A Primer of Supportive Psychotherapy*. Routledge.〔秋田恭子・池田政俊・重宗祥子訳（2011）『サポーティヴ・サイコセラピー入門――力動的理解を日常臨床に活かすために』岩崎学術出版社〕
Pizer, S.A.（1998）*Building Bridges: The Negotiation of Paradox in Psychoanalysis*. Routledge.
Rieff, P.（1959）*Freud: The Mind of the Moralist*.Viking Press.〔宮武昭・園田美和子訳（1999）『フロイト――モラリストの精神』誠信書房〕
Rieff, P.（1966）*The Triumph of the Therapeutic Uses of Faith after Freud*. University of Chicago Press.
Rose, N.（1998）*Inventing Our Selves*. Cambridge University Press.
Rose, N.（2007）*The Politics of Life Itself*.〔檜垣立哉監訳（2014）『生そのものの政治学――二十一世紀の生物医学、権力、主体性』法政大学出版局〕
最相葉月（2016）『セラピスト』新潮文庫
斎藤環（2003）『心理学化する社会――なぜ、トラウマと癒しが求められるのか』ＰＨＰエディターズグループ
Sandler, J., Dare, C., Holder, A. & Dreher, A. U.（1992）*The Patient and the Analyst: The basis of the psychoanalytic process.*; Revised edition. Karnac Book.〔藤山直樹・北山修監訳（2008）『患者と分析者――精神分析の基礎知識』誠信書房〕
佐々木宏幹（1980）『シャーマニズム――エクスタシーと憑霊の文化』中公新書
佐藤純一編（2000）『文化現象としての癒し――民間医療の現在』メディカ出版
島薗進（2001）『〈癒す知〉の系譜――科学と宗教のはざま』吉川弘文館
下山晴彦（2001）「日本の臨床心理学の歴史と展開」下山晴彦・丹野義彦編『講座　臨床心理学1――臨床心理学とは何か』51-72頁、東京大学出版会
下山晴彦・丹野義彦（2001）『講座　臨床心理学1　臨床心理学とは何か』東京大学出版会
塩月亮子（2012）『沖縄シャーマニズムの近代――聖なる狂気のゆくえ』森話社
Stringer, C. & Gamble, C.（1993）*In Search of the Neanderthals*.〔河合信和訳（1997）『ネアンデルタール人とは誰か』朝日選書

鈴木晃仁・北中淳子（2016）『精神医学の歴史と人類学』精神医学の哲学2、東京大学出版会
高橋靖恵・滝口俊子・岡本祐子・岡堂哲雄・林智一・箱田裕司（2008）『家族のライフサイクルと心理臨床』金子書房
高橋澪子（2016）『心の科学史 西洋心理学の背景と実験心理学の誕生』講談社学術文庫
髙野晶（2016）「精神分析と精神分析的精神療法――分析的枠組と分析的態度からの展望」『精神分析研究』60巻1号、52-65頁
鑪幹八郎（1998）『恥と意地――日本人の心理構造』講談社
寺沢龍（2004）『透視も念写も事実である――福来友吉と千里眼事件』草思社
Torrey, E. F. (1972) *Witch Doctors and Psychiatrist*. Harper & Row.
東畑開人（2012）『美と深層心理学』京都大学学術出版会
東畑開人（2015）『野の医者は笑う――心の治療とは何か』誠信書房
東畑開人（2017）「もしもSMAPのマネージャーが伊藤絵美の〈ケアする人も楽になるマインドフルネス&スキーマ療法〉を読んだら」『精神看護』20巻1号、72-75頁
内山節（2007）『日本人はなぜキツネにだまされなくなったのか』講談社
氏原寛（2009）『カウンセリング実践史』誠信書房
山田陽子（2007）『「心」をめぐる知のグローバル化と自律的個人像――「心」の聖化とマネジメント』学文社
山形孝夫（2010）『治癒神イエスの誕生』ちくま学芸文庫
Waal, F. (2009) *The Age of Empathy: Nature's lessons for a kinder society*. Three Rivers Press.〔柴田裕之訳（2010）『共感の時代へ』紀伊國屋書店〕
和歌森太郎（1999）『山伏――入峰・修行・呪法』中公新書
柳田國男（1990）『柳田國男全集11』ちくま文庫
Young. A. (1976) Some Implications of Medical Beliefs and Practices for Social Anthropology. *American Anthropologist*, 78(1), 5-24.
Young, A. (1995) *The Harmony of Illusions*. Princeton University Press.〔中井久夫・大月康義・下地明友・辰野剛・内藤あかね訳（2001）『PTSDの医療人類学』みすず書房〕
Zaphiropoulos, M. L. (1982). Transcultural Parameters in the Transference and Countertransference. *Journal of American Academy of Psychoanalysis*, 10, 571-584.
Zhang, L. (2014) Bentuhua: Culturing Psychotherapy in Postsocialist. *Culture, Medicine, Psychiatry*. 38, 283-305.

第2章

Arlow, J. A. (1963) The supervisory situation. *Journal of the American Psychoanalytic Association*, 11, 576-594.

Casement, P.（1985）*On learning from the patient.*: Guilford Press.〔松木邦裕訳（1991）『患者から学ぶ――ウィニコットとビオンの臨床応用』岩崎学術出版社〕

DeBell, D.E.（1963）A critical digest of the literature on psychoanalytic supervision. *Journal of the American Psychoanalytic Association*, 11, 546-575.

Ekstein, R. & Wallerstein, R.（1972）*The Teaching and Learning of Psychotherapy*. International Universities Press.

Fleming, J.（1953）The role of supervision in psychiatric training. *Bulletin of the Menninger Clinic*, XVII, 157-169.

Freud, S.（1909）*Analyse der Phobie eines Fünfjährigen Knaben*.〔総田純次訳（2008）「ある五歳男児の恐怖症の分析〔ハンス〕」『フロイト全集10』岩波書店、1-176頁〕

Haesler, L.（1993）Adequate distance in the relationship between supervisor and supervisee. *International Journal of Psycho-Analysis*, 74, 547-555.

橋本尚子（1998）「事例――スーパーヴァイジーとしての体験を中心に」小川捷之・横山博編『心理臨床の治療関係』心理臨床の実際6、金子書房、285-295頁

一丸藤太郎（2003）「臨床心理実習I――スーパーヴィジョン」下山晴彦編『臨床心理実習論』臨床心理学全書4、誠信書房、325-367頁

Issacharoff, A.（1982）Countertransference in supervision. *Contemporary Psychoanalysis*, 18, 455-472.

皆藤章（1998）「スーパーヴィジョンの治療に与える影響」小川捷之・横山博編『心理臨床の治療関係論』臨床の実際6　金子書房、278-285頁

河合隼雄（1970）『カウンセリングの実際問題』誠信書房

川谷大治（1994）「スーパーバイジーからスーパーバイザーへ」『精神療法』20巻1号、11-19頁

小島義郎・岸暁・増田秀夫・高野嘉明（2004）『英語語義語源辞典』三省堂

古澤平作・小此木啓吾（1964）「監督教育 Supervision としての統制分析 Control-Analysis の一症例の報告（その一）」『精神分析研究』1巻、7-17頁

Ogden, T. H.（2005）On psychoanalytic supervision. *International Journal of Psycho-Analysis*, 86, 1265-1280.

岡野憲一郎（2003）『自然流精神療法のすすめ』星和書店

Rosbrow, T.（1997）From parallel process to developmental process. *Progress in Self Psychology*, 13, 149-164.

Searles, H.（1965）*Collected papers on schizophrenia and related subjects*. International Universities Press.

鑪幹八郎（2004）鑪幹八郎著作集3『心理臨床と倫理・スーパーヴィジョン』ナカニシヤ出版

津島豊美（2005）「パラレルプロセスの気づきと理解は治療者にどう影響するか――スーパーヴィジョン体験から学んだこと」『精神分析研究』49巻2号、162-170頁

Wakefield, J. C.（2008）Little Hans and the thought police. *International Journal of Psycho-Analysis*, 89, 71-88.

Zaslavsky, J. Nunes, L. & Eizirik, L.（2005）Approaching countertransference in psycho-analytical supervision. International. *Journal of Psycho-Analysis*, 86, 1099-1131.

第3章

Anzieu, D.（1985）*Le Moi-Peau*. Dunod.〔福田素子訳（1996）『皮膚─自我』言叢社
Bion, W.（1967）*Second Thoughts*. William Heinemann Medical Books.〔松木邦裕監訳、中川慎一郎訳（2007）『再考：精神病の精神分析論』金剛出版〕
Federn, P.（1953）*Ego Psychology and the Psychoses*. Basic Books.
Freud, S.（1923）*Das Ich und das Es*. S. Fischer.〔道籏泰三訳（2007）『自我とエス』フロイト全集18、岩波書店、1-62頁
Freud, S.（1924）*Neurose und Psychose*. S. Fischer. 吉田耕太郎訳（2007）『神経症と精神病』フロイト全集18、岩波書店、239-243頁
Freud, S.（1928）*Der Humor*. S. Fischer.〔石田雄一訳（2010）「フモール」『フロイト全集19』岩波書店、267-274頁
北山修（2009）『覆いをとること・つくること』岩崎学術出版社
Kris, E.（1952）*Psychoanalytic Explorations in Art*. International Universities Press.〔馬場禮子訳（1976）『芸術の精神分析的研究』岩崎学術出版社〕
Lacan, J.（1981）*Les Psychose*. Editions du Seuil.〔小出浩之・鈴木國文・川津芳照・笠原嘉訳（2008）『精神病』上・下、岩波書店〕
松木邦裕（2000）『精神病というこころ』新曜社
松木邦裕（2009）『精神分析体験：ビオンの宇宙──対人関係論を学ぶ　立志編』岩崎学術出版社
Meltzer, D., Bremner, J., Hoxter, S., Weddell, D. & Wittenberg, I.（1975）*Explorations in Autism*. Karnac.
Pinsker, H.（1997）*A Primer of Supportive Psychotherapy*. Analytic Press.〔秋田恭子・池田政俊・重宗祥子訳（2011）『サポーティブ・サイコセラピー入門』岩崎学術出版社〕
祖父江典人（2015）『対象関係論に学ぶ心理療法入門──こころを使った日常臨床のために』誠信書房
Winnicott, D. W.（1965）*The Maturational Processes and the Facilitating Environment*. Hogarth Press.〔牛島定信訳（1977）『情緒発達の精神分析理論』岩崎学術出版社〕
横田正夫・丹野義彦・石垣琢麿編（2003）『統合失調症の臨床心理学』東京大学出版会

第4章

アリストテレース（1997）『詩学』松本仁助・岡道男訳、岩波文庫

Bollas, C. (1987) *The Shadow of the Object: Psychoanalysis of the Unthought Known*. Free Association Books.〔舘直彦監訳（2009）『対象の影——対象関係論の最前線』岩崎学術出版社〕
Case, C., & Dalley, T. (1992) *The Handbook of Art Therapy*. Routledge〔岡昌之監訳（1997）『芸術療法ハンドブック』誠信書房〕
Freud, S. (1908) *Die Dichter und das Phantasieren*.〔高橋義孝訳（1969）「詩人と空想すること」『フロイト著作集3』人文書院、81–89頁〕
Freud, S. (1923) *The Ego and the Id*.〔道籏泰三訳（2007）「自我とエス」フロイト全集、岩波書店〕
平井正三（2011）『精神分析的心理療法と象徴化——コンテインメントをめぐる臨床思考』岩崎学術出版社
堀川聡司（2016）『精神分析と昇華』岩崎学術出版社
Jung, C. G. (1916) *Die transzendente Funktion*.〔松代洋一訳（1996）『超越機能——創造する無意識』平凡社、111–162頁〕
Jung, C. G. (1963) *Memories, Dreams, Reflections*.〔河合隼雄・藤縄昭・出井淑子訳（1972）『ユング自伝』Ⅰ・Ⅱ、みすず書房〕
Kalff, D. M. (1966) *SandSpiel-Seine Therapeuticsche Wirkung auf die Psyche*.〔河合隼雄監訳（1972）『カルフ箱庭療法』誠信書房〕
河合隼雄（1969）『箱庭療法入門』誠信書房
Kawai, H. (1984) Beauty in Japanese Fairy-Tales. *ERANOS*, 53, 175-196.
北山修（1988）『心の消化と排出——文字通りの体験が比喩になる過程』創元社
Klein, M. (1929) Infantile Anxiety-Situations Reflected in a Work of Art and in the Creative impulse. *International Journal of Psychoanalysis*, 10, 436-443.
Kris, E. (1952) *Psychoanalytic Explorations in Art*.〔馬場禮子訳（1976）『芸術の精神分析的研究』岩崎学術出版社〕
松木邦裕（2009）『パーソナリティ障害の精神分析的アプローチ——病理の理解と分析的対応の実際』金剛出版
中井久夫（1984）『精神医学の経験——分裂病』中井久夫著作集Ⅰ、岩崎学術出版社
Naumburg, M. (1966) *Dynamically Oriented Art Therapy: Its principles and practice*. Grune & Stratton.〔中井久夫監訳、内藤あかね訳（1995）『力動指向的芸術療法』金剛出版〕
岡田康伸（1993）『箱庭療法の展開』誠信書房
小田部胤久（2009）『西洋美学史』東京大学出版会
プラトン（1979）藤沢令夫訳『国家』上・下、岩波書店
Rogers, N. (1993) *The Creative Connection: Expressive arts as healing*.〔小野京子・坂田裕子訳（2000）『表現アートセラピー——創造性に開かれるプロセス』誠信書房〕
東畑開人（2012）『美と深層心理学』京都大学学術出版会
Winnicott, D. W. (1989) The Squiggle Game. In *Psych-analytic Explorations*. Harvard University Press.〔牛島定信監訳（1998）「スクィグル・ゲーム」『精神分析的探究3　子どもと青年期の治療相談』ウィニコット著作集8、岩崎学術出版社〕
山愛美（2001）「〈造形の知〉と心理療法」『心理臨床学研究』18巻6号、545–556頁

山中康裕（1999）『心理臨床と表現療法』金剛出版

第5章

土居健郎（1976）「オモテとウラの精神病理」荻野恒一編『分裂病の精神病理4』東京大学出版会、1-20頁
土居健郎（1985）『表と裏』弘文堂
北山修（2009）『覆いをとること・つくること』岩崎学術出版社
北山修（2013）『評価の分かれるところに』誠信書房
北山修監修（2006）『日常臨床語辞典』誠信書房
Klein, M. (1931) A contribution to the theory of intellectual inhibition. *International Journal of Psycho-Analysis,* 12, 206〔坂口信貴訳（1983）「知性の制止についての理論的寄与」西園昌久・牛島定信責任編訳『子どもの心的発達』メラニー・クライン著作集1、誠信書房、287-302頁
Meltzer, D., Bremner, J., Hoxter, S., Weddell, D. & Wittenberg, I. (1975) *Explorations in Autism.* Karnac.
中井久夫（2000）「解説」土居健郎選集6、岩波書店、251-281頁
大場登（2000）『ユングの「ペルソナ」再考——心理療法学的接近』創元社
坂部恵（1976）『仮面の解釈学』東京大学出版会
Winnicott, D. W. (1965) *The Maturational Processes and the Facilitating Environment.* Hogarth Press.〔牛島定信訳（1977）『情緒発達の精神分析理論』岩崎学術出版社

第6章

江口重幸（1993）「ローカルな声を聞く——人間科学としての多文化精神医学を目指して」『文化とこころ』創刊準備号、32-39頁
Freud, S. (1925) *Die Widerstände gegen die Psychoanalyse.*〔太寿堂真訳（2007）「精神分析への抵抗」『フロイト全集18』325-337頁、岩波書店〕
Freud, S. (1930) *Das Unbehagen in der Kultur.*〔浜川祥枝訳（1969）「文化への不満」『フロイト著作集3』431-496頁、人文書院〕
Giddens, A. (1991) *Modernity and Self-Identity.* Stanford University Press.〔秋吉美都・安藤太郎・筒井淳也訳（2005）『モダニティと自己アイデンティティ』ハーベスト社〕
Goldberg, A. (1987) Psychoanalysis and negotiation. *Psychoanalytic Quarterly,* 56, 109–129.
Good, B. J. (1984) *Medicine, Rationality, and Experience.* Cambridge University Press.〔江口重幸・五木田紳・下地明友・大月康義・三脇康

生訳（2001）『医療・合理性・経験』誠信書房〕
Good, B. J.（1998）〔五木田紳・江口重幸訳「文化と精神療法――異文化場面における臨床的諸問題」『文化とこころ』3巻1号、4-20頁〕
Kakar, S.（1982）*Shamans, Mystics and Doctors*. Oxford University Press.
河合隼雄（1982）『昔話と日本人の心』岩波書店
Kirmayer, L.（2007）Psychotherapy and the cultural concept of the person. *Transcultural Psychiatry*, 44（2）232–257.
Kirmayer, L.（2012）Rethinking cultural competence. *Transcultural Psychiatry*, 49（2）149–164.
北山修（2011）『フロイトと日本人』岩崎学術出版社
Kleinman, A.（1980）*Patients and Healers in the Context of Culture*. University of California Press.〔大橋英寿・遠山宜哉・作道信介・川村邦光訳（1992）『臨床人類学』弘文堂〕
Maiello, S.（2008）Encounter with a traditional healer: Western and African therapeutic approaches in dialogue. *Journal of Analytical Psychology*, 53, 241–260.
森谷寛之（1990）『チックの心理療法』金剛出版
Nathan, T.（2001）*La Folie des Autres*. Dunod.〔松葉祥一・椎名亮輔・植本雅治・向井智子訳（2005）『他者の狂気』みすず書房〕
大貫恵美子（1985）『日本人の病気観』岩波書店
Robertson, R.（1992）*Globalization: Social Theory and Global Culture*. Sage〔阿部美哉訳（1997）『グローバリゼーション――地球文化の社会理論』東京大学出版会
下地明友（2002）「文化と伝統療法――医療人類学的視点から」『こころと文化』1巻2号168-176頁
Sue, S.（1998）In search of cultural competence in psychotherapy and counseling. *American Psychologist*, 53（4）440–448.
谷徹・松葉祥一（2010）「間文化現象学という〈実践〉」『現代思想』38巻7号、51-67頁
Tseng, W. S.（1999）Culture and psychotherapy: Review and practical guidelines. *Transcultural Psychiatry*, 36（2）131–179.
Winnicott, D. W.（1971）*Playing and Reality*. Tavistock Publications.〔橋本雅雄訳（1979）『遊ぶことと現実』岩崎学術出版社〕

第7章

Burke, P.（2009）*Cultural Hybridity*. Polity〔河野真太郎訳（2012）『文化のハイブリディティ』法政大学出版局〕
Frank, J. D. & Frank, J. B.（1961）*Persuasion and Healing: A Comparative Study of Psychotherapy*. Johns Hopkins University Press.〔杉原保史訳（2007）『説得と治療』金剛出版〕
河合隼雄・佐治守夫・成瀬悟策編（1977）「鼎談　臨床心理学におけるケース研究」『臨床心理ケース研究1』誠信書房、232-

254頁
Kirmayer, L. J. (2007) Psychotherapy and the cultural concept of the person. *Transcultural Psychiatry*, 44(2), 232-257.
Kleinman, A. (1981) *Patients and Healers in the Context of Culture*. University of California Press.〔大橋英寿・遠山宜哉・作道信介・川村邦光訳（1992）『臨床人類学』弘文堂〕
Lévi-Strauss C. (1962) *La Pensée Sauvage*. Plon.〔大橋保夫訳（1976）『野生の思考』岩波書店〕
大貫恵美子（1985）『日本人の病気観――象徴人類学的考察』岩波書店
Rieff, P. (1959) *Freud: The Mind of the Moralist*. Viking Penguin.〔宮武昭・薗田美和子訳（1999）『フロイト――モラリストの精神』誠信書房〕
Rose, N. (2007) *The Politics of Life Itself: Biomedicine, Power, and Subjectivity in the Twenty-First Century*. Princeton University Press.〔檜垣立哉監訳（2014）『生そのものの政治学』法政大学出版局
鈴木晃仁・北中淳子（2016）『精神医学の歴史と人類学』東京大学出版会
東畑開人（2015）『野の医者は笑う――心の治療とは何か』誠信書房
Young. A. (1976) Some Implications of Medical Beliefs and Practices for Social Anthropology. *American Anthropologist*, 78(1), 5-24.

第8章

Cambell, J. (1949) *The Hero with a Thousand Faces*. Pantheon Books.〔平田武靖・浅輪幸夫監訳（1984）『千の顔をもつ英雄』上・下、人文書院〕
Glaudes, P. & Louette, J. F. (1999) *L'Essai*. Armand Colin.〔下澤和義訳（2003）『エッセイとは何か』法政大学出版局〕
河合隼雄（1976）「事例研究の意義と問題点――臨床心理学の立場から」『臨床心理事例研究』3巻、9-12頁
河合隼雄（1992）『心理療法序説』岩波書店
河合隼雄（2003）『臨床心理学ノート』金剛出版
河合隼雄・佐治守夫・成瀬悟策編（1977）「鼎談　臨床心理学におけるケース研究」『臨床心理ケース研究1』誠信書房、232-254頁
北山修（1998）「精神分析の論文と言葉」『精神分析研究』42巻1号、6-11頁
Kleinman, A. (1980) *Patients and Healers in the Context of Culture*.〔大橋英寿・遠山宜哉・作道信介・川村邦光訳（1992）『臨床人類学』弘文堂〕
Kuhn, T. (1970) *The Structure of Scientific Revolutions*. University of Chicago Press.〔中山茂訳（1971）『科学革命の構造』みすず書房〕
Mahony, P. J. (1982) *Freud as a Writer*. International Universitis Press.〔北山修監訳（1996）『フロイトの書き方』誠信書房〕

Montgomery, C.（1991）*Doctor's Stories: The narrative structure of medical knowledge.* Princeton University Press.〔斎藤清二・岸本寛史訳（2016）『ドクターズ・ストーリーズ――医学の知の物語的構造』新曜社〕
野田亜由美（2015）「研究法としての事例研究――系統的事例研究という視点から」『お茶の水女子大学心理臨床相談センター紀要』16巻、45-56頁
小川捷之・小此木啓吾・河合隼雄・中村雄二郎（1986）「事例研究とは何か」『心理臨床学研究』3巻2号、5-37頁
Porter, R.（1987）*Health for Sale.* Manchester University Press.〔田中京子訳（1993）『健康売ります』みすず書房〕
斎藤清二（2013）『事例研究というパラダイム――臨床心理学と医学をむすぶ』岩崎学術出版社
下山晴彦（1997）『臨床心理学研究の理論と実際』東京大学出版会
下山晴彦（2001）「日本の臨床心理学の歴史と展開」下山晴彦・丹野義彦編（2001）『講座臨床心理学1　臨床心理学とは何か』東京大学出版会、51-72頁
東畑開人（2015）『野の医者は笑う――心の治療とは何か？』誠信書房
山川裕樹（2012）「事例研究論文の研究スタイルをめぐる省察――事例研究論文の文献展望」『学生相談研究』33巻、193-212頁

複数の純金と合金そしてフロイトアヒル――あとがきに代えて

本書を最後までお読みいただき、ありがとうございました。著者である私自身が校正をするときに、ひどくくたびれましたから、読者である皆さんもきっと力を使い果たされたのではないかと思います。本当にお疲れ様でした。

いやいや、もしかしたら、途中で読み進めるのに疲れてしまって、先に「あとがき」に飛んできた読者もいるかもしれません。

もちろん、構いません。特にこの本みたいに、殺人事件が起こるわけでもなく、身分違いの恋が進展するわけでもない学術書の場合、途中で集中力が潰《つい》えてしまうというのはよくあることです。実を言えば、私もそのタイプです。この前も、珍しく難解な理論書を読もうとしたら、案の定途中で心が折れてしまいました。その本が何について語っているのかわからなくなり、活字が瓦礫のように見えてしまったのです。

そういうときに私は、救いを求めて、「あとがき」へとジャンプします。それは、その本の見取り図があることを願ってのジャンプです。まわりくどい議論が（悲しいかな、学術書ってそういうものなんです）、何のためになされているのかがわかれば、もう一度その本を読むやる気が戻ってくるかもしれないと思うからです（やる気はあるのです。だって、そもそも何か大事なことが書いてありそうな気がして、読み始めたんですから）。

写真　フロイトアヒル

だから、あとがきに代えて、この本が何についての本なのかをここで簡単に示したいと思います。

この本は題名通り「日本のありふれた心理療法」についての本でした。様々な現場で行われているいわゆる「日常臨床」（そこにはデイケアやリワーク、あるいは適応指導教室などの心理的援助の応用が含まれます）を理解すること、それがこの本で目指されたことです。

類書は色々とあると思います。だけど、それを既存の臨床心理学の理論（精神分析、ユング心理学、認知行動療法、家族療法、その他なんでもいいのですが）のみではなく、医療人類学の視点を加味して理解しようしたところにこの本の特徴がありました。

というのも、私たちの日常臨床は、既存の理論から見ると、どこか気恥ずかしいものに見えてしまいがちだからです。それは不純で、妥協されていて、ときには安っぽいものに見えてしまうのです。

純金と比べると、他のものが混じっている合金は、少々安っぽく見えてしまうということです。

そういえば、この前、ロンドンにあるフロイト・ミュージアムに行ったら、フロイトのフィギュアとか、お風呂に浮かべるためのフロイトアヒルが売っていました。私はその安っぽさにとても感動してしまって、衝動買いしてしまいました（だって、フロイトと言えば、やっぱり石像とかブロンズ像が似合うじゃないですか）。

ついでに思い出しました。フロイトミュージアムで、「ID」「EGO」「SUPER EGO」と書いてある缶バッジも売られていたので、カゴの中を必死に漁っていたら、「SUPER EGO」の缶バッジはちょっとしか入っていませんでした。店員さんに聞いたら、「There are few SUPER EGO in Freud Museum」と言われた「気」がしました（英会話道ホワイトベルトの私が言うんだから間違いありませんよ、たぶん）。

あれ、話がズレてる。戻らなくては。

そうそう、私がしてみたかったことは、純金の目からだけではなく、合金の目から「も」、合金を見てみるということです。

言葉を換えるならば、理論と現実という昔からある対立に対して、どちらかを特権的なものと捉えるのではなく、その両方が見えるポジションを探したということです。

すると、心理療法から遠く離れたところにそのポジションが見つかりました。それが医療人類学の視点でした。

そのポジションからは、純金が周囲の銅や鉛、そしてときどきレア・メタルと混ざって、合金を創り出すところが見えました。

これは合金をあくまで合金として見る視点です。心理療法の歴史は、合金を新たに純金として捉え直すことで発展してきたものだと言えますが（だから本当にたくさんの学派が存在します）、私はむしろ合金には合金の価値があるという議論をしてみたかったのです。

そのようにして、この本では、心理療法が「心理学すること」と「関係すること」を成分とした営みであることを論じました。心理療法とは、問題を心理学的に理解することと、クライエントとの間で関係を生きることではないかと考えたのです（これが第Ⅰ部のテーマです）。

そして、合金のありふれた心理療法においては、「心理学すること」の局面で「表層」をいかに取り繕うかという発想が必要とされること、そして「関係すること」の局面でいかに「交渉」を行うのかという課題があることを示しました。

表層と交渉。これがそれぞれ第Ⅱ部と第Ⅲ部のテーマとなっています。ちなみに前者は私の博士論文である『美と深層心理学』の延長線上にあり、後者は前著『野の医者は笑う』の延長線上にあるものです（それらを買ってほしいと言っているわけではないですよ、ほんとですよ、決してそんなこと言ってませんからね！……ホントですよ）。

それらについて、事例研究を通じて議論を行いましたから、最後に第Ⅳ部で事例研究について検討してみました。

さらには硬すぎる文章だけじゃ、読者に悪いんじゃないかと、突然弱気になったので、最後の最後にポップな事例研究執筆マニュアルを載せてみた次第です。

さあ、「日本のありふれた心理療法」中退組のみなさん、これが本書の見取り図です。

皆さんの折れてしまった心はフェニックスのように蘇ったはずです。火山は鳴動し、炎で輝く翼がはためき、そして夜空を飛翔する姿が見えました。今なら宇宙の果てまで行けますよ。銀河系を飛び出すその前に、ぜひ本文に戻ってみてください。

じゃあ、しばしの間、さようなら。またこの「あとがき」で会いましょうね（再び心折れたら、いつでも戻ってきていいですからね、待ってますよー）。

ふう。新宿駅でいっぱい人が降りちゃって、ガランとした山手線に乗っているときの、寂しい感じがしています。もうこのまま唐突に終わっちゃいたい気分なのですが、本当にこの本を読み終えようとしてくれている数少ないあなたのために、最後にもう少しだけまとめを書き加えましょう。

さて、この本で繰り返しテーマとされたのは、合金であり、交渉であり、そして混淆でした。そのようにして、絶妙な塩梅でなされている私たちの日常臨床の価値を語ろうとしたわけです。

色々なものが入り混じって、曖昧で複雑な現実が生成されることに、関心を持っていたということです。

このとき、その前提となっていたのは、純金はひとつではなく、複数だということです。

周りを見渡してみると、日本の臨床心理学／心理臨床学は様々な学派がモザイク状になることで出来上がっています。そこには様々な考え方の人がいて、しばしば意見がかみ合いません。

実際、「こころとは何か」という最も基本的な事柄ですら、私たちの学問は意見を一致させることができません。

いや、おそらく最も基本的なことだからこそ、と言うべきかもしれません。より具体的で、臨床的な事柄、つまりありふれた心理療法の次元では、有益な議論がなされることはしばしばあります。

それはまるで異なる宗教同士の対話のようです。「神とは何か」では話がかみ合わないにしても、「目の前に傷ついた人がいたらどうするか」では意見の一致を見ることもあるということです。


あ！ いま、唐突に私が最初に行った小学校の自由研究を思い出しました。

それは神社とお寺と教会の土を取ってきて、それぞれにアサガオの種を植えるというものでした。どの宗教の土が、一番アサガオを成長させるのかを観察してみたわけです。勝ったのは確か神社で、最強の宗教は神道である、と結論付けた気がします。

アイゼンクもビックリの幼き効果研究です（ホームセンターで買った土を入れ忘れたあたりに、詰めの甘さがあります）。でも、アサガオを育てるには神社の土がよかったかもしれませんが、もしかしたらダンゴムシを飼うにはお寺の土が合っていたかもしれませんし、育ちが遅かった教会の土のアサガオは最終的に綺麗な花を咲かせたかもしれません。何が最強なのかはよくわからないのです（次の夏に、ダンゴムシを育ててみるべきでしたが、結局水でモーターを回して豆電球を光らせる実験に関心は移ってしまいました)。

何が言いたいかと言うと、純金が複数あることが、世界の謎として私を魅了し続けているということです。そうです。心理療法の純金が複数あること。そこには様々な人間観があり、それらは異なる生き方を提示していること。そして、それらが混淆して創り出された合金が、それ自体としてまた一つの生であること。そういう多元性こそが、この本の出発点にあったものだということです。

このことをうまく語れたかどうかはわかりません。というより、心理療法を取り巻く社会情勢については本書では書けませんでしたから、不十分さはもちろん残ります。それは心理療法のもうひとつの成分である「文化」のテーマであり、私の次なる課題となります。

それでも、私はこの前提を大事にしたいと考えています。私たちが多元的であること、そしてその多元性についてリフレクシブに考えることが出来ること、そういうことがクライエントの生の多様性を支えるものとなると考えるからです。

それは特に、公認心理師という国家資格が出来て、個々の学派を超えたところで「サイコロジストとは何者であるか」が問われている今だからこそ、重要なことではないかと思うのです。

そこにこそ私たちの「日本のありふれた心理療法」があります。様々な限界や不可能性の中で、それでも自分の生をかろうじてかたちづくっていくこと、そうした営みとしてありふれた心理療法はあるのだと思います。

フロイトアヒルのあの猥雑性もまた、私たちの生き方の一つだと認めたいということです。

最後に少しだけ謝辞を。

本書は多くの先達の影響を受けて書かれました。そのことについては、第8章で特に詳しく書きましたし、引用された文献を見てもらえれば明らかだと思います。先人たちの真摯な思考に支えられ、触発されて、本書があります。

だけど一人、書き損ねた人がいます。沖縄でありふれた心理療法に取り組んでいたときのスーパーヴァイザーである愛知教育大学の祖父江典人先生から、私は心理学的人間理解と心理学的介入を深く学びました(それは臨床実践の非常に大きな部分を学んだことを意味しています)。ここにその感謝を記します。

それから、本書の一部がＪＳＰＳ科研費ＪＰ15Ｋ１７３０４の助成を受けて行われた研究に基づいていること、そして本書を出版するにあたって十文字学園女子大学より学術図書出版助成を受けたことをここに記します。厳しい経済情勢の中で、本書のような学術書に御支援をいただいたことに、深く感謝いたします。

また、本書をまとめるにあたっては、再び誠信書房マツヤマ女史の緻密な仕事のお世話になりました。それから素敵なカバーの装画をお描き頂いた多屋光孫氏にも感謝いたします。ありがとうございました。

ということで、長い本もやっと終わりです。

あ、そういえば、さっき復活したフェニックスたちは、今どこらへんにいるのだろう。

ちゃんとここまで辿り着いて、フロイトアヒルに巡り合えたのだろうか。

２０１６年11月　珍しく雪が降った東京のデニーズにて

東畑開人

◎初出一覧（以下の論文に加筆修正のうえ、収録されています）

序　章　「ポストモダンのローカルな心理療法論」　書き下ろし

第Ⅰ部

第1章　「日本のありふれた心理療法のための理論」　書き下ろし

第2章　「Super-Vision を病むこと」『心理臨床学研究』29巻1号、4-15頁

第Ⅱ部

第3章　「〈覆いをつくること〉の二種——精神病者とのありふれた関わり」『心理臨床学研究』32巻4号、437-448頁

第4章　「かたちづくることと美的治癒——芸術療法のもうひとつの治療機序」『箱庭療法学研究』27巻1号、3-15頁

第5章　「〈オモテとウラ〉の裏——日本語臨床概念再考」『心理臨床学研究』33巻4号、345-356頁

第Ⅲ部

第6章　「文化の中の心理療法」『こころと文化』13巻1号、45-53頁

第7章　「霊から心へ——心理療法を医療人類学的に再考する」『心理臨床学研究』34巻4号、365-376頁

第Ⅳ部

第8章　「野生の事例研究論——ありふれた心理療法家のための方法」　書き下ろし

補　章　「ありふれた事例研究執筆マニュアル」　書き下ろし

や行

ら行

わ行

は行

ま行

た行

な行

さ行

索　引

著者紹介

東畑開人（とうはた　かいと）

1983年生まれ。専門は、臨床心理学・精神分析・医療人類学。

京都大学教育学部卒業、京都大学大学院教育学研究科博士後期課程修了。

精神科クリニックでの勤務、十文字学園女子大学で准教授として教鞭をとった後、現在、白金高輪カウンセリングルーム主宰。

博士（教育学）・臨床心理士・公認心理師。

著書に『野の医者は笑う——心の治療とは何か？』（誠信書房2015）『居るのはつらいよ——ケアとセラピーについての覚書』（医学書院2019）『心はどこへ消えた？』（文藝春秋2021）『なんでも見つかる夜に、こころだけが見つからない』（新潮社2022）。

訳書にジェイムス・デイビス『心理療法家の人類学——こころの専門家はいかにして作られるか』（誠信書房2018）。

『居るのはつらいよ』で第19回（2019年）大佛次郎論壇賞受賞、紀伊國屋じんぶん大賞2020受賞。

日本《にほん》のありふれた心理療法《しんりりょうほう》
——ローカルな日常臨床《にちじょうりんしょう》のための心理学《しんりがく》と医療人類学《いりょうじんるいがく》

2017年2月25日　第1刷発行
2024年6月25日　第6刷発行

著　者　東　畑　開　人
発行者　柴　田　敏　樹
印刷者　日　岐　浩　和

発行所　株式会社　誠　信　書　房
〒112-0012　東京都文京区大塚3-20-6
電話03（3946）5666
https://www.seishinshobo.co.jp/

印刷／中央印刷　製本／協栄製本
落丁・乱丁本はお取り替えいたします
ISBN 978-4-414-41623-7 C3011